一般社団法人日本社会福祉士養成校協会 編集

相談援助演習 教員テキスト

第2版

はじめに

一般社団法人日本社会福祉士養成校協会

会長　長谷川　匡俊

　2007（平成19）年12月、社会福祉士及び介護福祉士法改正法が成立し、法改正に伴う養成教育内容の見直しでは、より実践力の高い社会福祉士を養成することを趣旨として、実習および演習教育内容の充実に向けたカリキュラム編成となりました。

　これまで本協会では、社会福祉士養成教育内容の検討、研修のあり方等に関する事業を行い、養成校の教育水準の向上を目指した取り組みを行ってきました。社会福祉士として必要な「知識」は、国家試験により一定程度の水準が保障されます。しかし、実習や演習については、現在の国家試験の形態では評価しづらい部分もあり、本協会が実習教育や演習教育に関する教育基準を明確にし、養成校がその基準に基づいた教育を適切に行うことが極めて重要であり、喫緊の課題ともなっています。

　近年、社会福祉に関するサービス内容や提供形態は、「自立」「利用者本位」「地域福祉」等をキーワードとして大きく変わってきました。このような状況のなかで社会福祉士制度も見直しが行われましたが、教育体系・内容についても、実習・演習教育を中心により実践力を有した社会福祉士を養成する教育内容に見直され、養成校においても、国民の社会的要請に応えられる資質を教育段階から担保することが求められています。

　本書刊行にあたり、本協会では、①相談援助に関する理論と実習・演習教育内容の標準化、②相談援助に関する教育スキルの標準化、③福祉現場も交えた実習教育内容並びにその指導方法の開発と標準化、④上記に伴う教員養成の枠組みと教員講習プログラムの開発と標準化、⑤①〜④に基づく教員養成講習会の実施、の5つの柱を中心に検討を行ってきました。また、平成25年度には「相談援助実習・実習指導ガイドラインおよび評価表」「相談援助演習のための教育ガイドライン」を作成しました。

　本書は、平成20年度から開催（平成20年〜23年度までは厚生労働省補助金事業）している社会福祉士実習演習担当教員講習会においてもテキストとして使用され、上記それぞれの項目を連動させた実践的な社会福祉士養成教育を行うためのベースとなる内容を網羅したものとなっています。本書が社会福祉士養成にかかる実習を担当される多くの教員の皆様に活用され、実習教育内容の質を確保しつつ、より実践力の高い社会福祉士の養成に取り組まれることを期待しております。

目次

はじめに

序　章

1　社会福祉における政策と実践……1
2　社会福祉従事者に係る資格制度と養成課程……3
3　社会福祉士制度の見直しと養成課程……3
4　カリキュラム等の見直し……10
5　社会福祉士養成課程における相談援助実習・演習等の基本的枠組み……14

第1章　相談援助演習概論

第1節　演習の定義と目的、目標とその実体……23

1　演習の定義と目的……23
2　演習の目標……23
3　ソーシャルワーク演習の実体……23

第2節　教育法の理論に基づく教授法や学習活動……25

体験的学習モデルによる演習の効果……25

第3節　知覚についての理解……28

1　知覚の概念……28
2　変化への抵抗……28

第4節　ソーシャルワーク理論……31

1　ソーシャルワークの定義……31
2　ソーシャルワークの実践のための環境のミクロ・レベル、メゾ・レベル、マクロ・レベルの定義……32

第5節　ソーシャルワークの4つの構成軸……35

ソーシャルワークの枠組み……35

第6節　理論と演習と実習の連続性のための条件……38

連続性のための条件……38

第7節　総合的、包括的な学習のねらい（各軸から集めたもの）の例示……43

1　ミクロ・レベル、メゾ・レベル、マクロ・レベルを含めた学習のねらい……43
2　メゾ・レベルを中心とした学習のねらい……43
3　ミクロ・レベルを中心とした学習のねらい……44

第8節　演習での指導上のポイント……45

演習での指導上のポイント（各軸から集めたもの）……45

第2章 相談援助演習の展開

第1節 演習教育方法の概要……49
1. 演習教育方法の位置……49
2. 具体的な相談援助事例と実技指導……50
3. 演習授業における方法の概要……52

第2節 演習シラバスの作り方……62
1. 演習シラバス作成の目的……62
2. シラバスとは……62
3. シラバス作成の目的・意義……63
4. シラバスの内容……64
5. 演習シラバスの作成方法……67
6. 相談援助演習のシラバス作成の留意点……67
7. 相談援助演習のシラバス作成の実際……69

第3節 演習授業の授業計画例……94
1. 自己覚知……95
2. コミュニケーション……100
3. 他者理解……106
4. 面接技法①……110
5. 面接技法②……116
6. 実習体験を材料にした実技指導……122
7. 社会的排除……128
8. 虐待（高齢者）……136
9. 家庭内暴力（DV）……141
10. 低所得……150
11. ホームレス……158
12. 保健医療……166
13. スクールソーシャルワーク①……171
14. スクールソーシャルワーク②……174
15. 障害者への就労支援……178
16. アウトリーチ……184
17. 地域福祉の計画……189
18. ネットワーキング……194
19. 社会資源の活用・調整・開発……200
20. サービス評価……205

第4節 成績評価方法の理解と実際……211
1. 明確、公平な成績評価の重要性……211
2. 現在の相談援助演習における成績評価の現状について……211
3. 学生との契約としてのシラバス形成および成績評価という考え方……212
4. 相談援助演習における成績評価のポイント……213
5. 提出物等を基準とした成績評価……214

6　我が国における成績評価の今後……216

第3章　グループを活用した効果的な演習教育

第1節　学習のねらい……217

第2節　グループワークとは何か……218
　　1　グループワークの全体像を把握させる……218
　　2　自身のグループ体験を振り返り、分かち合う……218
　　3　グループ体験とグループワークの違いに気づく……219
　　4　グループワークとは何か－「方法」と「支援者」……219

第3節　グループワークの理論……220
　　1　専門的な支援方法を教える……220
　　2　グループワーカーの資質と役割を教える……221

第4節　グループワークを活用した演習の進め方……223
　　1　グループワークの疑似体験を行う……223
　　2　準備期の体験……225
　　3　開始期の体験……228
　　4　作業期の体験……231
　　5　終結期の体験……236

第5節　演習展開における課題……238

第4章　さまざまな教材を活用した演習教育

第1節　演習教材の概要……242
　　1　演習教育の要所……242
　　2　演習教育とは何か……245
　　3　演習教育の選択と活用……247
　　4　演習教材の種類……249

第2節　さまざまな教材の活用例……252
　　1　研究領域の1つになりうるソーシャルワーク演習……252
　　2　多様な教材活用の意味……253
　　3　演習教育プロセスからの提案……254
　　4　多様な教材活用のために……265

資料編

１ 社会福祉における政策と実践

　福祉に関する相談援助というと、福祉サービスを必要とする者に対する直接的な支援をイメージするかもしれません。しかし、後述するとおり、これからの社会福祉士に求められる役割は、単に直接的な支援に限らず、さまざまな専門職やボランティア等との連携をはじめ、支援をつないでいく役割や社会資源の調整開発といったことまで含まれています。このため、社会福祉士が求められる役割を果たすためには、個別支援から制度、政策に係る知識や技術に加え、福祉分野における政策と実践との関係を視野に入れた知識や技術が必要になります。

　そこで、社会福祉における政策と実践との関係についてみてみると、例えば、三浦は、「社会福祉の政策と実践は、具体的に社会福祉の制度的枠組みの中で、統一されることになっていくのである。（三浦、1995：8）」と述べ、社会福祉政策について「政策（または計画）というのは、個々の実践現場を超えて、それらに共通する一定範囲の行動（活動）方針を示すものである。したがって、この政策（計画）は、（中略）、ある一定期間、一定の範囲内で維持され、個々の実践局面を規定するものである。（中略）、これらの政策はなんらかの形で制度化され、場合によって法制化されることになるのである。（三浦、1995：50-51）」と論じています。これをふまえるならば社会福祉における政策と実践とは、社会福祉システムとして具体的な制度をとおして統合化されるとともに、社会福祉における政策に着眼するならば、それは個々の実践局面を規定する性質を有していると理解することができます。

　また、太田（1984：66-72）は、図０−１に示すように、ソーシャルワークの実践

過程が「P1：国家・社会レベルの政策策定システム」「P2：地方行政機関レベルの行政システム」「P3：実践機関としての実践活動システム」「P4：対象としてのクライエントシステム」の4つのシステム領域の流れから構成されており、制度としての社会福祉サービスの提供を通じて、クライエントを直接的に援助する機能を持つ援助過程（P1からP4への過程）を「Asystem」として位置づける一方で、クライエントへの援助過程に反映された問題を、実践機関や行政組織とその活動に還元し、そのサービスの現実を点検し、さらに制度・政策を再検討し、改善・調整する機能としての実践・政策調整過程（P4からP1への過程）を「Bsystem」として位置づけ、ソーシャルワークの実践過程には、個々の実践局面から制度・政策への実践・政策調整過程が存在することを示唆しています。

図0-1 実践過程システム—循環システムとしての過程

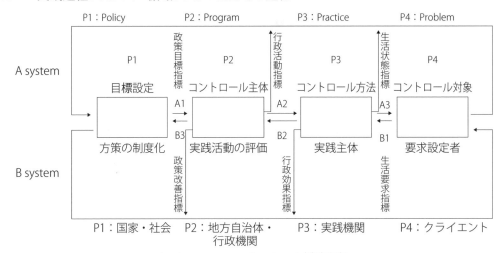

A micro process＝A system：援助過程
B macro process＝A system：実践・政策調整過程

出典：太田義弘「実践過程」太田義弘・佐藤豊道編『ソーシャル・ワーク——過程とその展開』海声社、p.69、1984年

以上のことから、社会福祉における政策と実践とは、密接不可分な関係にあり、「Asysytem」に見られる政策から実践へのベクトルだけではなく、「Bsystem」に見られる実践から政策へのベクトルも存在しており、これをふまえるならば、いわゆる福祉に関する相談援助や介護及び保育等を主たる業とする社会福祉従事者が果たす役割は、単に「Asystm」にとどまるものではなく、個々の実践局面での経験を政策へフィードバックしていくという「Bsystem」における役割も有していると理解することができます。そして、社会福祉従事者が「Asystem」及び「Bsystem」の両システムにおいて機能的であるためには、福祉サービスを必要とする者に対する直接的な福祉に関する相談援助

や介護及び保育に関する知識や技術だけでなく、自らの実践と密接不可分な関係にある社会福祉制度をはじめとする社会保障制度や政策に関する一定の知識を有し、それらとの関係も視野に入れて自らの実践を認識しておく必要があるということは想像に難くなく、そのための養成教育システムが肝要になるのです。

2 社会福祉従事者に係る資格制度と養成課程

このような観点から、わが国の社会福祉従事者に係る資格制度に目を向けてみると、1987（昭和62）年に社会福祉士及び介護福祉士法（以下、士士法という）が制定され、我が国初となる社会福祉従事者に係る国家資格制度が誕生したことをはじめ、1997（平成9）年の精神保健福祉士法の制定や2001（平成13）年の児童福祉法改正による2003（平成15）年度からの保育士の国家資格化などによって、社会福祉従事者に係る資格が国家資格として法制化されてきています。そして、いずれの国家資格も一定水準以上の専門性を担保するために、当該資格の取得に当たっては、国家試験を課したり、専門的知識と技術を修得したりするための法令に基づく養成教育システムとして体系化された養成課程を有しているという点に、その特徴の1つを見いだすことができます。

また、特に最近では、複雑化・多様化し、増大化する国民の福祉ニーズに的確に対応するために、これらの国家資格に係る養成教育システムをはじめ、さまざまな観点からの見直しが行われてきています。特に、2007（平成19年）に公布された社会福祉士及び介護福祉士法等の一部を改正する法律（平成19年法律第125号）は、約20年のときを経て行われた社会福祉士及び介護福祉士制度の抜本的な見直しであるとともに、その後行われた保育士養成課程の見直し（2010（平成22）年7月22日及び2011（平成23）年4月1日から施行）や精神保健福祉士養成課程の見直し（2009（平成21）年4月1日及び2012（平成24）年4月1日から施行）の先鞭をなすものとして位置づけることができるでしょう。

3 社会福祉士制度の見直しと養成課程

社会福祉士は、1987（昭和62）年5月に国会で成立し、1988（昭和63）年の4月に施行された「社会福祉士及び介護福祉士法」に基づく国家資格であり、「社会福祉士の名称を用いて、専門的知識及び技術をもつて、身体上若しくは精神上の障害があること又は環境上の理由により日常生活を営むのに支障がある者の福祉に関する相談に応

じ、助言、指導、福祉サービスを提供する者又は医師その他の保健医療サービスを提供する者その他の関係者との連絡及び調整その他の援助を行うこと（第7条及び第47条の2において「相談援助」という。）を業とする者」（同法第2条第1項）です（下線部は2007（平成19）年の法改正によって新たに追加された部分）。

　また、社会福祉士の英訳として、"Certified Social Worker"という用語を用いるのが通例となっており、表0-1に示す国際ソーシャルワーカー連盟（IFSW）によるソーシャルワークの定義と社会福祉士の実際との関係から、社会福祉士は国際的な意味においてもソーシャルワークを担う者であるという指摘もあります（日本社会福祉教育学校連盟・日本社会福祉士養成校協会合同検討委員会、2006）。そのような観点から、社会福祉士には人権と社会正義の原理に基づく専門職倫理を行動規範とし、人間の行動と社会システムに関する知識を利用して、人々がその環境と相互に影響し合う接点に介入するための技術を有しておく必要があると言えるでしょう。

　なお、国際ソーシャルワーカー連盟（IFSW）の定義規定は、2014（平成26）年に表0-2のように改定されているということに留意してください。

表0-1　国際ソーシャルワーカー連盟によるソーシャルワークの定義

ソーシャルワーク専門職は、人間の福利（ウエルビーイング）の増進を目指して、社会の変革を進め、人間関係における問題解決を図り、人びとのエンパワーメントと解放を促していく。ソーシャルワークは、人間の行動と社会システムに関する理論を利用して、人びとがその環境と相互に影響し合う接点に介入する。人権と社会正義の原理は、ソーシャルワークの拠り所とする基盤である。

出典：日本社会福祉士会（http://www.jacsw.or.jp/01_csw/08_shiryo/teigi.html）

表0-2　ソーシャルワーク専門職のグローバル定義（IFSW＆IASSW、2014）

ソーシャルワークは、社会変革と社会開発、社会的結束、および人々のエンパワーメントと解放を促進する、実践に基づいた専門職であり学問である。社会正義、人権、集団的責任、および多様性尊重の諸原理は、ソーシャルワークの中核をなす。ソーシャルワークの理論、社会科学、人文学、および地域・民族固有の知を基盤として、ソーシャルワークは、生活課題に取り組みウェルビーイングを高めるよう、人々やさまざまな構造に働きかける。この定義は、各国および世界の各地域で展開してもよい。

出典：日本社会福祉士会（https://www.jacsw.or.jp/06_kokusai/IFSW/files/SW_teigi_japanese.pdf）

　ところで、社会福祉士制度施行後約20年の間に社会福祉士を取り巻く社会状況は大きく変化し、それに伴い社会福祉士に期待される役割も従来の相談援助に加え、サービスの利用支援、成年後見、権利擁護等の新しい相談援助の業務へと拡大してきているということは周知のとおりです。

　このような状況をふまえ、厚生労働省では、2006（平成18）年1月に厚生労働省社会・援護局長の私的懇談会として「介護福祉士のあり方及びその養成プロセスの見直し等に関する検討会（以下、「あり方検討会」という）」を設置し、「あり方検討会」の結

果として、同年7月5日に『これからの介護を支える人材について ―― 新しい介護福祉士の養成と生涯を通じた能力開発に向けて（以下、『あり方検討会報告書』という）』という報告書をとりまとめました。

そして、『あり方検討会報告書』の内容をふまえつつ、同年9月20日から社会保障審議会福祉部会が社会福祉士及び介護福祉士制度の在り方について合計4回の審議を行い、その審議結果について同年12月12日に『介護福祉士制度及び社会福祉士制度の在り方に関する意見（以下、『意見書』という）』として取りまとめを行いました。

その際、『意見書』では、社会福祉士制度の見直しについて、社会福祉士が期待される分野が「地域包括支援センター等における地域を基盤とした相談援助」「相談支援事業や就労支援事業による障害者の地域生活支援」「生活保護制度における自立支援プログラムによる就労支援の推進」「権利擁護、成年後見制度等の新しいサービスの利用支援」「地域福祉計画の策定等の新しい行政ニーズへの対応」などへと拡がりを見せてきており、社会福祉士の役割及び求められる知識と技術について具体的に示すとともに、法律上の社会福祉士の役割、責務等の見直しについても検討を行っていくべきであるとの指摘がなされました。なお、これらの指摘をふまえて新たに位置づけられた社会福祉士の役割や教育カリキュラムの構成等についてまとめたものを表0-3に示します。

表0-3　社会福祉士に求められる役割と新たな教育カリキュラム

1．社会福祉士制度の施行から現在に至るまでの間に、介護保険制度の施行等による措置制度から契約制度への転換など、社会福祉士を取り巻く状況は大きく変化しており、今後の社会福祉士に求められる役割としては、 　① 福祉課題を抱えた者からの相談に応じ、必要に応じてサービス利用を支援するなど、その解決を自ら支援する役割 　② 利用者がその有する能力に応じて、尊厳を持った自立生活を営むことができるよう、関係する様々な専門職や事業者、ボランティア等との連携を図り、自ら解決することのできない課題については当該担当者への橋渡しを行い、総合的かつ包括的に援助していく役割 　③ 地域の福祉課題の把握や社会資源の調整・開発、ネットワークの形成を図るなど、地域福祉の増進に働きかける役割 等を適切に果たしていくことが求められている。 2．今後の社会福祉士の養成課程においては、これらの役割を国民の福祉ニーズに応じて適切に果たしていくことができるような知識及び技術が身に付けられるようにすることが求められており、具体的には、 　① 福祉課題を抱えた者からの相談への対応や、これを受けて総合的かつ包括的にサービスを提供することの必要性、その在り方等に係る専門的知識 　② 虐待防止、就労支援、権利擁護、孤立防止、生きがい創出、健康維持等に関わる関連サービスに関わる基礎的知識 　③ 福祉課題を抱えた者からの相談に応じ、利用者の自立支援の観点から地域において適切なサービスの選択を支援する技術 　④ サービス提供者間のネットワークの形成を図る技術 　⑤ 地域の福祉ニーズを把握し、不足するサービスの創出を働きかける技術 　⑥ 専門職としての高い自覚と倫理の確立や利用者本位の立場に立った活動の実践 等を実践的に教育していく必要がある。 3．以上を踏まえ、実践力の高い社会福祉士を養成する観点から以下のような視点で、教育カリキュラムの

見直しを行うこととする。
【時間数】
○　一般養成施設については、現行の1年以上という修業年限を前提としつつ、新たな分野の追加等により、1,200時間まで充実を図る。
○　短期養成施設については、現行の6月以上という修業年限を前提としつつ、教育時間数は一般養成施設の教育カリキュラムの見直しを踏まえて、660時間まで充実を図る。
【教育カリキュラムの構成】
○　教育カリキュラムの構成は、
　①「人・社会・生活と福祉の理解に関する知識と方法」
　②「総合的かつ包括的な相談援助の理念と方法に関する知識と技術」
　③「地域福祉の基盤整備と開発に関する知識と技術」
　④「サービスに関する知識」
　⑤「実習・演習」
　の科目群からなるものとする。
○　なお、
・「人・社会・生活と福祉の理解に関する知識と方法」及び「総合的かつ包括的な相談援助の理念と方法に関する知識と技術」については、社会福祉士に求められる知識及び技術のうち、主に2の①、③、④及び⑥に対応するものとして、
・「地域福祉の基盤整備と開発に関する知識と技術」については、主に2の④及び⑤に対応するものとして、
・「サービスに関する知識」については、主に2の②に対応するものとして
・「実習・演習」については、他の講義系科目との連動性にも配慮しつつ、2の①から⑥までの知識及び技術を実践的に習得するものとして、位置付け、それぞれ具体的に科目を設定する。
【教育内容（シラバス）】
○　教育内容（シラバス）については、国家試験によって社会福祉士として必要な知識及び技能が評価されることを踏まえ、詳細な内容までは示さないこととし、それらについては、出題基準の中で網羅的に反映させる。
【大学等における指定科目・基礎科目】
○　大学等における指定科目・基礎科目については、科目名が一致していれば足りることとされている現行の仕組みを基本的には維持するが、特に実習・演習に関して教育内容や時間数にばらつきがあるとの指摘があることを踏まえ、実習・演習の教育内容や時間数、教員要件等について養成施設と同等の基準を満たさなければならないこととする。
○　また、指定科目・基礎科目の科目名について、現行と同様、一定の読替の範囲を設定する。

出典：厚生労働省HP（http://www.mhlw.go.jp/bunya/seikatsuhogo/dl/shakai-kaigo-yousei01.pdf）をもとに筆者作成

　さらに、『意見書』では、社会福祉士の養成の在り方として、「教育カリキュラムについて、社会福祉士制度の施行の後、抜本的な見直しが行われておらず、その後の社会福祉士を取り巻く状況の変化を反映したものになっていないのではないか」「実習教育について、本来社会福祉士として求められる技能を修得することが可能となるような実習内容になっていないのではないか」「福祉系大学等ルートについて、教育内容等は大学等の裁量にゆだねられる仕組みとなっていることから、教育内容等にばらつきが見られるのではないか」といった点を挙げ、「教育カリキュラムの在り方」「実習の在り方」「それぞれの資格取得ルートの在り方」について検討をするべきであるとの指摘もなされました。
　そして、これを受け、社会福祉士制度については、サービスの利用支援、成年後見、権利擁護等の新しい相談援助の業務の拡大を踏まえ、社会福祉士の資質の確保及び向上

等を図る観点から、法律上の定義・義務や資格取得の方法を見直すために、2007（平成19）年3月14日に「社会福祉士及び介護福祉士法等の一部を改正する法律案」が第166回通常国会に提出されました。その後、同年11月28日の第168回臨時国会において法案が可決され、同年12月5日に「社会福祉士及び介護福祉士法等の一部を改正する法律（平成19年法律第125号）」として公布されました。

なお、社会福祉士制度に係る士士法改正の主な内容は、①定義規定の見直し、②義務規定の見直し、③資格取得方法の見直し、④社会福祉士の任用・活用の見直しの4点ですが、これに加え、士士法改正に伴う関係政省令の公布及び通知の発出による社会福祉士制度の見直し事項として、「4．カリキュラム等の見直し」の項において述べる⑤社会福祉士の養成に係る教育内容等（以下、カリキュラム等という）の見直しをあげることができます。

定義規定の見直し

まず、定義規定の見直しでは、社会福祉士の行う「相談援助」の例示として、他のサービス関係者との連絡・調整を行って、橋渡しを行うことを明確化するという観点から、士士法第2条第1項に規定する社会福祉士の定義を「専門的知識・技術をもって、福祉に関する相談に応じ、助言、指導、福祉サービスを提供する者又は医師その他の保健医療サービスを提供する者その他の関係者との連絡及び調整その他の援助を行うこと（「相談援助」）を業とする者」とし、従来の定義規定に新たに下線の部分が追加されました。このように士士法改正によって、表0－3に示す社会福祉士の役割として、福祉課題を抱えた者からの相談に応じ、必要に応じてサービス利用を支援するなど、その解決を自ら支援する役割、自ら解決することのできない課題については当該担当者への橋渡しを行い、総合的かつ包括的に援助していくという役割が法律上明確に位置づけられたのです。

義務規定の見直し

次に、義務規定の見直しでは、社会福祉士が個人の尊厳を保持し、誠実にその業務を行う必要があるという観点から、士士法第44条の2に新たに誠実義務として、「その担当する者が個人の尊厳を保持し、その有する能力及び適性に応じ自立した日常生活を営むことができるよう、常にその者の立場に立って、誠実にその業務を行わなければならない」旨の規定が設けられました。なお、下線部については、平成22年法律第71号によって削除されているということを付記しておきます。

また、社会福祉士には、地域の福祉課題の把握や社会資源の調整・開発、ネットワー

クの形成を図るなど、地域福祉の増進に働きかける役割があるという観点から、従来の連携規定を見直し、士士法第47条第1項に新たに「その担当する者に、福祉サービス及びこれに関連する保健医療サービスその他のサービスが総合的かつ適切に提供されるよう、地域に即した創意と工夫を行いつつ、福祉サービスを提供する者又は医師その他の保健医療サービスを提供する者その他の関係者との連携を保たなければならない」旨の規定がされました。

さらに、社会福祉士の資質向上の責務として士士法第47条の2に新たに「社会福祉を取り巻く環境の変化による業務の内容の変化に適応するため、相談援助に関する知識及び技能の向上に努めなければならない」旨の自己研鑽について規定されました。特に、社会福祉士資格取得後の自己研鑽については、認定社会福祉士認証・認定機構によって2012（平成24）年4月1日より始められた認定社会福祉士制度[1]との関係においても重要な義務規定であるということを指摘しておきたいと思います。

資格取得方法の見直し

資格取得方法の見直しでは、福祉現場における高い実践力を有する社会福祉士を養成するための資格取得方法の見直しを行うという観点から、いわゆる福祉系大学等ルートについては、実習や演習等の教育内容、時間数等に関して、文部科学大臣・厚生労働大臣が基準を設定することになりました。この結果、これまで社会福祉士の受験資格取得に当たって教育内容や時間数、教員要件等に関して法令に基づく基準がなかった大学等についても、社会福祉士としての実践力を習得するために必要不可欠となる実習や演習については、新たに法令に基づいて実習や演習の授業を行わなければならない仕組みとなったのです（2009（平成21）年4月1日施行）。また、福祉事務所の査察指導員や児童福祉司などの行政職[2]における実務経験5年以上をもって受験資格が得られていたいわゆる行政職ルートについても社会福祉士として必要な技能について、体系的に修得する機会を確保するという観点から、従来の5年以上という実務経験を4年以上に短縮する一方で、新たに6月以上の養成課程を経たうえで国家試験を受験する仕組みとなりました（2009（平成21）年4月1日施行）。

なお、具体的な資格取得方法の見直しついては、図0－2と図0－3とを比較してください。

---

1 認定社会福祉士制度の詳細については、認定社会福祉士認証・認定機構のホームページを参照されたい（http://www.jacsw.or.jp/ninteikikou/index.html）。
2 実務経験5年をもって受験資格が認められる行政職は、児童福祉司、身体障害者福祉司、査察指導員、知的障害者福祉司、老人福祉指導主事の5職種である。

図0-2 社会福祉士の資格取得方法（見直し前）

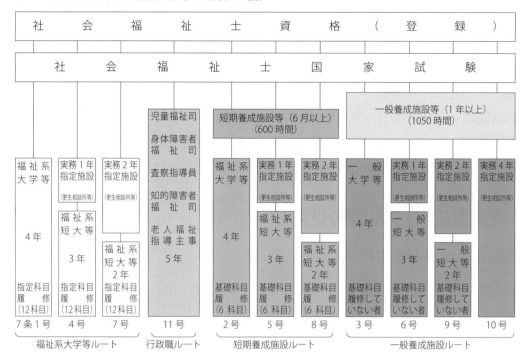

図0-3 社会福祉士の資格取得方法（見直し後）

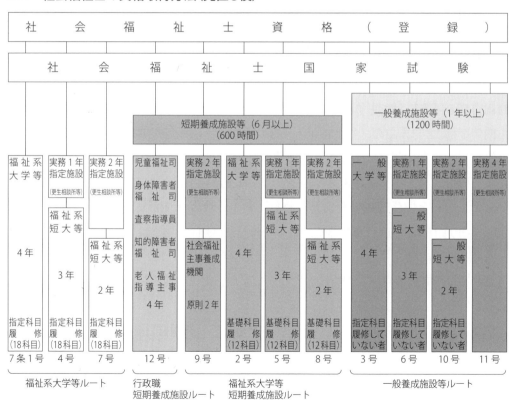

社会福祉士の任用・活用の見直し

　社会福祉士の任用・活用の見直しでは、社会福祉主事の任用要件を満たす者のうち、社会福祉主事の養成機関の課程を修了した後、一定の実務経験を有する者が社会福祉士へのステップアップを図ることができるように、社会福祉主事養成機関の課程を修了後、2年以上の実務経験を有し6月以上の社会福祉士養成課程を経た者に、社会福祉士国家試験の受験資格を付与する仕組みが新たに導入されました（2009（平成21）年4月1日施行）。また、身体障害者福祉司、知的障害者福祉司等の任用資格にも、社会福祉士が位置づけられることになりました（公布日施行）。

4 カリキュラム等の見直し

　上述したように、士士法改正に伴う関係政省令の公布及び通知の発出による社会福祉士制度の見直し事項として、社会福祉士の養成に係る教育内容等（以下、カリキュラム等という）の見直しをあげることができます。

　特に、カリキュラム等の見直しについては、『意見書』の指摘を受け、社会保障審議会福祉部会とは別に専門有識者と実践者によって編成された「社会福祉士養成課程における教育内容等の見直しに関する作業チーム（以下、作業チームという）」が2007（平成19）年3月6日に厚生労働省社会・援護局に設置され検討を行いました。そして、その検討結果については、厚生労働省によって2007（平成19）年12月17日から2008（平成20）年1月10日までの「社会福祉士及び介護福祉士養成課程における教育内容等の見直し案に関する意見募集について」及び2008（平成20）年2月28日から同年3月12日までの「社会福祉士及び介護福祉士法施行規則等の一部を改正する省令等に対する意見募集について」という計2回のパブリックコメントが募集されました。その後、パブリックコメントとして出された意見をふまえて、同年3月28日に関係省令の公布と関係通知の発出が行われ、新しい教育カリキュラム等が2009（平成21）年4月1日から施行されることになりました（図0－4）。

　ここまでみてきたように、2006（平成18）年度から2007（平成19）年度にかけて社会福祉士制度の見直しが行われたわけですが、士士法改正については、さまざまな評価が行われています。

　例えば、岩間は、雑誌『ソーシャルワーク研究』の巻頭言としての「『総合的かつ包括的な相談援助の本質』」という論述の中で、社会福祉士養成カリキュラムの見直しについて、以下のように述べ、ソーシャルワークのミッションの可視化と具現化という観点から一定の評価を行っています。

図0-4 社会福祉士の新たな教育カリキュラム

改正前

科目	一般養成施設 時間数	短期養成施設 時間数	大学等 指定科目	大学等 基礎科目
社会福祉原論	60h		○	○
老人福祉論	60h		○	○
障害者福祉論	60h		○	○
児童福祉論	60h		○	○
社会保障論	60h		3科目のうち1科目	3科目のうち1科目
公的扶助論	30h			
地域福祉論	30h			
社会福祉援助技術論	120h	120h	○	
社会福祉援助技術演習	120h	120h	○	
社会福祉援助技術現場実習	180h	180h	○	
社会福祉援助技術現場実習指導	90h	90h	○	
心理学	30h		3科目のうち1科目	3科目のうち1科目
社会学	30h			
法学	30h			
医学一般	60h	60h	○	
介護概論	30h	30h	○	
合計	1,050h	600h	12科目	6科目

改正後

科目	一般養成施設 時間数	短期養成施設 時間数	大学等 指定科目	大学等 基礎科目
人・社会・生活と福祉の理解に関する知識と方法（180h）				
人体の構造と機能及び疾病	30h		3科目のうち1科目	3科目のうち1科目
心理学理論と心理的支援	30h			
社会理論と社会システム	30h			
現代社会と福祉	60h	60h	○	
社会調査の基礎	30h		○	○
総合的かつ包括的な相談援助の理念と方法に関する知識と技術（180h）				
相談援助の基盤と専門職	60h		○	○
相談援助の理論と方法	120h	120h	○	
地域福祉の基盤整備と開発に関する知識と技術（120h）				
地域福祉の理論と方法	60h	60h	○	
福祉行財政と福祉計画	30h		○	○
福祉サービスの組織と経営	30h		○	○
サービスに関する知識（300h）				
社会保障	60h		○	○
高齢者に対する支援と介護保険制度	60h		○	
障害者に対する支援と障害者自立支援制度	30h		○	
児童や家庭に対する支援と児童・家庭福祉制度	30h		○	
低所得者に対する支援と生活保護制度	30h		○	
保険医療サービス	30h		○	○
就労支援サービス	15h		3科目のうち1科目	3科目のうち1科目
権利擁護と成年後見制度	30h			
更正保護制度	15h			
実習・演習（420h）				
相談援助演習	150h	150h	○	
相談援助実習指導	90h	90h	○	
相談援助実習	180h	180h	○	
合計	1,200h	660h	18科目	12科目

出典：厚生労働省HP（http://www.mhlw.go.jp/bunya/seikatsuhogo/dl/shakai-kaigo-yousei01.pdf）をもとに筆者作成

「では、新たな社会福祉士像をどのように描くのか。新カリキュラムの科目名を個別に概観するだけでは、また『相談援助』という用語そのものがもつ狭いイメージに引っ張られていては、改革の方向性や意図はつかめないだろう。厚生労働省によって示された『新たな教育カリキュラムの全体像』の1つのカテゴリーに、『総合的かつ包括的な相談援助』という表記がある。その枠にソーシャルワーク関係の2科目が入っている。この『総合的かつ包括的な相談援助』こそ、今回の改革を象徴するものとして認識する必要がある。

（中略）

いずれも、これまでソーシャルワークの理論面では強調されていながらも実践面では十分に取り組めてこなかった内容である。今回の改革は、こうした内容を実効性のともなうものに移行させる可能性を内包する。つまりは、ソーシャルワークのミッションを目で見える実践として具現化することである。

あらゆる法改正に完璧なものなどありえない。しかしながら、深刻なニーズが地域にある限り、事態はまったなしの状況にある。変わるはずのないソーシャルワークの価値に根ざしつつ、『総合的かつ包括的な相談援助』がもつ本質が次世代のソーシャルワーク像に反映されることを期待したい。（岩間、2009：1）」

また、栃本は、「社会福祉法成立の思想的背景――10年を経ての遠近法」という論文において、90年代後半より始められたいわゆる社会福祉基礎構造改革についての思想的検証を行い、当該論文の末部において以下のように論じています。

「今、求められるのは、戦後最も重要な我が国の社会福祉改革をさらに進めるということであるが、それは2000年の改革が構造そのものを変えるのではなく、むしろその構造を支えているものを再点検したものであったことの認識の上に成り立つ。求められるのは分権的で多元的な参加型社会を実現するための、真に市民を宛先とする法律改正であり、また公私関係の整理、そして新しい公共を論ずるのであれば、それは国家の後見性を明確化することである。（栃本、2010：37）」

そして、その注釈として次のような社会政策における福祉人材への着眼という観点から極めて示唆的な指摘を行っています。

「なお、この間、社会福祉士及び介護福祉士法が改正され、養成教育内容が変更された。ある意味、今般の改革が国家の社会政策的観点や法律改正のみによっては

現実を変えることは難しく、メゾやミクロのレベルで変えなければ我が国の社会福祉は変わることなく、そのためには人材に着目する必要があったということである。どの程度意図したかは別として、新たな科目名と科目群として設定された『相談援助の基盤と専門職』や『現代社会と福祉』『福祉サービスの組織と経営』など、多くの新しい科目群はこれからの新しい福祉に応えようとするものである。しかし、その意義についてはほとんど理解されていない。（栃本、2010：39）」

　その他にも社会福祉士制度の見直しについて「①定義・役割の見直し」「②教育カリキュラムの見直し」「③実習・演習に関する規定の厳格化」の三点からの分析を行い、士士法改正について「ライセンス付与型」の社会福祉士養成教育から「プロフェッション養成型」の教育への転換ととらえ、社会福祉士養成教育の展望について大学教育との関係も視野に入れて論じた中谷（2011）の研究、大学における社会福祉士養成教育を手掛かりとして資格制度がソーシャルワークの教育と研究にもたらしたものについて論じた志村（2011）の研究、2009年度より施行された新しいカリキュラムによる教育内容をふまえつつ、実習教育において「変わること（変わるべきこと）」と「変わらないこと（変えてはいけいないこと）」を明らかにし、改めて社会福祉士養成における実習教育の意義について論じた空閑・尾崎・黒田ほか（2010）による研究、社会福祉士制度見直しにおける政策過程に着眼し、福祉部会の議事録をテキストマイニングによって分析し、『意見書』の内容と福祉部会における審議内容との整合性について実証的に明らかにした、潮谷（2012）の研究等があります。

　このように、社会福祉士養成教育におけるカリキュラムの見直しについては、さまざまな議論がなされていますが、いずれの議論も先に述べた資格取得方法の見直しやカリキュラムの見直しに端緒を発するものであると理解することができます。そして、これらの議論が士士法改正以前は、社会福祉士の受験資格取得に当たって教育内容や時間数、教員要件等に関して法令に基づく基準がなかった大学等についても、新たに法令に基づく実習や演習の授業を行わなければならない仕組みとなったということと無関係ではないということを推察することもできると思います。

　そこで、以下では、本書が相談援助実習・演習等に係るテキストであるということに鑑み、新たに法令に基づいて行うことになった相談援助実習・演習等とは如何なるものであるのかということについて、社会福祉士養成課程における相談援助実習・演習等の基本的枠組みという観点から述べたいと思います。

5 社会福祉士養成課程における相談援助実習・演習等の基本的枠組み

　社会福祉士養成課程における相談援助実習・演習等の基本的枠組みについて理解するためには、最初に社会福祉士養成課程というものが何を指すのかを明確にする必要があります。法制的に厳密な意味での社会福祉士養成課程とは養成施設等による課程を指すものですが、士士法の改正をはじめとする社会福祉制度の見直しによって、新たに大学等についても実習・演習等については、養成施設等と同等の基準を満たすことが必要となったということを踏まえて社会福祉士養成課程というものを改めて整理してみると、次のような整理が可能となります。

　先に見たように社会福祉士の受験資格を得るためには、12のルートが制度化されていますが、これらについては4つのルートに大別することができます。そして、これら4つのルートのいずれかに該当する学校になるためには、学校等の種類による違いはあるものの、厚生労働大臣または文部科学大臣及び厚生労働大臣（厚生労働大臣等）が定める基準を満たし[3]、養成施設等、社会福祉士学校としての指定または大学等としての確認を受ける必要があります。このため、このような指定または確認を受けた学校等は、社会福祉士の養成に係る基準または厚生労働大臣等が定める科目に関する基準を満たしているということから、これらの学校等で行われるものを社会福祉士養成課程として位置づけても差し障りがないといえるでしょう。

　これをふまえ、社会福祉士養成課程における相談援助実習・演習等とは、上述したような指定または確認を受けた学校等が厚生労働大臣等が定める基準をもとに設定した教育カリキュラムに基づき行われる実習・演習等として認識することができるのです。

（実習・演習等に係る科目とその内容）
　図0-4に示すように、社会福祉士養成課程における実習に関する科目は、「相談援助実習指導」及び「相談援助実習」となっていますが、「相談援助演習」については、表0-4の6に示すように「大学等において開講する社会福祉に関する科目の確認に係る指針について（19文科高第917号、厚生労働省社援発第0328003号）（以下、大学等指針という）」等の関係指針[4]において「相談援助実習指導」及び「相談援助実習」

---

[3] 厚生労働大臣等が定める基準には、「社会福祉士介護福祉士養成施設指定規則（厚生省令第50号）」、「社会福祉士介護福祉士学校指定規則（文部科学省・厚生労働省令第2号）」、「社会福祉に関する科目を定める省令（文部科学省・厚生労働省令第3号）」の三種がある。

の教育内容及び進捗状況を十分踏まえることとされていることからも実習に関する科目に密接に関係する科目として位置づけることができます。また、表0－5の備考2のところに示されているように、相談援助演習のねらいにおける「相談援助の知識と技術に係る科目」とは、主に「相談援助の基盤と専門職」「相談援助の理論と方法」「地域福祉の理論と方法」「福祉行財政と福祉計画」「福祉サービスの組織と経営」「相談援助実習」「相談援助実習指導」等の科目であり、「相談援助演習」と「相談援助実習」及び「相談援助実習指導」とそれらの科目との有機的な関係が求められていることを理解することができます。

そこで、以下では、上述したこともふまえ、「相談援助実習指導」及び「相談援助実習」に係る教育内容や教員要件及び実習指導者等の位置づけについて、「社会福祉に関する科目を定める省令（文部科学省・厚生労働省令第3号）」や「大学等指針」等の関係通知の内容を参考に見ていくことにします。

まず、「社会福祉に関する科目を定める省令」及び「大学等指針」によると、1つの実習施設において同時に実習を行う実習生の数は、実習指導者1人につき5人までとされており、例えば、実習指導者が1人の場合は、5人の実習生の受入れが可能となり、実習指導者が2人いる場合は10人の実習生の受入れが可能な仕組みとなっています。

また、「相談援助実習指導」については、2012（平成24）年3月31日までの経過措置が設けられていましたが、それ以降は、学生20人につき1人以上の教員（表0－4の4－(3)－イに示すいずれかの要件を満たす教員（以下、実習担当教員という））によって、表0－5に示す「相談援助実習指導」の教育内容について個別指導及び集団指導を「相談援助実習」の前後に90時間以上行うことになっています。

さらに、実習先は、巡回指導が可能な範囲で選定するとともに、巡回指導については、少なくとも週1回以上の定期的巡回指導を行い、これが難しい場合には、実習期間中に少なくとも1回以上の巡回指導を行う場合に限り、実習施設との十分な連携の下、それ以外の定期的巡回指導に代えて、帰校日のように学生が大学等において学習する日を設定し、指導を行うことも差し支えないことになっています（表0－4の7－(1)参照）。

次に、実習指導者、実習施設や実習時間等については、厚生労働大臣が定める社会福祉施設や相談機関等において、社会福祉士の資格を取得した後、相談援助の業務に3年以上従事した経験を有する者であって、「社会福祉士実習指導者講習会」の課程を修了

---

4 関係する指針については、「社会福祉士養成施設及び介護福祉士養成施設の設置及び運営に係る指針について（厚生労働省社援発第0328001号）」、「社会福祉士学校及び介護福祉士学校の設置及び運営に係る指針について（厚生労働省社援発第0328002号）」、「大学等において開講する社会福祉に関する科目の確認に係る指針について（19文科高第917号、厚生労働省社援発第0328003号）」の三種がある。

した実習指導者の指導を受けながら、表0－5に示す「相談援助実習」の教育内容について180時間以上の実習を行うことになっています。また、実習時間については、相談援助業務の一連の過程を網羅的かつ集中的に学習できるよう、1つの実習施設において120時間以上行うことを基本とすることとされており、例えば1つの実習施設において120時間以上の実習を行い、他の1つの実習施設において残りの60時間の実習を行うといった実習を実施することも可能な仕組みとなっています（表0－4の7－(2)及び(5)参照）。

さらに、実習内容、実習指導体制及び実習中のリスク管理等については実習先との間で十分に協議し、確認を行うことや、実習計画については、実習施設との連携の下に定められている必要があることから、実習生、実習担当教員、実習先の実習指導者との三者協議を踏まえた実習計画を作成することとなっています（表0－4の7－(3)(4)及び表0－5の「相談援助実習指導」の教育に含むべき事項内容⑧参照）。

また、個人情報保護法の理解も含め実習における個人のプライバシーの保護と守秘義務等の理解について指導することになっており（表0－5の「相談援助実習指導」の教育に含むべき事項⑥参照）、この点からも「相談援助実習」を実施する学校等においては、教員及び実習生に対して実習をとおして知り得た個人の秘密の保持について徹底を図ることになっています（表0－4の7－(6)参照）。

加えて、相談援助実習を効果的に進めるため、実習生用の「実習指導マニュアル」及び「実習記録ノート」を作成し、実習指導に活用すること。実習後においては、その実習内容についての達成度を評価し、必要な個別指導を行うこと。実習の評価基準を明確にし、評価に際しては実習先の実習指導担当者の評定はもとより、実習生本人の自己評価についても考慮して行うことになっています（表0－4の7－(7)参照）。

そして、相談援助実習を実施する際には、健康診断等の方法により、実習生が良好な健康状態にあることを確認したうえで配属させることになっています（表0－4の7－(8)参照）。

このように、相談援助実習及び相談援助実習指導は、実習計画の作成や実習中のリスク管理等からも明らかなように、単に学生や実習担当教員の二者間の関係において行われるものではなく、実習を受け入れる施設等の実習指導者との十分な協議と実習指導があって初めて成立するものであるということを理解しておく必要があるといえます。

確かに、法制度論的には、上述した要件を満たして「相談援助実習指導」及び「相談援助実習」を実施する必要がありますが、最後に、具体的に相談援助実習では何をすることが求められているのでしょうか。この点について表0－5に示している教育内容をふまえて総括的に解説しておきたいと思います。

まず、「相談援助演習」について見てみると、教育に含むべき事項として、「①以下の内容については相談援助実習を行う前に学習を開始し、十分な学習をしておくこと」とされていることからも明らかなように、実際に実習施設等において相談援助実習を行う前に、「相談援助実習指導」による実習施設等に関する事前学習に加え、相談援助に係る知識と技術について「相談援助演習」によって実践的に習得することが求められているのです。これをふまえるとすれば、例えば、実習担当教員は、実習を行う学生の「相談援助演習」の進捗状況等について実習施設等に対して説明する一方で、実習施設等はそれらについて確認するなどの対応も考えられるでしょう。

　また、「相談援助実習」の教育に含むべき事項では、実習を行う学生が実習指導者から指導を受けるべきものとして、アからクの事項を示しており、いうまでもなく、これらの事項は実習中に行うべきものですし、実習施設等の協力と指導がなければ実行することができないものとなっています。したがって、実習担当教員及び実習指導者がこれらの事項をふまえてどのような実習指導を行い、学生がどのような実習をするのかということが重要となります。このため、「相談援助実習指導」の教育に含むべき事項の⑧に示すような実習生、実習担当教員、実習指導者の三者による十分な協議に基づいて実習計画を作成する必要があるということを指摘することもできるでしょう。

　このように、「相談援助実習」を効果あるものとして実施し、実践力の高い社会福祉士を養成していくためには、学校等と実習施設等が一体となって「相談援助実習」に取り組んでいくことが必要不可欠であるといっても過言ではありません。この意味においても、次章以降の内容について具体的に学習し、社会福祉士として必要な知識と技術の習得をされることを期待します。

表0-4　実習・演習に係る要件等

1	指定科目等の確認申請書に関する事項（省略）
2	学則に関する事項（省略）
3	他の大学等その他の学校等において履修した科目の取扱に関する事項（省略）
4	実習演習担当教員に関する事項

(1) 実習演習科目を担当する教員の員数は、実習演習科目ごとにそれぞれ学生20人につき、1人以上とすること。ただし、この場合の教員の員数は、教育上支障のない範囲で延べ人数として必要数が確保されていれば足りるものであり、この場合の学生とは、大学等において実習演習科目を受講する学生の上限をいうものであること。

　(例) 相談援助実習を受講する学生が80人（学生20人×A・B・C・Dの4学級である場合）
　　　A学級　→　教員aが担当
　　　B学級　→　教員aが担当
　　　C学級　→　教員bが担当
　　　D学級　→　教員bが担当
　　※　A学級とB学級、C学級とD学級がそれぞれ異なる授業時間帯であれば、合計教員数2人（延べ4人）で可。
　また、相談援助実習を担当する教員の員数については、相談援助実習に係る学生の履修認定等が適切

に行える場合に限り、相談援助実習指導を担当する教員の員数が確保されていれば足りるものとして差し支えないものであること。
⑵　原則として、教員は、1の大学等（1の大学等に2以上の課程がある場合は、1の課程）に限り、専任教員となるものであること。
⑶　実習演習科目を担当する教員（以下「実習演習担当教員」という。）の資格要件については、次のとおりとすること。
　ア　相談援助演習
　　㈎　学校教育法（昭和22年法律第26号）に基づく大学（大学院及び短期大学を含む。以下この⑶において同じ。）又はこれに準ずる教育施設において、教授、准教授、助教又は講師（非常勤を含む。）として、相談援助演習を5年以上担当した経験を有する者
　　㈏　学校教育法に基づく専修学校の専門課程の専任教員として、相談援助演習を5年以上担当した経験を有する者
　　㈐　社会福祉士の資格を取得した後、相談援助の業務に5年以上従事した経験を有する者
　　㈑　科目省令第4条第2号ニに規定する講習会（以下「社会福祉士実習演習担当教員講習会」という。）において、相談援助演習の指導に係る課程を修了した者
　イ　相談援助実習指導及び相談援助実習
　　㈎　学校教育法に基づく大学又はこれに準ずる教育施設において、教授、准教授、助教又は講師（非常勤を含む。）として、相談援助実習指導又は相談援助実習を5年以上担当した経験を有する者
　　㈏　学校教育法に基づく専修学校の専門課程の専任教員として、相談援助実習指導又は相談援助実習を5年以上担当した経験を有する者
　　㈐　社会福祉士の資格を取得した後、相談援助の業務に5年以上従事した経験を有する者
　　㈑　社会福祉士実習演習担当教員講習会において、相談援助実習の指導に係る課程を修了した者
5　教育に関する事項（省略）
6　演習に関する事項
　相談援助演習の実施に当たっては，相談援助実習指導及び相談援助実習の教育内容及び授業の進捗状況を十分ふまえること。
7　実習に関する事項
⑴　実習先は、巡回指導が可能な範囲で選定するとともに、相談援助実習を担当する教員は、少なくとも週1回以上の定期的巡回指導を行うこと。ただし、これにより難い場合は、実習期間中に少なくとも1回以上の巡回指導を行う場合に限り、実習施設との十分な連携の下、定期的巡回指導に代えて、学生が大学等において学習する日を設定し、指導を行うことも差し支えないこと。
⑵　相談援助実習は、相談援助業務の一連の過程を網羅的かつ集中的に学習できるよう、1の実習施設において120時間以上行うことを基本とすること。
⑶　実習内容、実習指導体制及び実習中のリスク管理等については実習先との間で十分に協議し、確認を行うこと。
⑷　各実習施設における実習計画が、当該実習施設との連携の下に定められていること。
⑸　実習指導者は、社会福祉士の資格を取得した後、相談援助の業務に3年以上従事した経験を有する者であって、科目省令第4条第7号に規定する講習会（以下「社会福祉士実習指導者講習会」という。）の課程を修了したものであること。
⑹　相談援助実習において知り得た個人の秘密の保持について、教員及び実習生に対して徹底を図ること。
⑺　相談援助実習指導を実施する際には、次の点に留意すること。
　ア　相談援助実習を効果的に進めるため、実習生用の「実習指導マニュアル」及び「実習記録ノート」を作成し、実習指導に活用すること。
　イ　実習後においては、その実習内容についての達成度を評価し、必要な個別指導を行うこと。
　ウ　実習の評価基準を明確にし、評価に際しては実習先の実習指導担当者の評定はもとより、実習生本人の自己評価についても考慮して行うこと。
⑻　相談援助実習を実施する際には、健康診断等の方法により、実習生が良好な健康状態にあることを確認した上で配属させること。
8　情報開示に関する事項（省略）
9　経過措置に関する事項（省略）
10　その他（省略）
別表1（本書では表1-4に示す）

出典：「大学等において開講する社会福祉に関する科目の確認に係る指針について」（平成20年3月28日19文科高第917号・厚生労働省社援発第0328003号）」一部抜粋

表0-5 **教育内容等**

科目名	教育内容	
	ねらい	教育に含むべき事項
相談援助演習	相談援助の知識と技術に係る他の科目との関連性も視野に入れつつ、社会福祉士に求められる相談援助に係る知識と技術について、次に掲げる方法を用いて、実践的に習得するとともに、専門的援助技術として概念化し理論化し体系立てていくことができる能力を涵養する。 ① 総合的かつ包括的な援助及び地域福祉の基盤整備と開発に係る具体的な相談援助事例を体系的にとりあげること。 ② 個別指導並びに集団指導を通して、具体的な援助場面を想定した実技指導（ロールプレーイング等）を中心とする演習形態により行うこと。	① 以下の内容については相談援助実習を行う前に学習を開始し、十分な学習をしておくこと ア　自己覚知 イ　基本的なコミュニケーション技術の習得 ウ　基本的な面接技術の習得 エ　次に掲げる具体的な課題別の相談援助事例等（集団に対する相談援助事例を含む。）を活用し、総合的かつ包括的な援助について実践的に習得すること。 　(ｱ)　社会的排除 　(ｲ)　虐待（児童・高齢者） 　(ｳ)　家庭内暴力（D.V） 　(ｴ)　低所得者 　(ｵ)　ホームレス 　(ｶ)　その他の危機状態にある相談援助事例（権利擁護活動を含む。） オ　エに掲げる事例等を題材として、次に掲げる具体的な相談援助場面及び相談援助の過程を想定した実技指導を行うこと。 　(ｱ)　インテーク 　(ｲ)　アセスメント 　(ｳ)　プランニング 　(ｴ)　支援の実施 　(ｵ)　モニタリング 　(ｶ)　効果測定 　(ｷ)　終結とアフターケア カ　オの実技指導に当たっては、次に掲げる内容を含めること。 　(ｱ)　アウトリーチ 　(ｲ)　チームアプローチ 　(ｳ)　ネットワーキング 　(ｴ)　社会資源の活用・調整・開発 キ　地域福祉の基盤整備と開発に係る事例を活用し、次に掲げる事項について実技指導を行うこと。 　(ｱ)　地域住民に対するアウトリーチとニーズ把握 　(ｲ)　地域福祉の計画 　(ｳ)　ネットワーキング 　(ｴ)　社会資源の活用・調整・開発 　(ｵ)　サービスの評価 ② 相談援助実習後に行うこと。相談援助に係る知識と技術について個別的な体験を一般化し、実践的な知識と技術として習得できるように、相談援助実習における学生の個別的な体験も視野に入れつつ、集団指導並びに個別指導による実技指導を行うこと。
相談援助実習指導	① 相談援助実習の意義について理解する。 ② 相談援助実習に係る個別指導並びに集団指導を通して、相談援助に係る知識と技術について具体的かつ実際的に理解し実践的な技術等を体得する。	次に掲げる事項について個別指導及び集団指導を行うものとする。 ① 相談援助実習と相談援助実習指導における個別指導及び集団指導の意義 ② 実際に実習を行う実習分野（利用者理解含む。）と施設・事業者・機関・団体・地域社会等に関する基本的な理解 ③ 実習先で行われる介護や保育等の関連業務に関する基本的な理解

	③ 社会福祉士として求められる資質、技能、倫理、自己に求められる課題把握等、総合的に対応できる能力を習得する。 ④ 具体的な体験や援助活動を、専門的援助技術として概念化し理論化し体系立てていくことができる能力を涵養する。	④ 現場体験学習及び見学実習（実際の介護サービスの理解や各種サービスの利用体験等を含む。） ⑤ 実習先で必要とされる相談援助に係る知識と技術に関する理解 ⑥ 実習における個人のプライバシーの保護と守秘義務等の理解（個人情報保護法の理解を含む。） ⑦ 「実習記録ノート」への記録内容及び記録方法に関する理解 ⑧ 実習生、実習担当教員、実習先の実習指導者との三者協議を踏まえた実習計画の作成 ⑨ 巡回指導 ⑩ 実習記録や実習体験を踏まえた課題の整理と実習総括レポートの作成 ⑪ 実習の評価全体総括会
相談援助実習	① 相談援助実習を通して、相談援助に係る知識と技術について具体的かつ実際的に理解し実践的な技術等を体得する。 ② 社会福祉士として求められる資質、技能、倫理、自己に求められる課題把握等、総合的に対応できる能力を習得する。 ③ 関連分野の専門職との連携のあり方及びその具体的内容を実践的に理解する。	① 学生は次に掲げる事項について実習指導者による指導を受けるものとする。 ② 相談援助実習指導担当教員は巡回指導等を通して、次に掲げる事項について学生及び実習指導者との連絡調整を密に行い、学生の実習状況についての把握とともに実習中の個別指導を十分に行うものとする。 ア　利用者やその関係者、施設・事業者・機関・団体等の職員、地域住民やボランティア等との基本的なコミュニケーションや人との付き合い方などの円滑な人間関係の形成 イ　利用者理解とその需要の把握及び支援計画の作成 ウ　利用者やその関係者（家族・親族・友人等）との援助関係の形成 エ　利用者やその関係者（家族・親族・友人等）への権利擁護及び支援（エンパワメントを含む。）とその評価 オ　多職種連携をはじめとする支援におけるチームアプローチの実際 カ　社会福祉士としての職業倫理、施設・事業者・機関・団体等の職員の就業などに関する規定への理解と組織の一員としての役割と責任への理解 キ　施設・事業者・機関・団体等の経営やサービスの管理運営の実際 ク　当該実習先が地域社会の中の施設・事業者・機関・団体等であることへの理解と具体的な地域社会への働きかけとしてのアウトリーチ、ネットワーキング、社会資源の活用・調整・開発に関する理解

備考
1　人体の構造と機能及び疾病、心理学理論と心理的支援、社会理論と社会システムについては、社会福祉士に必要な内容となるよう留意すること。
2　相談援助演習のねらいにおける「相談援助の知識と技術に係る科目」とは、主に「相談援助の基盤と専門職」、「相談援助の理論と方法」、「地域福祉の理論と方法」、「福祉行財政と福祉計画」、「福祉サービスの組織と経営」、「相談援助実習」、「相談援助実習指導」等の科目であること。
出典：「大学等において開講する社会福祉に関する科目の確認に係る指針について」（平成20年3月28日19文科高第917号・厚生労働省社援発第0328003号）」別表1

参考文献

岩間伸之「巻頭言──『総合的かつ包括的な援助』の本質」『ソーシャルワーク研究』35(1)、1、2009年
厚生労働省(『これからの介護を支える人材について──新しい介護福祉士の養成と生涯を通じた能力開発に向けて』(http://www.mhlw.go.jp/shingi/2006/07/dl/s0705-6a.pdf)、2006年
厚生労働省『介護福祉士制度及び社会福祉士制度の在り方に関する意見』(http://www.mhlw.go.jp/shingi/2006/12/dl/s1212-4b.pdf)、2006年
厚生労働省ホームページ「社会福祉士養成課程における教育内容の見直しについて(http://www.mhlw.go.jp/bunya/seikatsuhogo/dl/shakai-kaigo-yousei01.pdf)」。
空閑・尾崎・黒田ほか「社会福祉士養成教育における実習教育の動向と課題──専門職養成におけるその意義」埋橋孝文・同志社大学社会福祉教育・研究支援センター　編『新しい福祉サービスの展開と人材育成』法律文化社、pp.106-130、2010年
三浦文夫『増補改訂社会福祉政策研究──福祉政策と福祉改革』全国社会福祉協議会、1995年
中谷陽明「社会福祉士養成教育の現状と今後の展望──ライセンス付与型教育からプロフェッション養成型教育へ」三原博光編『日本の社会福祉の現状と展望──現場からの提言』岩崎学術出版社、pp.152-167、2011年
日本社会福祉教育学校連盟・日本社会福祉士養成校協会合同委員会『社会福祉士が活躍できる職域の拡大に向けて』、2006年
認定社会福祉士認証・認定機構ホームページ(http://www.jacsw.or.jp/ninteikikou/index.html)。
太田義弘「実践過程」太田義弘・佐藤豊道　編『ソーシャル・ワーク──過程とその展開』海声社、pp.66-72、1984年
志村健一「資格制度がソーシャルワークの教育と研究にもたらしたもの──大学における社会福祉士養成教育を手掛かりとして」『ソーシャルワーク研究』37(2)、43-50、2011年
潮谷有二「社会福祉士制度の見直しに関する実証研究──社会保障審議会福祉部会における議事録の基礎的分析を通して」一般社団法人日本社会福祉学会　編『対論　社会福祉学3　社会福祉運営』中央法規出版、pp.281-324、2012年
社団法人日本社会福祉士会(http://www.jacsw.or.jp/01_csw/08_shiryo/teigi.html)。
栃本一三郎「社会福祉法成立の思想的背景──10年を経ての遠近法」『社会福祉研究』第108号、29-39、2010年

第1章 相談援助演習概論

はじめに

　本章では、「相談援助演習」（以下、「演習」とする）の構成と内容について、教育方法の理論に基づく教授法や学習活動、さらに、ソーシャルワーク理論と関連づけた演習方法について概説します。

　演習は、ほかの科目で習得した知識、技術、価値を実践に活用できるための総合的、包括的適用の仕方をトレーニングするものです。そのためには、トレーニングの目的、目標、効果を明確に設定することが基本条件となります。また、目標達成のための工夫、効果を出すための演習指導計画づくりが演習指導者に求められます。ここでは、日本社会福祉士養成校協会演習教育委員会作成の「相談援助演習のためのガイドライン」が示す用件に基づき、演習概論を体系的に示します。

第1節 演習の定義と目的、目標とその実体

1 演習の定義と目的

　演習については、まず、その機能を理解することが大切です。演習は技術や概念について、知的作業を含めた一連の体験をとおして熟得するためのものであることを理解します。

　演習については、「理論、方法、技術、価値の諸体系と実践体系との交互連鎖現象を実証する作業である」と定義づけます。その目的は、1）実習に向かう準備の段階で、理論や技術・価値を実践に適用することの意義をこの一連の作業を通して充分に理解させ、2）実習体験後に実習で学習したものと理論との橋渡しをするための理論化の作業を可能にすることです。

2 演習の目標

　演習は、理論学習にも、実践現場での実習体験にも近づくことができ、単に実習に行く前の事前学習の意味合いだけを示すものではありません。演習は、観察、理解、分析、応用、理論化などのどの段階の能力養成をも可能にするものです。特に、ほかの科目との関連性を視野に入れつつ、社会福祉士に求められる相談援助にかかわる知識と技術について、実践的に習得させるとともに、専門援助技術として概念化し、理論化して体系立てていく能力を涵養することを目指します。

　施設や機関での実習では、特定の限定された領域での理論化・実践化を体験します。実習前1年間をかけた学習をとおして習得した「相談援助」全般の理論・概念、技術や価値を、実践に適用する方法を学ぶのです。したがって、実習後1年間には、実践を理論化する方法を検討することが求められます。

3 ソーシャルワーク演習の実体

　ソーシャルワーク演習は、ソーシャルワーク理論および概念（技術・方法）を一極におき、ソーシャルワーク実践をもう一極においた場合、この二極を交互に関連づけ、理論化と実践化をとおして社会福祉学の発展に寄与するものです。

「相談援助」についての教育のカリキュラムに組み込まれる演習を展開するには、ソーシャルワークの枠組の基盤設定が必要です。社会福祉士などのソーシャルワーカーの専門職に習得してもらいたい、あるいは教育しておきたいと考える内容、すなわち養成するためのひとつの枠組を設定し、その基盤となる原理・原則、概念、方法、技術を選定し、プログラムを企画、実践し、評価するという一連の経過を辿ることが求められます。

　この５層の交互作用からの成果として、社会福祉学における理論や概念、方法論の発展をも可能にすることができるのです。

ソーシャルワーク演習の実体

ソーシャルワーク演習の５つの層
1．理論および概念（技術・方法）を一極におき、実践をもう一極に布置する
2．（この二極を交互に関連付け、）理論化と実践化を交互に行う
3．ソーシャルワークの枠組の基盤を設定する
4．原理・原則、概念、方法、技術を選定する
5．プログラムの企画、実践、評価をする

第2節 教育法の理論に基づく教授法や学習活動

体験的学習モデルによる演習の効果

体験学習については、第2節と第3節で、2つのモデル（①コルブ（Kolb）の体験学習モデル（Experiential learning model）（図1－1）、②ヒューム（Hume, David）の知覚概念枠（表1－1））を活用し、演習の効果について考察することにします。

図1-1　コルブの体験学習モデル

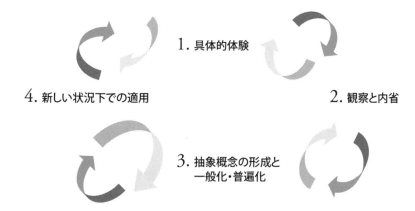

出典：Quinn F.M., Reflection and Reflective Practice, Davies, C & others Ed. Changing Practice in Health and Social Care, Sage Publications Ltd, p.82, 2000.

コルブの体験学習モデルのプロセス選定が演習授業の効果に及ぼす影響と、その利点と限界

　コルブの体験学習モデルは、一連のプロセスを追い、学習を促すものです。まず、学習する者が、1）具体的な体験をとおして対象者を含めた状況や現象を観察し、2）観察したものを分析し、その分析結果の特性から学習する者が内省し、自らの独自的視点や特徴を理解し、3）これらの特性や要素の交互作用や関係性を考察し、新しい概念形成を行います。その概念の一般化や普遍化を試み、新しい理論を作成し、4）この理論化した知識や技術、方法を別の状況下で応用し、その結果を評価します。
　このモデルは、援助の対象者が遭遇している状況や現象を観察し、理解し、内容を分析することによって、その状況を解釈して理屈づけを行い、さらにこの理屈の普遍性を

証明するために、これを別の新たな状況や現象に応用します。そのエビデンスに基づき、さらに理論化が深められるのです。

① 「具体的な体験」から「観察と内省」へのプロセスに焦点をあてた場合

　具体的な体験のなかで、学生は五感と第六感を用いて体感し、知覚します。特に、強烈に印象に残ったもの、あるいはかすかではあるものの感じ取った事柄を体感し、それらについて報告します。観察においては、対象者や状況などに焦点化し、見たものの報告を目的とする場合が多いですが、観察とは、視覚のみで行うものなのかどうか、ほかの感覚を使ったときには観察といわないのか、観察行動について考えさせ、視覚に障害のある場合は観察ができないのかどうかなどについても話し合わせます。

　この体験では、特に観察のポイントについての理論的な説明を得て、観察行動をすることがとても大切です。また、内省をとおして、自己の傾向を見出し、その状況を解説するだけであれば、観察の対象者である学生自身、利用者、組織、スタッフの行動批判に留まってしまう可能性が高くなります。よって、学生に、体験することの意義について考えさせることが重要です。

② 「観察と内省」から「抽象概念の形成と一般化、ないしは普遍化」へ
　移行するプロセスの場合

　学生は、スクリーン越し、ワンウェイミラー、視聴覚教材、資料などを観察し、自己の特性を内省することになります。専門的知識や技術、概念に関する情報や知識に基づき、その関連性を分析して新しい概念を形成しますが、その概念が特定のものであるかどうかを考察し、一般化・普遍化を行い、専門的知識や技術の意義を理解します。

③ 「抽象概念の形成と一般化、ないしは普遍化」から「新しい状況下で適用することを試みる」へ移行するプロセスの場合

　「抽象概念の形成と一般化、ないしは普遍化」から体験学習を始めるならば、抽象的理解と知的理解から、すぐに「新しい状況下で適用することを試みる」ことになります。現実の状況との関連性が実感できないので、客観的な適用に留まる危険性がありますが、これは、実践において理論や概念がどのように適用されているのかを観察し、理解して、その効果や限界をも知ることができる反面、主観的な実感から距離を置いた状態です。その点では、因果論的把握になり、直線的理解に留まる可能性があります。現在の人と環境との交互作用というパラダイムによる理解をするためには、客観的および主観的な体験が求められます。

演習の計画案を作成するときには、学習のねらいとして、このモデルの１）から２）へ向かうのか、２）から３）だけにプロセスを限定するのか、それとも、４）から開始して、１）の具体的な体験をさせることに結びつけるのか、どれを達成できるように計画するかによって、また、どこから体験を開始するかによって、演習の効果が異なってきます。演習授業の計画を立てるときには、この点を考慮に入れることで、独自の効果を出すことが可能となります。

第3節 知覚についての理解

1 知覚の概念

　知覚の概念については、印象として知覚するものと、観念として知覚するものがあるとされています。印象深かったものに焦点を合わせて観察した場合、印象的なものを知覚する、つまり、身体的、物理的環境のなかで、感覚や情熱や情緒で表わされるものですが、それらは力強く訴える力や活力で知覚します。

　他方、観念的な知覚があります。つまり、記憶から呼び起こし、想像による予測に基づいて、思考、推測し、心像をもつことですが、この場合は、かすかな力や弱々しい力のものを知覚します。

　例えば、利用者を観察したとき、学生が印象深いものを記憶し、関心を向けるときには、観察記録や解決策はその視点から導き出されることになります。一方、学生が利用者のかすかな力で訴えている気持ちを感知し、その知覚結果によって援助対策を立てるならば、印象とは全く異なった対策になるでしょう。その意味では、学生が自己の知覚の特性を理解しておくことが大切です。

表1-1　知覚の理解

知覚	
印象	観念
強い力	かすかな力
激しい活力	弱々しい活力
感覚・情熱・情緒	思考すること・推測すること・心像
感覚と対象：身体的・物理的環境	感覚と対象：記憶からの呼び起こし想像による予測

出典：依田義右『近世人間中心思想史——デカルトからヘーゲルへの路』晃洋書房、pp.203-224、2004年

2 変化への抵抗

　演習授業の展開において留意すべき点は、新しい概念や理論、技術、あるいは理念を

伝達する際に生じる抵抗について理解しておくことです。文明のもの、特に文献から選択してきた概念や理論や技術を活用したり適用する際には、必ずそこに適用に対する抵抗が生じます。実習先の指導者がその概念に精通していないとき、あるいは、現場での人材不足、財政上の締め付けなどから生じる限界が、現場での援助技術の活用に影響を与えていることがあります。実習生は、演習で学習したことも机上の論的理解をしていることが多く、「現場ではとてもそのようなことが実践されているとはいえない」などと批判することがあります。このような抵抗は比較的強く、さまざまな影響を、実践に、スタッフに、施設や機関に与えていることを理解していることが演習を実践するうえでは鍵となります。

図1-2　文明が文化へ導入されることで生じる変化への抵抗

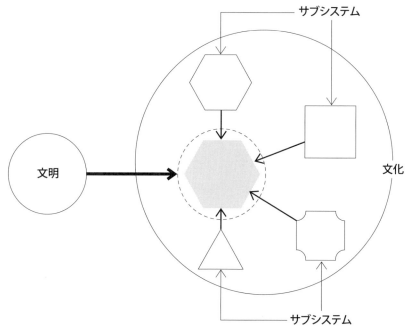

（福山和女作成）

　ほかの領域からの文明が、文献や資料によってある文化のなかに導入されたとき、あるいは方法論として適用されたとき、その文化のなかで生じる抵抗は非常に根強く発生するものです。変化への抵抗は、実践領域では重要視することが、導入や適用をする際の課題です。

　障害、困窮、貧困、疾病、高齢化などの状況を抱える人々が、抑圧（oppression）か

ら人間としての尊厳を保持できない人権の危機状況に陥っています。社会福祉の現場では、このような人々への援助の方法として、1970年代後半から、人と環境との交互作用というパラダイムが導入されてきました。ライフモデルや構成主義の理論や方法論が発展し、新しい概念、理論、技術、価値観などに対する実践現場や専門職の抵抗が生じたのです。

　このような抵抗が実習生の学びにマイナスに影響することは自明の理です。例えば、「積極的に質問ができない実習生」であったり、「指示したことを行わない」「スタッフとして業務多忙であるため、利用者の尊厳の保持がなかなかできない」など、一見、学生の批判や職場スタッフの業務に対する不満のような形で現われる事柄も、この抵抗現象そのものであると理解できます。これが、今まで実習教育の発展を遅らせていた原因かもしれません。

　このような変化への抵抗についての理解は、演習をとおして制度の改正や経済的な変動が、実践にいかに影響を与えるのかを学生に理解させることに大いに役立ちます。そして、学生にとって、専門職のアイデンティティや役割・機能を育成するうえでの助けとなると考えられます。

第4節 ソーシャルワーク理論

1 ソーシャルワークの定義

　ここでは、ソーシャルワークの専門職が習得すべきもの、あるいは学習すべきものを、原理、概念、方法、技術などから選定し、教育プログラムへの適用の仕方について考えます。その方法として、ひとつの枠組みとその基盤となるものを設定し、プログラムに組み込みました。

　まず、2014年に採択された国際ソーシャルワーカー連盟（IFSW）の「ソーシャルワークのグローバル定義」を採用し、ソーシャルワークの実践領域を規定します。

　ソーシャルワークのグローバル定義
　「ソーシャルワークは、社会変革と社会開発、社会的結束、および人々のエンパワメントと解放を促進する、実践に基づいた専門職であり学問である。社会正義、人権、集団的責任、および多様性尊重の諸原理は、ソーシャルワークの中核をなす。ソーシャルワークの理論、社会科学、人文学および地域・民俗固有の知を基盤として、ソーシャルワークは、生活課題に取り組みウェルビーイングを高めるよう、人々やさまざまな構造に働きかける。」（社会福祉専門職団体協議会国際委員会＋日本福祉教育学校連盟による日本語定訳2014）

　この定義は、各国および世界の各地域で展開してもよいとされています。これによると、ソーシャルワークの実践領域は図1—3のように示せます。

図1-3 ソーシャルワーク実践領域

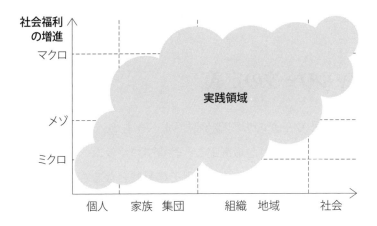

(福山和女作成)

｜2｜ ソーシャルワークの実践のための環境のミクロ・レベル、メゾ・レベル、マクロ・レベルの定義[2]

　ミクロ・レベルとは、物理的・社会的環境のうち、個人がある一定の期間、日常生活のなかで直接接触していて、かつ交互作用するレベルであり、家族や学校、仕事、ほかの社会状況、レジャーなどでの個人や家族の経験を含みます。

　メゾ・レベルとは、ミクロ環境の機能に影響を与えるものです。学校や仕事、教会やレクリエーション、そして、地域資源といった個人の毎日の生活に影響を与えるグループや組織や制度間の関係を含みます。

　マクロ・レベルとは、居住している人々のほとんどに共通し、成長に影響を与える大きな社会の物理的・社会的・文化的・経済的・政治的構造を指し、技術、言語、住居、法律、慣習、規制といったものが含まれます。

　これらの定義を援用して、ソーシャルワークの実践領域を図１―３のように規定しました。横軸にはニーズ充足の単位として、個人から、家族、集団、組織、地域、社会を設定して、縦軸には社会福祉の増進を目指すレベルである、ミクロ・レベル、メゾ・レベル、マクロ・レベルを設定してあります。

　ソーシャルワークの定義に基づくならば、この実践領域は非常に広範囲であり、かつ巨大な立体です。ミクロ・レベル、メゾ・レベル、マクロ・レベルの３つの実体におい

2　Magnusson & Allen, in Conpton, Galway, Social Work Processes, Belmont, CA：Westworth Publishing Company, p.104／フランシス・J・ターナー編（米本秀仁監訳）『ソーシャルワーク・トリートメント 下 ―相互連結理論アプローチ』中央法規出版, p.399, 1999年,『相談援助演習のための教育ガイドライン（案）』社団法人日本社会福祉士養成校協会演習教育委員会 2013年。なお,『相談援助演習のための教育ガイドライン（案）』については、2015年に『相談援助演習のための教育ガイドライン』となった。

てそれぞれ社会福利の増進を図り、それらが連鎖して、総体的かつ相乗的な効果を生み出しているといえます。

①ミクロ的実体の効果：（個人、家族）

ニーズの規模としては、個人から、集団、組織までと広がりがあり、交互に連鎖しています。

個人や家族が直面する困難状況が対象です。具体的には、個人・家族、小グループを含むクライエントが抱えている生活課題に対応しますが、それには、人権保障が求められる状況や人権侵害状況、自己実現やQOL向上が求められる状況、自己実現の機会を奪われている状況、社会的不利ゆえに機会を生かせていない状況などが含まれます（資料3参照）。

②メゾ的実体の効果：（グループ、組織、地域住民）

ニーズ規模は、個人から地域までと広がり、交互に連鎖しています。

グループ・組織・地域住民を対象とするレベルです。自治体・地域社会・組織システムなどを含み、具体的には、各種の自助グループや治療グループ、仲間や学校・職場・近隣などが含まれます。ミクロレベルの課題が、ディスエンパワメントの状況や、社会的差別や抑圧が地域社会からの排除の状況などによって生じている場合、ソーシャルワーカーはグループや地域住民がそれらの課題を「彼らの課題」としてとらえ、対応する環境をつくるために働きかけます（資料3参照）。

③マクロ的実体の効果：（地域社会、政策）

人権と社会正義集団的責任および多様性尊重の原理の下に、ニーズ規模も個人から社会へと広がりを持ち、交互に連鎖して、社会全体の福利増進の達成を目指します。

マクロ実践は、社会全般の変革や向上を指向しているものです。これらは具体的には、コミュニティーと国家、国際システムであり、政策や制度を含みます。差別、抑圧、貧困、排除、などの社会不正義を失くすように国内外に向けて社会制度や一般の人々の社会意識に働きかけることです。

ミクロレベルやメゾレベルの課題が偏見や差別、雇用問題、法律や制度などと言った社会構造のゆがみから生じている場合、ソーシャルワーカーは、長期的な人間の福利（ウェルビーング）を考え、社会システムを介入の対象とします（資料3参照）。

これらの実践領域では、ソーシャルワークの専門性を保証するための3つの技術が活

用されています。それは、ミクロ・レベルの効果を出すために用いる技術、メゾ・レベルの効果を出すために用いる技術、そして、マクロ・レベルの効果を出すために用いる技術です。

　ソーシャルワーカーは、個人や家族への援助を行う際にも、ミクロ、メゾ、マクロ的介入が期待されています[3]。これらの技術を具体的に行動規定に読み込んだものが、「社会福祉士の倫理綱領」や「行動規範」です。倫理基準全般を規定し、利用者に対する倫理責任（ミクロ・レベル／メゾ・レベル）、実践現場における倫理責任（メゾ・レベル）、社会に対する倫理責任（マクロ・レベル）、専門職としての倫理責任（メゾ・レベル）が、具体的に示されています。

3　Lena Dominelli, Social Work Theory and Practice for a Changing Profession, Polity Press.p.15.2004.

第5節 ソーシャルワークの4つの構成軸

ソーシャルワークの枠組み

　ソーシャルワークの枠組みは4軸から成り立つものであり、各軸の交互連鎖によってソーシャルワークの展開がなされると同時に、理論化されるものととらえます（表1-2）。
　以下、ソーシャルワークの構成軸について概説します。
　Ⅰ軸は、3つの実（立）体（ターフ）からなります。ミクロからマクロまでの実体があり、それは概念・知識・技術の適用と理解および実践との連鎖現象を表わします。
　Ⅱ軸は、環境と影響し合う接点における概念・理論枠組みと実践との連鎖現象を表わします。概念（定義、目的）、知識（実践モデル）、理念・倫理・原則などを含みます。基本概念として、エコロジカル・モデル、システム理論、バイオ・サイコ・ソーシャル・モデルを設定します（Z1）。
　Ⅲ軸は、ソーシャルワーク方法論の質、量、種類の交互関係を表わします。すなわ

表1-2　ソーシャルワークの実践領域の構成軸（Ⅰ軸・Ⅱ軸・Ⅲ軸・Ⅳ軸の相関関係）

Ⅰ軸：実践レベル（Y）	Ⅱ軸：基本概念（Z1）	Ⅲ軸：方法論（Z2）	Ⅳ軸：方法論・アプローチ（Z3）	Ⅴ軸：ニーズ単位（X）
ミクロレベル メゾレベル マクロレベル	エコロジカル・モデル システム理論 バイオ・サイコ・ソーシャル・モデル	・社会活動法 ・社会計画法 ・社会調査法（SR） ・運営管理法 ・ネットワーキング ・スーパービジョン ・コンサルテーション ・家族ケースワーク（FCW） ・ソーシャルグループワーク（SGW） ・ソーシャルケースワーク（SCW） ・ケアマネジメント ・カウンセリング	行動理論・行動変容アプローチ 認知行動理論・SST 危機理論・危機介入アプローチ ストレングスモデル―エンパワメント・アプローチ ストレス理論・ストレスコーピング 社会構成主義・ナラティブ・アプローチ システム理論・家族療法 パーソン・センタード・アプローチ 問題解決アプローチ 課題中心アプローチ 地域組織化アプローチ ソーシャル・プランニング・アプローチ ソーシャル・アクション・アプローチ	個人 家族 集団 組織 事業所 職能集団 地域 社会

ち、ミクロ・レベルでは、個人や家族に対して社会福祉の増進を図る技術（例：個別援助技術、ケアマネジメント、カウンセリングなど）を活用しています。メゾ・レベルでは、事業所や職能団体などに対して社会福祉の増進を図るために用いる技術（例：集団援助技術、スーパービジョン、コンサルテーション、運営管理法、ネットワーキングなど）を、また、マクロ・レベルでは、地域社会の社会福祉の増進を図るための技術（例：コミュニティワーク、社会活動法、社会計画法など）が活用されていますが、社会福祉調査法などは、その目的によってどのレベルでも活用できる技術です（Z2）。

　Ⅳ軸は、13の方法論・アプローチを付置してあります（Z3）：行動理論・行動変容アプローチ、認知行動理論・SST、危機理論・危機介入アプローチ、ストレングモデル―エンパワメント・アプローチ、ストレス理論・ストレスコーピング、社会構成主義・ナラティブ・アプローチ、システム理論・家族療法、パーソン・センタード・アプローチ、問題解決アプローチ、課題中心アプローチ、地域組織化アプローチ、ソーシャル・プランニング・アプローチ、ソーシャル・アクション・アプローチ。ニーズ規模は個人から始まり、家族、集団、組織・事業所、職能団体、地域、社会までと広がります。どの時期にどの規模のニーズを充足するかについて規定できます。

　5つの軸の配置図（図1－4）を参照すれば、ソーシャルワークのそれぞれの構成要素の配置が明らかになります。実践領域では、これらが具体的に、交互に連鎖して援助が展開されます。また、実践現場のある現象を取り上げると、そこには理論枠組みがあり、ひとつの理論を開発することができます。

　軸と軸との連鎖に焦点をあてることによって、問題現象や理論や方法の学習内容や習得技術が選定でき、ソーシャルワークの概念、理論、意義、理念・原則、援助構造、計画と評価、援助過程、援助効果などについて理解できます。

　ソーシャルワーク実践には、次の表1－3のような内容が含まれると考えられます。

図1-4　SW実践領域の基本概念（Z1）・SW実践方法（Z2）・アプローチ（Z3）との5軸相関図

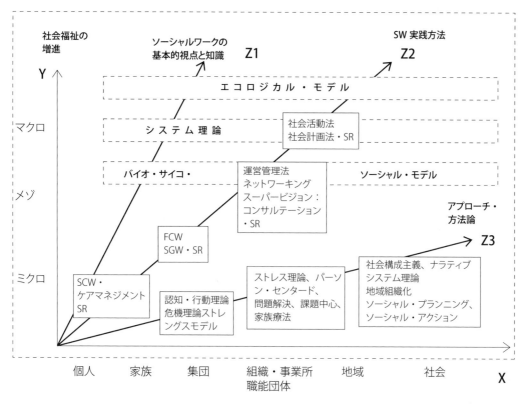

（福山和女作成）

表1-3　ソーシャルワーク実践の内容例

項目	内容
理念、倫理、価値	倫理綱領・行動規範、社会正義・人権など
制度、社会資源	活用・調整・開発、専門サービス・人材確保の保障など
実践モデル・アプローチ（限界と効用）	関係性・心理力動、システム論など
援助過程	インテーク（目的・目標の設定）、事前評価（アセスメント）、支援計画（プランニング）、実施・介入、経過観察（モニタリング）、支援評価・効果測定、支援終結、アフターケアなど
援助対象	高齢期、児童期、青少年、女性、成人などの個人・家族・小集団など
援助領域	社会福祉、医療、教育、産業、司法など 精神障害、発達障害、身体障害、貧困、虐待、失業、ドメスティック・バイオレンス（DV：人と環境の交互作用から生じる）
専門サービス人材の保証手段	援助記録法、スーパービジョン、多職種協働、ネットワーク形成、事例検討・分析、カンファレンス

第6節 理論と演習と実習の連続性のための条件

連続性のための条件

ソーシャルワーク理論と演習と実習の連続性については、以下の条件が大切です。
1）演習時間180時間を想定した場合には、社会福祉士養成カリキュラムにおける理論を学ぶ講義科目と実習科目とが、並行ないし関連づけられるような学年配当や段階的な組み立てが必要となる。
2）社会福祉計画論でいわれるような「PDCAサイクル」を演習授業に組み入れながら展開できる教育内容の連続性の保持について、それらの関連性をFDや交互評価および点検などができる教育体制が不可欠となる。
3）演習教育と実習教育の関係性はより深いため、実習の事前学習・実施中・事後学習における疑似的体験学習と試行的体験学習などを的確に組み合わせる必要がある。

「相談援助演習」の授業計画案や模擬モデルにおける枠組み（学習のねらい）

後述の各章に掲載されている授業計画案や模擬モデルのなかに含まれる用語数は、198個に及び、ミクロ・レベル、メゾ・レベル、マクロ・レベルでの分類整理ができます。その結果を以下に示します。

各軸の範疇で、演習を行う場合の包括的学習のねらいとしては、次のような項目が考えられます。

①マクロ・レベルの枠組

枠組みとしては、4つの項目があります。それぞれの演習内容の具体例を示します。

1）ソーシャルワークのグローバル定義・人権・社会正義・集団的責任・多様性の尊重などの諸原理について学習させる。
　演習内容例：具体的な事例検討などをとおして、社会における公平さ、社会に対する倫理責任について考えさせる。
2）人の尊厳、人と環境の交互作用などについて学習させる。
　演習内容例：人と環境との接点に介入することの意義について体験をとおして学習させる。

3）ソーシャルワークと現代社会の諸問題および課題について学習させる。
　演習内容例：人口動態、経済動向（成長・崩壊）、就職氷河期などの社会現象についての理解を深めさせる。具体的な事例をとおして考えさせる。
4）エコシステムについて理解し、ミクロ・レベル、メゾ・レベル、マクロ・レベルの視点を用いて、社会への働きかけの重要性を学習させる。
　演習内容例：個別支援から地域支援までを視野に入れ、地域社会・制度（福祉六法など）の変革が与える影響について具体的な事例をとおして学習させる。また、個人・家族・組織・地域・社会の交互関係が、どのようにマクロへと向かう福利の増進を促すことになるのか、具体的社会現象を取り上げて検討する。

表1-5　マクロ・レベルの枠組み

4項目	演習内容の具体例
1）ソーシャルワークの定義、人権、社会正義	社会における公平さ、社会に対する倫理責任
2）人の尊厳、人と環境の交互作用	人と環境との接点に介入
3）ソーシャルワークと現代社会の諸問題	人口動態、経済動向（成長・崩壊）、就職氷河期
4）エコシステム、ミクロ・レベル、メゾ・レベル、マクロ・レベルの視点、社会への働きかけ	個別支援から地域支援、地域社会・制度（福祉六法など）の変革 個人・家族・組織・地域・社会の交互関係 マクロ・レベルへと向かう福利の増進

②メゾ・レベルの枠組み

　枠組みとしては、7項目あります。それぞれの演習内容の具体例を示します。

1）利用者主体を原則に、ソーシャルワークの基盤的価値、手段的価値、専門職としての価値観を認識させる。
　演習内容例：援助関係形成の原則、個人および他者の価値観の尊重という観点から利用者や家族、関係機関を理解させる。
2）ソーシャルワーカーは、自らの中心（核となるもの）、すなわち専門職アイデンティティを原点とし、常に自己の価値観を精査し、その独自の使命、視点、態度、機能・役割（仲介者、調整等）を遂行することを学習させる。
　演習内容例：実践との照合が必要であり、倫理綱領・行動規範を遵守することの意義と目的を理解させることが求められる。利用者の自己決定、利用者利益の優先、プライバシーの尊重、記録開示等については、規定遵守が必要

であることの認識を持たせる。これを実現するためには、ソーシャルワーカーとの連帯形成、社会福祉の発展に寄与することが求められる。

3）人と環境への介入として行なわれるさまざまなソーシャルワーク実践は、展開過程を有することを学ばせる。

演習内容例：ソーシャルワーク実践、個人や家族への支援、グループワーク、コミュニティワーク、ソーシャルアクションについて、ロールプレイで学習させ、展開過程（インテーク、主訴の確認、情報収集、アセスメント、援助方針作成、介入、モニタリング、評価、終結）の方法などについて、事例をとおして選定させ、模擬実践をさせる。

4）ソーシャルワークの方法論や技法は、専門的援助関係に根ざし、人々のエンパワメントを図ることの重要性を学習させる。

演習内容例：援助的人間関係、受容、個別化等の原則、面接技法（コミュニケーション技法、明確化技法）、諸技能、人の理解（生育歴、ジェノグラム、エコマップ等）、集団の理解（関係性等）、地域生活や制度・政策の理解、連携と協働、情報の関係性の精査、問題予測・明確化、アセスメントとプランニング、記録、サービス提供、市民参画、政策過程への関与（パブリックコメント）などの用語と交互関連性について、具体的な状況から理解させる。

5）個人・家族・地域における問題解決と変革実践のターゲットについて学習させる。

演習内容例：ソーシャルワーク実践、クライエントグループと社会環境との交互作用、社会・文化的背景、コホート、クリティカルイベント、ニーズ類型（生活上、規範的、感得された、表明された、マクロのニーズ等）の理解、ニーズと社会資源システム（地域の関係機関・団体、地域の福祉力等）との関係、相談援助のターゲット、ゴールについての設定の重要性を学習させる。

6）実践への適用、発想力、実践力を習得させる。

演習内容例：体験型の演習、事例研究、ロールプレイ、親和図法、マインドマップなどを体験させ、学習を深めさせる。

7）ソーシャルワークが人と環境に関する諸理論を共通基盤とすることを学ばせる。

演習内容例：ソーシャルワーク（ケースワーク、グループワーク、コミュニティワーク等）の諸理論（システム理論、エコロジー、ストレングス、ニーズ、岡村理論、ライフサイクル等）を実践事例に適用することの体験を学習させる。

表1-6 メゾ・レベルの枠組み

7項目	演習内容の具体例
1) 利用者主体を原則に、ソーシャルワークの基盤的価値、手段的価値、専門職としての価値観を認識する。	援助関係形成の原則、個人および他者の価値観の尊重
2) ソーシャルワーカーは、自らの中心(核となるもの)すなわち専門職魂を原点とし、常に自己の価値観を精査し、その独自の使命、視点、態度、機能・役割(仲介者、調整等)を遂行する。	実践との照合、倫理綱領・行動規範の遵守、利用者の自己決定、利用者利益の優先、プライバシーの尊重、記録開示等、ソーシャルワーカーとの連帯形成、社会福祉の発展に寄与
3) 人と環境への介入として行われるさまざまなソーシャルワーク実践は展開過程を有する。	ソーシャルワーク実践、個人や家族への支援、グループワーク、コミュニティワーク、ソーシャルアクション、展開過程(インテーク、主訴の確認、情報収集、アセスメント、援助方針作成、介入、モニタリング、評価、終結)
4) ソーシャルワークの方法論や技法は、専門的援助関係に根ざし、人々のエンパワメントを図る。	援助的人間関係、受容、個別化等の原則、面接技法(コミュニケーション技法、明確化技法)、諸技能、人の理解(生育歴、ジェノグラム、エコマップ等)、集団の理解(関係性等)、地域生活や制度・政策の理解、連携と協働、情報の関係性の精査、問題予測・明確化、アセスメントとプランニング、記録、サービス提供、市民参画、政策過程への関与(パブリックコメント)
5) 個人・家族・地域における問題解決と変革実践のターゲットについて学習する。	ソーシャルワーク実践、クライエントグループと社会環境との交互作用、社会・文化的背景、コホート、クリティカルイベント、ニーズ類型(生活上、規範的、感得された、表明された、マクロのニーズ等)の理解、ニーズと社会資源システム(地域の関係機関・団体、地域の福祉力等)、相談援助のターゲット、ゴール
6) 実践への適用、発想力、実践力を習得する。	体験型の演習、事例研究、ロールプレイ、親和図法、マインドマップ
7) 人と環境に関する諸理論を共通基盤とする。	ソーシャルワーク(ケースワーク、グループワーク、コミュニティワーク等)の諸理論(システム理論、エコロジー、ストレングス、ニーズ、岡村理論、ライフサイクル等)

③ミクロ・レベルの枠組み

　枠組みとしては、トレーニングについて3項目あります。それぞれの演習内容の具体例を示します。

1) 規範習得のトレーニング
　　演習内容例：人間の尊厳の尊重、他者の尊重、ソーシャルワークの使命の理解、知識を習得させる。

2）知識・諸技能習得のトレーニング

　演習内容例：諸能力の習得としては、コミュニケーション能力、基本的対人支援能力があり、技能としては、ストーリーを形成できる技能、感情移入の体験、自己覚知等、ソーシャルワーカーとしてのアイデンティティの形成、客観的視点の醸成などを図る。体験シートやエコマップ等のツールを活用し、具体的に生活情報に触れ、気づきをさせる。

3）視点習得のトレーニング

　演習内容例：パーソナリティや生活問題等の包括的理解、視点の習得は、システム的視点、エコロジカル視点などについて事例をとおして、人の理解をするなかで体験させる。

表1-7　ミクロ・レベルの枠組み

3項目	演習内容の具体例
1）規範習得のトレーニング	人間の尊厳の尊重、他者の尊重、ソーシャルワークの使命の理解、知識の習得
2）知識・諸技能習得のトレーニング	能力の習得（コミュニケーション能力、基本的対人支援能力）、技能（ストーリーを形成できる技能、感情移入の体験、自己覚知等）、ソーシャルワーカーとしてのアイデンティティの形成、客観的視点の醸成、体験シートやエコマップ等のツール活用、生活情報への気づき
3）視点習得のトレーニング	パーソナリティや生活問題等の包括的理解、視点の習得（システム的視点、エコロジカル視点）

第7節 総合的、包括的な学習のねらい（各軸から集めたもの）の例示

1 ミクロ・レベル、メゾ・レベル、マクロ・レベルを含めた学習のねらい

ミクロ・レベル、メゾ・レベル、マクロ・レベルを含めた学習のねらいは、以下のとおりです。

1）社会福祉の援助技術に対する理解を深め、援助実践の実際について学ばせる。
2）ミクロ・レベル、メゾ・レベル、マクロ・レベルにおける人と社会のウェルビーイングを増進するソーシャルワークの働きを理解させる。
3）ひとつの事例をミクロ、メゾ、マクロのいずれの焦点からもとらえられるようにさせる。
4）地域社会のなかで、1人のソーシャルワーカーや1つの機関だけですべてを担うのではなく、地域のなかで個別支援から地域支援までどのような支援があり、またそれらの多様な主体の連携と協働がどのように進められるべきかを具体的に考え、ソーシャルワークの展開の仕方を体験的に習得させる。
5）ソーシャルワークの基盤的価値、すなわち「人間の尊厳の尊重」および「社会における公正」について現実感をもって理解させ、実現する使命を帯びていることを確信させる。
6）ソーシャルワーカーは、ミクロからマクロまでのあらゆる実践を、基盤的価値と手段的価値に基づいて行うことを理解させる。
7）人と環境の接点・交互作用について理解させる。
8）人間の尊厳を尊重する実践がどのように行なわれうるのかを学習し、倫理綱領の具体的内容を理解させる。

2 メゾ・レベルを中心とした学習のねらい

メゾ・レベルを中心とした学習のねらいは、次のとおりです。

1）倫理綱領の具体的内容を理解させる。
2）ソーシャルワークの手段的価値、「使命を果たす為に貢献すること」「基盤的価値

への誠実さ」「使命を果たすに十分な専門性の保持」が重要となることを理解させる。

3) 人間の尊厳が尊重されていない状況を考え、専門職としてのソーシャルワーカーの視点、姿勢、使命を考えさせる。

4) ソーシャルワークの定義・役割・理念（価値と倫理、利用者主体などを含む）を理解させる。

5) 理論的知識、援助方法論、面接技法、記録技法など、ソーシャルワークの専門性の重要性を理解させ、それらの実践への適用をシミュレーションさせる。

6) 展開過程の概論的把握をし、具体的に、インテーク、アセスメント、プランニング、介入、モニタリング（再アセスメント含む）、終結についての理解をさせる。

7) クライエントやクライエントが抱える問題、また、クライエントを取り巻く状況をとらえる視点、ソーシャルワークの基軸となる「専門的援助関係形成の重要性」について学ばせる。

8) ソーシャルワーカーの視点から、利用者や利用者を取り巻く資源のシステムの動きと時間的経過やサービス提供などの変化によって支援過程が展開していることを理解し、そのなかでアセスメントやプランニング方法を学ばせる。

9) 面接の基本技法としてのコミュニケーション技術、特にクライエントの会話を促す技法に焦点をあてて習得させる。

10) ソーシャルワークのアクション（インターベンション）期における具体的な援助活動の1つとして、「媒介機能」に焦点をあてる。ソーシャルワーカーが遭遇するさまざまな「葛藤状況」を設定し、具体的な援助技術を学ばせるとともに、その根拠となるソーシャルワークの価値について理解を深める。

11) ソーシャルワークの視点と専門的援助関係形成の重要性を学ばせる。

3 ミクロ・レベルを中心とした学習のねらい

ミクロ・レベルを中心とした学習のねらいは、以下のとおりです。
1) ソーシャルワーカーの役割や価値観について自己覚知させる。
2)「気づき」を促がせるような全体的な働きかけ。
3) 社会福祉の援助技術に対する理解を深め、援助実践の実際について学ばせる。

第8節 演習での指導上のポイント

演習での指導上のポイント(各軸から集めたもの)

演習を指導する際のポイントは、以下のとおりです。

1. ヒューマン・サービス領域における社会福祉専門職を目指す学生にとって必要不可欠となる基礎的な資質を有しているか否か、養成教育を担う教員にとって学生の能力を見極める手立てを的確に実施できる教育環境や学習条件などを整えられるか否かが鍵になる。
2. 学生が対人援助職の専門教育に入る前に、それまでに友好的で健全な対人関係を保持して、自分自身や他者を受け入れることができる態度と能力を有しているか否かを教員自身が見定められる条件を整えているか否かが重要になる。
3. 「信頼関係」の構築から始まる社会福祉専門職にとって、コミュニケーション技法の体得以前の対人関係を持続させる経験が必要十分条件になるため、実習カリキュラムといかに組み合わせた授業展開ができるか否かにかかっている。
4. 基本的には、直接的な個別支援過程の包括的理解を基盤に、その局面ごとでどのような学習が可能かを目的にしている。なお、集団や地域への支援過程は、最初の15コマでは、次の学習に向けた方向づけをする程度とし、別に15コマを利用して作成すべきと考える。
5. 演習では「事例」を多用することとなるが、その際、各演習の目標(目当て、ねらい)に即した素材を用いることが重要となる。
6. ソーシャルワーカーとしての自分自身の個性や持ち味を活かしつつ、クラスの仲間の力を借りながら、専門力量を養う。
7. 事例のソーシャルワーカーとして、事例研究に臨む体験型アセスメント演習をする。
8. これまで学んできた社会福祉の原論、分野論、方法論を統合化させて、ソーシャルワーカーが身につけるべき援助技術を、演習形式で学ぶ。
9. 理論を具体的に実践するとはどういうことかを体得する。
10. ソーシャルワーカーが考えるべきウェルビーイングについて理解させる。
11. ミクロからメゾに向けたソーシャルワークについて理解させる。
12. メゾからマクロに向けたソーシャルワークについて理解させる。

13. ソーシャルワーカーの価値から実践を考えさせる。
14. 一人のソーシャルワーカーやひとつの機関・施設がすべてを担うのではなく、地域の福祉力をあげていくことを理解させる。
15. 価値・倫理の内容を疑似的な体験学習に組み入れる場合、人権侵害を被っている人々の事例を深く読み込みながら、人権感覚を呼び覚ます問い掛けと学生間の感性・感情などのズレを確認し合う授業を実施する。
16. ソーシャルワーカーが二律背反の場面に遭遇する事例を教材にして、ミクロ、メゾ、マクロ状況の見立て方について学生間で論議させ、学生自らが遭遇するという疑似的な場面を通じて「自己覚知」と関連づけながら追認するように展開する。
17. ひとつの事例を丁寧に追っていくことで、メゾ・レベルに焦点を絞りつつも、ミクロ、メゾ、マクロのすべてに目を向けて、人と環境の接点の理解を深め、そして問題解決、予防、地域の福祉力の開発を目指す視点と方法を理解させる。
18. 人間の尊厳や社会的公正といった抽象度の高い事柄を、学生が自分自身の生活体験（個人生活の体験のみならず、実習体験も含む）に引きつけて実感的に理解するような工夫が必要である。
19. あらゆるシーンにおける、あらゆるソーシャルワーク実践について、「Why＝何故にそのような実践する必要があるのか？」および「How＝いかに実践する必要があるのか？」を、ソーシャルワークの価値に照らして説明できるようになることが重要である。

演習授業モデルに含まれた198用語

> ソーシャルワーカーの態度、人間のパーソナリティの理解、「基盤的価値への誠実さ」、「使命を果たすに十分な専門性の保持」、「使命を果たす為に貢献すること」、「社会における公正」、「人間の尊厳の尊重」、「他者の尊重」、IFSW定義、Mediator、Organizer、アイデンティティ、アイデンティティ形成、アセスメント、アセスメント技法、アドボカシー、インテーク、エコシステム、エコシステム論、エコマップ、エコマップの作成、エコロジカル視点における利用者理解、エリクソンのライフサイクル論、エンパワメント、エンパワメント・アプローチ、クライエントグループ、クライエント側から事例を捉える重要性、クリティカルイベント、グループへの支援過程、グループワーク、ケースワーカー、ケースワーク、ゴールとターゲット、コホート、コミュニケーション、コミュニケーション支援、コミュニケーション能力、コミュニティワーカー、コミュニティワーク、コミュニティワークからソーシャルアクションへの支援過程（ネットワーク構

築から市民運動への展開）、コミュニティワークへの支援過程、サービス提供、ジェノグラム、システム理解、ストーリーを作成、ストレングス、ストレングスアプローチ、ストレングス視点、ソーシャルワーカーとしての連帯、ソーシャルワーカーの価値、ソーシャルワーカーの機能、ソーシャルワーカーの使命、ソーシャルワーカーの視点、ソーシャルワーカーの中心、ソーシャルワーカーの役割、ソーシャルワーク、ソーシャルワークの基盤的価値、ソーシャルワークの視点、ソーシャルワークの手段的価値、ソーシャルワークの定義、ソーシャルワークの展開、ソーシャルワークプロセスとスキル、ソーシャルワーク実践の共通基盤、ソーシャルワーク諸技能の習得、ソーシャルワーク専門職としての価値観の次元、ニーズと社会資源、ニーズの定義と類型、ニーズ論、パースペクティブ・モデル、システム論、パブリックコメント、バブル経済・崩壊、プライバシーの尊重、プランニング、プランニング方法、プレゼンテーション、マインドマップ、マクロのニーズ、マズローの欲求階層説、ミクロ・マクロの関係性、ミクロ・メゾ・マクロの視点、ミクロ・メゾまたはマクロ・レベル、ミクロからメゾ、マクロへと向かうウェルビーイングの増進、モニタリング（再アセスメント含む）、ライフモデル、ロールプレイ、ロールプレイ形式、援助の方針、援助過程、援助関係の形成の原則、援助計画の作成、援助的人間関係、援助方法論、岡村基本的要求等、家族、介入、活動、感情移入の体験、感得されたニーズ、環境の一部としてのソーシャルワーク、基本的対人支援能力、気づき、規範的ニーズ、記録開示、記録技法、客観的に問題を眺める力の醸成、経済動向小史、原理に関する声明、現実のすり合わせ、現代社会での諸問題、個人、個人・家族・組織・地域・社会の交互関係、個人と家族レベル、個人の価値観、個人や家族への支援過程、個別化、個別支援から地域支援、高度経済成長、市民参画、支援のプロセス、支援過程、資源への広がり、事例研究、児童虐待、自己の価値観、自己覚知、自己決定、自分自身の関心、自由、実践への適用をシミュレーション、実践理論的知識の学習、社会・文化的背景、社会との接点、社会に対する倫理、社会への働きかけ、社会福祉援助の原理原則、社会福祉援助技術原理、主訴の確認、受容、就職氷河期、終結（ターミネーション）、集団の関係性、情報の関係性、情報収集、親和図法、人・環境との交互関係、人と環境の接点、人と環境への介入、人間の尊厳の中身、人権と社会正義、政策・法律による学習知識、生育歴、生活の視点、生活上のニーズ、生活情報への気づき、生活状況の包括的理解、生活問題理解、生活様態、生態学的視点、専門職、専門的援助関係、潜在的な強さ、交互作用、他者のニーズ、他者の価値観、他職種との連携、体験シート、体験型アセスメント演習、対象者と環境との交互関係、地域・社会・制度レベル、地域での生活を支える、地域の機関や団体、地域の福祉力、地域生活支援体制の確立、展開過程、伝えるプレゼンテーション力、日本の人口動態、発想力、表明され

たニーズ、評価、福祉六法、変容部分、明確化、面接技法、問題の明確化、問題解決と変革、問題予測、役割、利用者、資源のシステム、利用者自身の強み、利用者主体、利用者利益を優先、理念、倫理や価値、倫理綱領、連携と協働

注：ここに記載された内容については、日本社会福祉士養成校協会社会福祉援助技術教育に関する委員会：理論・演習部会が作成したものである。部会構成：15名、部会長：福山和女（ルーテル学院大学）、部会長補佐：石川到覚（大正大学）、石川久展（関西学院大学）、高山直樹（東洋大学）、庶務担当員：山田嘉子（東日本国際大学）、山本博之（東京福祉大学）、委員：岩間伸之（大阪市立大学）、植田寿之（元・梅花女子大学）、川村隆彦（神奈川県立保健福祉大学）、藏野ともみ（大妻女子大学）、所めぐみ（佛教大学）、中谷陽明（日本女子大学）、中村佐織（京都府立大学）、堀越由紀子（田園調布学園大学）、李政元（関西学院大学）（以上、50音順）。当部会では、社会福祉援助技術をソーシャルワークと規定し、この論に基づく演習について、その枠組み、概要、展開過程、シラバスに関する1つのカリキュラム案を作ることを目的に、全体会議4回と4作業部会各4回の、延べ20回に及ぶ検討を重ねた。

第2章 相談援助演習の展開

第1節 演習教育方法の概要

1 演習教育方法の位置

　相談援助演習は、ソーシャルワークにおける具体的な力量（コンピテンシー）を習得するための科目となりますが、教室は現場ではありません。したがって、演習の方法や教材は、工夫され、計画化されたものでなければなりませんし、そこには、社会福祉援助の価値や倫理が基本に据えられなければなりません。

　また、演習は講義と異なり、学生が主体となって展開されることが特徴であり、講義、実習等との科目をつなげていく媒介としての役割があります。実習が体験のみに終わらないためにも、人権の尊重、権利擁護、自立支援について理解し、実際に行動できることを目標に置かなければなりません。

　ソーシャルワークが対象とする諸問題は刻々と変化し、その様相はより複雑化しています。それらの問題の構造を総合的に把握する視点が大切となります。そして、援助を必要とする人を問題を抱える人として観るのではなく、「その人を取り巻く環境」や「その人と環境の相互作用」に着目することが重要であり、それが、生活モデルの実践につながっていきます。また、利用者を生活の主人公として、自らが問題解決の主体としてとらえていくことも大切な視点であり、利用者がもっている、自ら解決する力や強さを確信し、それらを援助の過程で回復、発揮していくエンパワメントやストレングスの視点を養うことが重要です。さらには個別支援から地域支援、社会資源の開発や社会

変革を目指していく方向性を確認できる演習方法が求められます。

具体的には、下記（図2―1）のソーシャルワークの方法が援助の過程やミクロからマクロのレベルにおいて有効に活用されていくことが求められます。したがって、演習においては、さまざまな技法を用いて、学生の主体的参加を促し、「ソーシャルワークは人間の行動と社会システムに関する理論を利用して、人々がその環境と相互に影響しあう接点に介入する」（『(旧)ソーシャルワークの国際定義』国際ソーシャルワーク連盟、2000年）ことの意味を体感し、ぶれないソーシャルワークの価値を構築することが目的となります。

2 具体的な相談援助事例と実技指導

現行の養成課程カリキュラムでは、社会福祉士に求められる相談援助にかかわる知識と技術については、次にあげる方法を用いて、実践的に習得するとともに、専門的援助技術として概念化し体系立てていくことができる能力を涵養するとしています。その方法は、以下のとおりです。

（1）総合的かつ包括的な援助および地域福祉の基盤整備と開発にかかわる具体的な相談援助事例を体系的に取り上げること。
（2）個別指導並びに集団指導をとおして、具体的な援助場面を想定した実技指導（ロールプレイ等）を中心とする演習形態により行うこと。

ここで、重要視されている演習展開としての方法は、具体的な①相談援助事例の検討と②実技指導ということになります。以下、そのポイントを概説します。

①相談援助事例

　i　事例は、ソーシャルワークの原理、価値、倫理、そして諸方法などを理解できる生きた教材です。講義等で知識として蓄積されたものが、具体的な場面においていかに

図2-1　ソーシャルワークの構成

インテーク→アセスメント→援助計画策定→介入→モニタリング→事後評価→終結
ミクロ・メゾ・マクロのレベル ↑　必要に応じて活用
方法　　個人・家族→グループ→コミュニティ ケースワーク・グループワーク・ケアマネジメント・コミュニティワーク・ ソーシャルアクション・社会福祉計画法・社会福祉調査法・社会福祉運営管理法・ ネットワーキング・スーパービジョン・コンサルテーション・カウンセリング等

活用されていくのかを学ぶことができます。したがって、ソーシャルワークの実践を体験していくことになります。ここでの事例とは、個人、家族、集団、地域においての具体例でなければなりません。特に、地域福祉との関係、人と環境との相互作用という視点が強調され、問題を生み出す原因となる人々の生活、社会構造をアセスメントできることにつながる具体的かつ現実的な事例が求められます。

　ただし、個人情報の保護が前提にあり、また事例提供者がいる場合には、事例の取り扱いについて事例提供者と合意が成立していることが条件となります。

　ⅱ　事例検討には、抽象的な理論、知識などを具象化していくことにより、ソーシャルワークを理解する演繹法と、具体的な社会福祉の問題を取り上げ、抽象的な理論や知識とすり合わせていく帰納法があります。これらの方法を有効に活用し、主体的参加者である学生がともに考え、議論し、事例のなかにある諸問題を確認し、その問題の原因を明確にし、対策を立てていく方法が事例検討です。その検討の過程のなかで、学生は、問題認識力、分析力、解決力等の力量を習得していきます。

　これらの事例検討の過程においては、常にソーシャルワークの価値や倫理を意識化していくことを基盤にすえる必要があります。

　ⅲ　相談援助事例においては、専門的援助関係に根ざし、人々のエンパワメントに着目し、ミクロ、メゾ、マクロのレベルにおいて、個人、家族、集団、地域等の理解を深めなければなりません。その際に、パーソナリティや生活問題等の包括的理解、エコロジカルな視点でのシステム的な理解を促すことが必要であり、その方法として、観察方法や生活歴、ジェノグラム、エコマップなどのマッピング技法の活用などが求められます。

②実技指導
　ⅰ　相談援助事例は、援助過程が明らかになり、援助実践の分析や考察を深めることには適していますが、事例検討の際に学生が、第三者的で「傍観者」になりやすいといった側面も指摘されています。事例の問題を特定する出来事（インシデント）を抽出し、具体的に提示をしながら、参加者が体験をとおして利用者の立場に立ち、事例の検討を促していく方法として「インシデント法」があります。

　ⅱ　インシデント法においては、参加者は、具体的な場面と向き合うことになり、問題の所在や介入のあり方、対策などの議論の活発化が期待できるとされています。その際には、発想力や実践力の習得を目的に、体験型の学習、ロールプレイ、親和図法、マ

インドマップなどを応用することも有効です。

　ⅲ　相談援助を進めるうえでは、他者理解と自己覚知、コミュニケーション技法などの実技指導、またディベート、プレゼンテーション、ネゴシエーションなどの技法を用います。コーディネーター、ファシリテーターとしての力量の習得も求められます。

　①および②は、援助場面や内容において、両者を融合するなどのつながりのある授業計画のなかでの展開が求められます。

3 演習授業における方法の概要

　現行の養成課程カリキュラムでは、20名以下の少人数が打ち出され、カリキュラムの基準化が規定されています。かつて、多人数の演習であったり、各教員が自らの得意分野に偏ったり、自己覚知を中心とした演習に留まっていたりすることが多くみられてきましたが、現在は各養成校においての演習担当者の協働関係が不可欠となります。シラバスや方法、教材のあり方の基盤は、共有、共通化していくことが求められています。それは、各教員の教育の自由や個性を侵害するものであってはなりませんが、学生に求められる力量の基準を養成校のなかで明確化していく意味でも、講義、演習、実習を担当する教員のチームワークが求められ、シラバス検討作成、方法・教材の開発、演習指導の相互評価など演習の質的向上を目指していかなければなりません。

　以下に、前項にもあるように、演習における事例検討や実技指導をより発展、進化させていく主要な技法を取り上げ、その概要について述べます。

1．コミュニケーション技法
①コミュニケーションとは
　コミュニケーションは、あらゆる人間関係をつくり、つないでいるものです。専門的援助関係においては、相互の信頼関係を基盤にして、援助を展開していくために必要不可欠な要素となります。よりよい援助者になるためには、援助的なコミュニケーションの知識と技術をもつ必要があり、演習のなかで体験的に理解を促し、実習のみならず、学生の日常生活との関係性のなかで、コミュニケーションを活かしていくことが重要となります。

　コミュニケーションは、3つの要素（言語的、準言語的、非言語的）で成立しており、コミュニケーションが成立する要素の比率としては、言語的（7％）、準言語的

(38％)、非言語的（55％）といわれており、知識的な言語ではない、非言語的な発信の重要性に気づいている必要があります。特に、論理的に声を発することが困難な利用者を援助することは少なくなく、この３つの要素を意識していくことが大切です。

 ⅰ　言語的：言葉そのものの言語的意味
 ⅱ　準言語的：声の強弱、抑揚、長短、速度など
 ⅲ　非言語的：表情、視線、姿勢、動作、服装、対人距離など

②援助的なコミュニケーション

　専門的援助関係においては、援助者は、利用者との出会いから始まり（インテーク）、アセスメント、社会資源の活用、モニタリングなど、さまざまな関係の場面や進展が見られます。これらのコミュニケーションをとおして、必要な情報や説明を「伝える」ということが大切になりますが、加えてコミュニケーションの相互作用を通じて、利用者の課題や問題を「共有化」し、さらには利用者の自己決定やエンパワメントを促していくことにつなげていくことが求められます。

　したがって、援助者の存在がコミュニケーションを通じて、利用者にどのような影響を与えているのかということを常に意識をしながら関わることが求められています。

③演習方法

　援助的コミュニケーションの演習においては、受容、共感、傾聴などの援助関係の要素をロールプレイングや自己覚知の演習などと組み合わせて展開できます。以下、非言語的コミュニケーションに関する演習の例を取り上げますが、援助関係の原則やコミュニケーションの要素などの知識的な理解が前提となります。また、個人、グループ、全体の振り返りのなかで、通常のコミュニケーションと援助的コミュニケーションの違いを明確にしていくことが求められます。

演習１（傾聴）
１．簡単な自己紹介を考える（出身地、趣味、好きなことなど）。
２．それをすべて、母音（あいうえお・ん）のみで伝える。
　　例えば：わたしは、よこはましやまてで、うまれました。
　　　　　　　　　　　　　↓
　　　　　　ああいあ、おおああいあああええ、うあえあいあ。
３．二人組をつくり、向かい合い、ＡとＢを決め、Ａから自己紹介を行う。Ｂも自己紹介を行う。

4．お互いに感想述べ合い、話し合いを行う。

演習2（非言語コミュニケーション、ボディランゲージ）
10人のグループをつくる。
1．10人の中で、自分の誕生日を伝える（平成等の元号は省き、○月○日のみでよい）。
2．伝えるルールとして、以下のものは使用してはならない。
　（言葉、指文字、口話、手をたたくなど）
3．全員が伝え終わったら、1月生まれを先頭として、順番に並ぶ。
4．全体ができたところで、答え合わせをする。
5．お互いに感想を述べ合い、伝えるとき、伝わったときの気持ちを振り返る。

演習3（居心地のよい距離・視線）
2人のグループをつくる。
1．1メートルぐらい離れて、向かい合って座り、AとBを決める。
2．Aは座ったままで、BはAに向かって少しずつ近づく。
3．お互いにとっての「居心地のよい位置」を見つけていく。
4．お互いの居心地のよい距離について、話し合う。

1．居心地のよい距離で座り、AとBを決める。
2．Aは視線を送る役割で、Bはその視線を受けとめる役割であることを決める。
3．Aは、視線の位置を①〜⑤に変えながら、「お元気ですか？」とBに伝える。
　①Bの後ろの壁を見つめる。②Bの頭、額を見つめる。③Bの目を見つめる。
　④Bの口の顎を見つめる。⑤Bの肩やおなかの辺りを見つめる。
4．Aは、どの視線が送りやすいのか、送りにくいのかを振り返る。
5．Bは、どの視線が受けとめやすいのか、受けとめにくいのかを振り返る。
6．お互いにとっての「居心地のよい距離・視線」を見つけていく。

2. ディスカッション
①ディスカッションの目的
　ディスカッションとは、「討論」のことです。演習に参加する学生たちが、価値観、知識、生活歴などにより、異なった意見や考え方をもっていることや自分と異なることを理解することがねらいとなります。また、他者を理解しようとする意識や他者の意見

を受けとめていく力量が試されることでもあります。討論を通して、立場の異なる他者の立場性や自分との関係性などの状況を把握し、意見の調整や歩み寄りを行うことが求められます。具体的には、あるテーマをもとに意見を出し合い、一致を図りつつ、問題を解決していくことが求められ、参加者が相手を尊重しつつ、討議の内容を深め、結論を導いていくことが主な目的となります。

②ディスカッションの構造

ディスカッションは、ある問題について参加者全員で討議し、問題解決の方向を民主的な形で導いていくことが大切です。漠然とした意見交換や反論の繰り返しは意味がなく、むしろチームや組織の凝集性や士気にマイナスの影響を及ぼすことになります。したがって、テーマ設定、司会者や参加者の姿勢や討論の組み立て方は、綿密な事前の準備が必要となります。

事前準備 i 話し合いのテーマを決める
　　　　 ii 司会者を決める、ルールを決める
　　　　 iii 話し合いの方向性を決める
討　論　 i 事前準備で決めた方向性を確認する
　　　　 ii テーマを掘り下げる（意見⇒質問⇒確認を繰り返していく）
　　　　 iii 具体的な事例をあげる（事例や体験をわかりやすく話す）
　　　　 iv 発言者と聞き手、参加者の関係のなかに共感や一致点を生み出す（受容、同意、共感をしっかりと伝える）
　　　　 v 討議の過程を振り返り、まとめを行う

③ディスカッションの構造（事例）

テーマ：「有償と無償のボランティア」について
学生A：私は、ボランティアの有償化には反対です。ボランティアは自発性が基盤となっており、自分自身の活動や自分の時間を無償で分け合うところに重要な本質があるからです。
　　 i 意見：自分の意見を、率直に、正直に、誠実に伝える。「理由」を明確に持ち「主張する」ことが大切である。

学生B：私は、有償のボランティアは、賛成です。例えば、交通費や経費が支出されれば、ボランティアに参加する人も増える可能性があり、ボランティアを利用する人にとっても、対等な関係のなかで活動の依頼が行われるのではない

　　　　　　かと考えます。
　　　　ii　異なる意見：具体的な事例や体験をわかりやすく伝えることが大切である。

　学生Ｃ：Ｂさんが、有償は対等な関係のなかでの活動となると言われましたが、無償では、対等な関係は難しいのでしょうか？
　　　　iii　質問・確認：議論の発展を意識しながら質問や確認を行うことにより、話を深める流れを作ることが大切である。

　学生Ｄ：私はこれまで、多くのボランティアをしてきましたが、無償でも有償でも、自分のボランティアに対する気持ちやスタンスは変わりません。いつも大切な出会いがあり、自分の気づきが促されています。Ｂさんの有償イコール対等な関係はわからなくないのですが、疑問が残ります。
　　　　iv　反論：自分の意見と他者の意見の違いを考えながら、発言していくことが重要である。

　以上のように、「意見」→「異なる意見」→「質問・確認」→「反論」で構成され、その過程において、「受容」「共感」「同意」などのメッセージを織り交ぜながら「自分の意見」を主張し、他者の意見も尊重していくことが求められます。論理的思考ができることを目的とします。

3. ディベート

　ディスカッションとは、あるテーマについて議論することをいいますが、それに加えてディベートでは当事者間の意見対立が前提とされ、ディベートでは第三者的に、ディスカッションでは当事者的に、討論の役割が期待されます。ディベートの目的の１つに議論（argumentation）の教育があり、副次的効果としては、一般に以下のようなものがあげられます（川本信幹・藤森裕治編「教室ディベートハンドブック」『月刊国語教育別冊』東京法令出版、12 〜 13 頁、1993 年）。

　①問題意識をもつようになる。②自分の意見をもつようになる。③情報を選択し、整理する能力が身につく。④論理的にものを考えるようになる。⑤相手（他人）の立場に立って考えることができるようになる。⑥幅の広いものの考え方、見方をするようになる。⑦他者の発言を注意深く聞くようになる。⑧話す能力が向上する。⑨相手の発言にすばやく対応する能力が身につく。⑩主体的な行動力が身につく。⑪協調性を養うこと

図2-2 ディベートの構造（流れ）

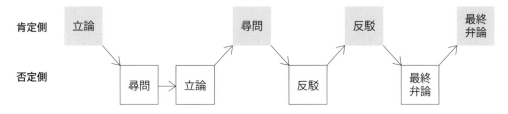

ができる。

また、ディベートの一般的ルールでは、第三者により勝敗の決定を行うことになります。

①ディベートのポイント

ディベートは、自分の主張や価値観を言う場ではないという点が重要であり、テーマによっては、賛成（反対）できないと感じることもあります。しかし、あえて逆の立場に立って論題を見つめ直し、双方の立場から客観的に論題を検証していくことが、自分の考え方や見方を深めることにもつながるところにポイントがあります。

上記（図2−2）は、ディベートの基本的な構造であり、流れを押さえていくことが大切です。以下、〈立論〉から〈最終弁論〉に至るまでのポイントを整理します。

〈立論〉

ディベート全体のたたき台となる議論を出さなければならないため、最初の立論は最も重要な役割を担っており、下記のかたちがあります。

①テーマの解釈を曖昧にしたままでは、議論がかみ合わないため、解釈を明確化する。②テーマを推進させるためにプランの立論は「〜すべし」という形式を用いるが、それを実行するための具体的な方法を示す。③否定側は、通常は現状維持となるが、否定側からも対抗する代替案を示せる。④プランによって発生するメリットの提示は、否定側の場合は、肯定側のプラン実行においてはデメリットとなる。メリット（デメリット）は、通常以下の3点を示すことがポイントとなる。

　i　現状分析
　　肯定側：現状に問題があることを指摘、あるいは現状では論題を達成できないことを証明。
　　否定側：現状に問題はない、問題は深刻ではない、あるいは現状でも問題解決でき

　　　　ることを証明。
　　ⅱ　発生過程
　　　肯定側：プランによって解決する、または現状と比較して良くなるという主張。
　　　否定側：プランによって悪化するという主張。
　　ⅲ　重要性・深刻性
　　　肯定側：その問題を解決できることがいかに重要かを強調。
　　　否定側：新たに生まれた問題がいかに深刻かを強調。

〈尋問〉
　基本的には、立論で聞き取れなかったこと、解釈の行き違いを補整し、すれ違いをなくすことで議論の争点を明確化する。また、質問によって相手の矛盾点を追及する。

〈反駁～最終弁論〉
　メリット、デメリットを互いに出した後は、基本的にそれに対する反論・再反論の応酬が続く。反駁においては、単に立論の繰り返しに終始するのではなく、相手の尋問や主張を受けた形で、自分達の主張を違う側面、言い方を換えて述べ、論理の一貫性が重要となる。

4. マッピング技法
①マッピングとは
　焦点化された問題、例えば家族とその周りの人々や各種社会資源の間にみられる問題状況の改善に向けて、生活環境の要因間の関係性や全体の相関性を、地図のように表す記録の総称をいいます。具体的には利用者とその家族との関係やその他の社会資源との関係を関係線で表現する方法です。代表的には以下の種類があります。
　　ⅰ　エコマップ（ecomap）：利用者とその周りの人々や社会資源との間に存在する問題状況を描き出すもの
　　ⅱ　ジェノグラム（genogram）：3世代以上にわたる人間関係を図式化したもの
　　ⅲ　ファミリーマップ（family map）：家族成員の相互交流のあり方にみられる力関係やコミュニケーション状況、行動パターン、情緒的交流を図式化し、家族内の複雑な問題状況を比較的平易に表現する図式法

②エコマップの意義
　　ⅰ　図式化による情報の整理、共有化

ⅱ 家族の各成員および家族全体と周囲（友人、専門職、所属機関、関係機関等）のシステム論的把握
・家族と周囲のフレームワークをとらえる
・家族と周囲の関係性をとらえる
・支援の仮説に有効
・家族成員の強さと弱さや周囲との関係をとらえる

ⅲ 記録におけるエコマップ
ソーシャルワークの記録様式のなかでも、主に「フェイスシート」および援助過程において適宜活用される。ジェノグラム、ファミリーマップ等と併用することで、援助的介入やその後の評価にとって効果的

③エコマップと援助過程

ⅰ アセスメント（事前評価・初期評価）での作成
ⅱ 援助目標の設定における活用
ⅲ 介入・モニタリング（サービス提供後の点検）での活用
ⅳ 援助による変化の視覚化
ⅴ 社会資源開発への視点
ⅵ 面接での活用（エコマップを共有した間接的対話）

④エコマップの特徴

ⅰ クライエントとその家族、彼らと関係のある社会的機関や施設、密接なつながりのある人々との関係性が利用者とその家族のとらえ方（主観的事実）に基づいて描き出される。ここから、福祉サービスの充足状況、欠損状況、供給状況の偏り等の課題が明確化される

ⅱ 面接中などにクライエントと共有する形で、作成・活用が可能なため、ソーシャルワーカーの聞き取った事実や解釈の確認ができ、適宜修正・補足が可能となる。このことから、クライエントとソーシャルワーカーが認識を共有化し、クライエントが自分や家族の立場を確認できる

ⅲ スーパービジョンや実習において、援助段階ごとのソーシャルワーカーの働き、援助に対する理解の促進に活用できる

⑤演習方法

自分を中心に「エコマップ」を作成してみる。

i　自分を中心に置き、自分に影響を与えている人、物、組織を描きだす
　　ii　関係をそれぞれの線によってつなげる

図2-3　エコマップの作成例

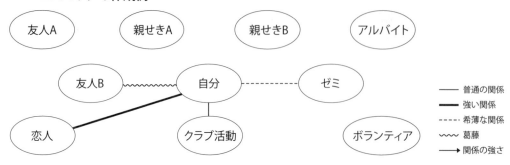

5. 自己覚知

①ソーシャルワーカーと自己覚知

　ソーシャルワークは、利用者のニーズを把握し、社会資源を活用しながら、問題解決を図るところに専門性がありますが、最大の社会資源はソーシャルワーカー自身であるといっても過言ではありません。したがって、ソーシャルワーカーは、自分自身を知り、理解することである自己覚知が大切であり、自らを最大限に活用していくことが求められます。

　そのためには、個人レベルとしての自己覚知と専門職における自己覚知が必要となります。前者は、個人レベルとしての人間観や社会観、援助観や利用者観など社会福祉援助の価値や倫理等との意識化を行いながら、自らの援助の姿勢や人間観に気づいていくことであり、後者は、社会福祉専門職の生育歴、過去の家族関係や友人関係などが、自らの行動や言動にどのように影響を受けているのかということに気づくことが、大切なポイントとなります。

　学生にとっては、個人レベルの自己覚知を促しつつ、実習後のスーパービジョンを含め、専門職としての気づきも取り上げていく必要があります。

②演習方法

　　i　第一印象の枠組みに気づく
　　　・新聞の折り込み広告を見て、第一印象で、自分の嫌いなタイプの写真を5名切り抜いてくる。
　　　・5人のグループを作り、持参した写真をメンバーに見せながら、どこが、どの

　　　　ように、なぜ嫌いなのかを伝える。
　　　・メンバーは、説明者に自分の枠組みのルーツがどこにあるのかを引き出すことを意識しながら質問する。
　　　・気づいたことを伝え合う。
　　ⅱ　自分はだれなのか
　　　・「私は、（　　　　　　　　　）である。」
　　　・上記（　）内を埋め、なるべくたくさんの自分を記入する。
　　　・記入した「私は、（　）である。」をひとつずつ「好き」「嫌い」に分ける。
　　　・自分の好き、嫌いを、3人でグループを作り、発表する。
　　　・全員が発表したら、振り返りを行う。
　　ⅲ　他者から見た「自分」を知る
　　　・あなたをよく知る家族、友人、知人に「私の性格」を6つの言葉から選んでもらう。
　　　・6つのキーワード：内向、外向、行動、熟慮、堅固、柔軟
　　　・キーワードを選んでもらい、それに関する理由、エピソードを教えてもらう。
　　　・自分自身が考えた「自分」の性格と他者が選んだ性格が一致していたかを振り返る

③学生へのフィードバックで引き出したいポイント
　　・さまざまな人に対応することは、自分自身もいろいろな気持ちになるということを自覚する。
　　・「いやだ」「苦手」「やりにくい」と感じたり、否定的な感情を持つ可能性もあることを自覚する。
　　・否定的な感情があっても、それをそのまま相手にぶつけずに、専門職として、自分の気持ちをコントロールする必要があること、それが大変であることを自覚する。
　　・自分自身がどのような反応をするかについては、生育歴、交友関係、性格傾向、価値観、偏見などさまざまな要素が影響することを理解する。

第2節 演習シラバスの作り方

1 演習シラバス作成の目的

　現在の大学教育において、シラバス作成は必要不可欠な業務であり、大学からは担当科目のシラバス作成を必ず求められることになります。しかし、大学教員の多くは、初めて教員となって大学からシラバスを求められても、シラバスの内容や方法などの具体的なシラバス作成の方法を教えられていないことが多く、ほかのシラバスを真似ながら自分のシラバスを作成しているのが現状ではないかと思います。また、社会福祉士養成教育の新カリキュラムにおいては、相談援助演習の教育内容が明示されているので、相談援助演習においては、教育内容をシラバスに反映させなければなりません。その点から、今後、演習担当教員は、演習シラバスの作成に関する共通理解を持つ必要があるでしょう。そこで、本節では、相談援助演習のシラバス作成に必要な知識や具体的な作成方法を学びます。

　ここでは、まず、シラバスの定義、シラバス作成の目的と意義、シラバスの内容、シラバスの作り方などの基本的な事項について確認し、相談援助演習のシラバス作成の留意点を踏まえ、実際のシラバス例をもとに、シラバス作成の具体的方法を学びます。

2 シラバスとは

　演習シラバスの詳細に入る前に、まず、シラバスそのものについて確認したいと思います。一般的に使用しているシラバス（Syllabus）という用語は、『小学館ランダムハウス英和大辞典』（小学館）によると、「講義・講演などの要旨、授業細目、概要、時間割」などと訳されていますが、我が国では、現在、小中高校・大学・各種学校などの教育業界では、そのままカタカナで「シラバス」と使われているのが一般的です。なお、英語の Syllabus の語源はラテン語（シッティブス：Sittybus）になりますが、米国においては、ラテン語の語源 Sittybus が正しく用いられているわけではなく、Syllabus という米国製ラテン語として慣用されているようです（詳細については、http://en.wikipedia.org/wiki/Syllabus を参照）。

　なお、シラバスという用語は、ヨーロッパではあまり使われておらず、主として米国の学校現場で使用されています。シラバスが米国で一般的に使われるようになった背景

には、米国の学校では、個々の講座・講義の独立性が強く、教員も専任教員だけではなく、外部からの教員も多いために、講座・講義の教育方針や教員の連絡方法その他の情報については、学生にとっては必要不可欠なものであることがあげられます。また、米国は、インターネット環境が諸外国と比べても早い段階に整備され、学生が大学のホームページからシラバス等にアクセスでき、ウェッブをとおして履修登録ができる体制がいち早く普及したことも大きな要因となっています。

米国で発達したシラバス作成に関するシステムは、近年、わが国の学校現場でも広く普及するようになりました。これは、我が国でも情報公開や大学評価が徐々に実施されつつあり、それらのなかにシラバス作成の項目があがられていることもありますが、2005年度の文部科学省のデータによると、713の全大学においてシラバスが作成されていることが報告されていることからもわかります。

シラバスとは、「各講義科目の授業計画あるいは学習計画の大要」（『知恵蔵2007』朝日新聞社）と定義することができます。シラバスには、講義名や担当教員名をはじめとして、講義の目的や目標、全体の講義概要、各回の授業内容、単位数、履修条件、評価方法、教科書や参考図書などが示されているのが一般的です。シラバスは、学生がどの講義を履修するかを決定する際の資料となったり、そのほかに、教員がお互いの授業内容が重ならないように調整したり、学生が授業を評価したりする際の資料としても使われます。なお、シラバスの掲載内容については、各学校や大学間で統一したものはなく、多少なりとも差があるのが現状です。また、日本の『広辞苑』（岩波書店）などの辞典には、シラバスという項目が載っていないのも現状です。

シラバスの対象となる者としては、当該講義の受講生となる児童・生徒・学生などはもちろんのこと、その保護者も含まれます。また、近年、多くの学校・大学においてホームページでシラバスが公開されていることもあり、進学を希望する進学希望者や受験生らをはじめ、ほかの学校・大学の先生や教員、その他の関係者などの外部の人たちも広い意味では対象者となります。

なお、シラバス作成は、我が国では主として短大や4年生大学で導入されていますが、最近では小・中・高校でも作成するところが多くなってきました。また、教科書発行会社も、自社が発行する教科書に基づいた標準的な学習計画をシラバスとして作成し、参考としてホームページなどで公開している場合もあります。

|3| シラバス作成の目的・意義

次に、シラバス作成の目的や意義について簡単に説明します。大きく次の3つの目的

や意義があります。

①科目を履修する目的の明確化

まず、シラバスを作成し、それを受講生に知らせることによって、当該科目を履修する目的が明確になります。具体的には、シラバスによって、当該講義科目の目的・目標、各回の授業内容が明らかになるので、学生は、当該科目がカリキュラムのなかでどのように位置づけられているのか、また、科目の目的や意義を理解したうえで履修することができます。

②学生との契約

次に、シラバスによって、履修条件、成績評価の方法、教員とのコンタクトの方法、教科書や参考書などがあらかじめ開示されていることになるので、履修を予定している学生は、それらに目をとおし、了解したうえで、履修することになります。したがって、シラバスは、科目を履修する学生とそれを教授する教員との間の履修上の契約的な役割を果たすことになります。また、シラバスによって、学生と教員の間のさまざまな履修上のトラブルを避けることができます。

③授業計画立案の際のサポート

最後に、シラバスは教員にとっては、授業計画立案のために必要であるといえます。当該科目のシラバスを開講前に作成するためには、教員は、綿密な授業の計画立案を立てなければならないことになります。例えば、教科書・文献や参考図書を指定するためには、あらかじめ目をとおして当該図書の概要を知っていなければならないことになります。また、各回の授業内容をある程度学生に伝えるためには、全体の授業概要を含めて、当該科目の内容の体系化しなければなりません。これらの開講前あるいは開講中の準備は、教員の授業計画立案の際には、大きな手助けとなります。

4 シラバスの内容

先述したように、シラバスに含まれる内容は、まだ統一したものはなく、学校や大学において異なっているのが現状です。したがって、実際に当該科目のシラバスを作成するときには、各学校・大学のシラバス作成の指針に沿うことになるでしょう。

ここでは、さまざまな大学のホームページで公開されているシラバスの内容の中で共通しているものを取り上げ、それらについて簡単に説明してみたいと思います。取り

上げるシラバスの内容としては、当該授業科目の名前と担当者、目的や学習到達目標、科目が取り扱う学問分野の紹介、科目のカリキュラムにおける位置づけ、履修条件と関連科目、履修年次・学期・曜日・時限・単位数・講義教室、全体の講義概要、各回の授業内容、予習・復習・課題事項、教科書・参考書、評価方法と基準、教員との連絡方法などです。

①授業科目名と担当教員者

　まず、最初のシラバス内容としては、授業科目の名前と担当教員名を記入します。相談援助演習の場合は、複数の教員で担当することが多いので、それらの担当教員全員の名前を明示する必要があります。

②目的と学習到達目標

　当該授業科目が一体何を目的としたものであるのか、あるいは何をねらいとした授業であるか、その目的を明示する必要があります。また、学習到達目標においては、当該科目を修得することにより、学生がどのような知識やスキルを身につけることができるのか記載します。目標には、一般目標と個別目標などがありますが、一般目標では、期待される学習成果を包括的に示し、個別目標では、知識、態度、スキルなどの個別項目において期待される個々の成果を示すことになります。

③科目の専門分野の紹介とカリキュラムにおける位置づけ

　次に、当該科目がどのような専門分野の科目であり、どのような専門性に基づくものなのかを紹介します。科目の専門分野については、科目名だけではわからないことが多いので、専門分野の紹介が必要となります。また、当該科目が全体のカリキュラムのなかでどのような位置づけにあるのかも明示する必要があります。

④履修条件と関連科目

　履修学生に対しては、当該科目の履修に必要な予備知識や、受講までに履修すべき科目、あるいは受講までに履修することが望ましい科目などを示す必要があります。具体的には、「あらかじめ○○の単位を取得していなければ、この科目は履修できない」（履修条件）、「この科目を履修するためには、○○の科目を履修しておくことが望ましい」（関連科目）などです。

⑤履修年次・学期・曜日・時限・単位数・講義教室

　履修学生に提供する基本的な情報として、何年生次から当該科目を履修することができるかという履修年次、前期（春学期）か後期（秋学期）の半期科目か、あるいは1年をとおしての通年科目かといった学期、何曜日の何時限目の授業であるかという曜日と時限、履修による修得できる単位数、授業が開かれる講義教室などがあり、それらの情報についてはシラバスに明示する必要があります。

⑥全体の授業概要

　全体の講義概要は、履修を予定している学生にとっては、最も重要で必要な情報です。半期科目なら15回全体で、通年科目なら30回の授業全体でどのような講義を行うのか、授業の全体像を明示することになります。また、学習のポイントや講義で使用されるキーワードもこのなかに含まれます。

⑦各回の授業内容

　各回の授業内容は、シラバスの中でも中心的な内容となります。半期科目では15回分、通年科目では30回分の授業について、各回において学習すべき授業内容を明示することになります。講義の内容だけではなく、授業のなかで小テスト、学生の発表などがあれば、それらも記述することになります。

⑧予習・復習・課題事項

　次に、当該科目を履修する前に学生に習得・予習してほしいこと、あるいは各回の授業の前に予習してほしいこと、復習してほしいこと、また取り組んでほしい課題などをシラバスに記述します。これらの予習・復習・課題事項は、シラバスによっては、含まれていないこともあるので、必要に応じて記述することになります。

⑨教科書・参考書・資料

　教科書や参考書などの情報については、それらを購入する学生にとっては、非常に重要となりますし、学生が実際に購入するまでには時間がかかることから、著者名、著書名、出版社、金額、購入の必要性の有無などを明示することが必要です。授業で用いる資料を教員が用意し、学生に配布する場合もその旨を記述しておくことが望ましいでしょう。

⑩評価方法と基準

　授業の評価方法や基準も学生にとっては非常に重要な方法であり、関心のある情報です。授業評価は、教員と学生とのトラブル要因ともなるので、慎重に、かつ的確に示す必要があります。全体的な評価方法と評価基準とともに、出席の評価、授業への貢献度の評価、発表の評価、レポートの評価、定期テストの評価などの個別の評価方法と、各評価が全体のなかでどのくらいの割合の評価になるのかも記述します。また、100点満点の点数で評価するのか、あるいは秀・優・良・可・不可などの成績によって評価するのかについても明示する必要があります。

⑪教員との連絡方法

　最後のシラバス内容は、学生が担当教員に連絡を取る際の必要な情報です。履修学生に対して教員の個人研究室の場所と部屋番号、電話番号や内線番号、メールアドレスなどをシラバスに記述します。

5　演習シラバスの作成方法

　シラバスの作り方については、テキスト的なもの、あるいは標準的なものがあるわけではないですが、大学や学校によっては、教員に対するシラバス作成ガイドラインやマニュアル、シラバス作成上の留意事項などをホームページ上で公開しており、それらにしたがって、各教員は、シラバスを作成することになります。なお、我が国では、すでに全大学でシラバスが学生に提供されているので、大学教員は各大学で作成されているシラバスを参考にシラバスを作成すればよいことになります。本節の最後に、相談援助演習のシラバス例を示してあるので、シラバス作成の方法としては、それを参考にして自分なりにシラバスを作成してみるのもよいかもしれません。

6　相談援助演習のシラバス作成の留意点

　ここまでは、一般的なシラバス作成について説明してきましたが、次に、実際に相談援助演習のシラバス作成について検討してみます。

①法改正のポイント

　まず、新カリキュラムでは、相談援助演習のカリキュラムが大きく改正されましたが、その主要な改正点を整理してみます。2007年12月に「社会福祉士法及び介護福

祉士法」が改正され、2009年度より「社会福祉援助技術演習」は、「相談援助演習」というカリキュラム名に変更され、演習時間数は、120時間から150時間へと変更されることとなりました。最も大きな改正点は、演習時間が30時間増加したことです。また、演習は実習前後に配置されることが望ましいとされています。シラバスの内容やねらいについては、厚生労働省よりガイドラインが具体的に示されていますが、それらは総合的かつ包括的な援助、地域福祉の基盤整備と開発にかかわる援助を具体的な事例をあげて取り扱うこと、実践事例やロールプレイなどの演習形態を用いること、社会的排除・虐待・家庭内暴力・低所得者・ホームレス・権利擁護など、演習をとおして取り組むべき具体的な対象者や社会問題があげられていることなどです。これら以外に、演習に関連する改正ポイントしては、一人の演習担当教員が担当できる学生数が20名以内であること、演習担当教員の要件が明確化されたことなどがあげられます。

②相談援助演習全体のシラバス作成の必要性

相談援助演習の150時間という総時間数を学期単位で考えると、半期が30時間の計算とすると、半期5期分となります。相談援助演習の授業を半期に1コマ配置するとなると、5期分となり、2年半かかることになります。したがって、相談援助演習のシラバス作成の際には、各担当教員が担当する半期もしくは通年科目としての相談援助演習に関する個別のシラバス以外に、これら5期分全体のシラバスを作成する必要があるでしょう。学生に対しては、厚生労働省から示されている相談援助演習全体の到達目標や授業の目標、相談援助演習全体の学習内容、そして各科目の配置年次もしくは履修年次、実習前に習得しておくべき演習や実習後に履修する演習科目などの個別の科目の位置づけなどを明示する必要があります。そのうえで、各科目のシラバスを作成することが求められます。

③各科目のシラバス作成の必要性

実際に、これまでの援助技術演習においても作成されていますが、相談援助演習担当教員は、担当する各科目のシラバスを作成する必要があります。前述したように、各大学や学校のカリキュラムガイドラインやマニュアルに従って、当該授業科目の名前と担当者、目的や学習到達目標、科目が取り扱う学問分野の紹介、科目のカリキュラムにおける位置づけ、履修条件と関連科目、履修年次・学期・曜日・時限・単位数・講義教室、全体の講義概要、各回の授業内容、予習・復習・課題事項、教科書・参考書、評価方法と基準、教員との連絡方法などを含めたシラバスを作成する必要があります。

相談援助演習では、20名の学生に対して1人の教員が割り当てられることになるの

で、担当教員は複数になることが多く、各担当教員とその授業内容を明示することも必要となります。それは教員によって演習内容や演習方法が実際には異なることがあるので、共通部分とそうでない部分を履修学生に示しておく必要があるからです。また、各教員が1つのクラスを担当することになるのか、複数の教員で複数のクラスをオムニバス方式によって担当するのか、1つの科目を複数の教員で担当し、各教員が数回ずつ授業を行う輪番方式とするのかなど、授業の形態を明らかにすることも必要です。

7 相談援助演習のシラバス作成の実際

本節の最後に、相談援助演習の実際のシラバス例を3つ紹介しておきたいと思います。

最初のシラバス例は、大学の授業概要やホームページに載せる学生用のシラバスであり、教員が教務に提出しなければならないシラバスです。残り2つのシラバスは、今回のカリキュラム改正で150時間となった演習のカリキュラムに対応したシラバス例です。2つ目の演習シラバス例は、150時間の演習時間を半期15コマの演習授業がⅠからⅤまでの5つあると設定した場合のシラバス例です。各授業ともそれぞれの演習のねらいと15コマ分の授業の展開が詳細に説明されています。これは、授業において学生に配布するシラバスとして非常に有効だと思われます。3つ目のシラバス例は、演習150時間を90分授業・75コマ分とした点では、2つ目のシラバス例と同じですが、演習授業の全体像をわかりやすくするために表にしてあります。各回のテーマと内容、演習の進め方・方法・ツール、目的・ねらい・留意点を整理してあります。これは、150時間の演習授業全体を考えるときに有効であると考えられます。これら3つの演習シラバス例は、あくまでもシラバス例であることを留意してほしいと思います。これら3つのシラバス例を参考に、各教員あるいは各学校でオリジナルのシラバスを作成する必要があります。

1. 演習シラバス例①──授業概要としての演習シラバス例

最初の演習シラバス例①は、大学の授業概要で用いるシラバス例です[1]。半期15回分の相談援助演習のシラバス例を参考に、シラバス作成の実際について検討してみます。なお、このシラバス例は、関西学院大学の社会福祉援助技術演習（2008年度）の

---

1 多くの大学がシラバス作成のガイドラインを作成しており、ホームページで公表している。具体的には、岡山大学のシラバス作成のガイドライン（http://cfd.cc.okayama-u.ac.jp/fd/syllabus/note.pdf#search='シラバス作成）や東京工業大学のガイドライン（http://www.tuat.ac.jp/~epc/active/syllabus_gudeline.pdf#search='シラバス作成のガイドライン'）などがある。

半期分のシラバスをベースに、若干の修正を加えたものであることを断っておきます。また、シラバス例は、筆者の所属する大学で全教員に配布されるシラバス作成ガイドラインに従って作成されたものであり、これまで説明してきたシラバスの内容が含まれている訳ではありません。基本的な内容としては、基本事項、演習の位置づけと目的、演習の目標と内容、演習の方法、評価、テキストと参考書、留意点、授業日程表となっています。履修をする学生は、ホームページ上もしくは配布された授業概要をとおして、本シラバスを確認することになります。

①基本事項

　基本事項には、科目名、開講時期、単位数、開講日時、教室、担当者名、履修年次、個人研究室・電話番号・メールアドレスなどの教員の連絡先が含まれます。これらの項目は、授業に関する基本的な情報です。

②演習の位置づけと目的

　演習の位置づけと目的については、大学の社会福祉教育のなかで相談援助演習がどのように位置づけられた科目なのか、何のための演習授業であるのかを明記しています。ここでは、特に、演習と実習との関連についても記述しています。

③演習の目標と内容

　演習の目標と内容では、授業をとおして習得する達成目標が明記されています。達成目標に沿った授業内容のポイントもあげられています。学生は、これをとおして授業で何を学ぶのかを知ることになります。

④演習の方法

　演習は、単なる講義科目ではなく、ロールプレイ、グループワーク、事例検討、プレゼンテーションなど、さまざまな手法をとおして実践と理論とを結びつける授業であるので、演習方法を学生に提示することは大切なことです。ここでは、全体として、どのような方法を用いて授業を進めていくのかが記述されています。

⑤評価方法

　評価方法も学生にとっては重要な情報であるので、できるだけ具体的に記述することが望ましいといえます。ここでは、評価を100点満点で行うことにし、個別の評価方法とその点数の割合を明記しています。

⑥テキスト・参考図書

　授業で活用するテキスト・参考図書を書いていますが、授業当日に配布する資料も多いので、そのことが明記されています。

⑦留意点

　留意点においては、演習を履修するうえでの履修条件、演習の履修上の心構え、演習科目の履修の意義、連絡の重要性などが記されています。演習は、実習とも密接に関連する科目であり、その意味では履修する学生に対しては、履修上の注意事項や留意点を学生に明確に示しておくことが大切です。

⑧授業スケジュール

　最後は、半期15回分の授業の1回1回の内容である授業日程表です。

相談援助演習のシラバス例
①基本事項
　科目名：相談援助演習B
　開講期：2009年度春学期　単位数：半期（2単位）
　時間：木曜3時間目　教室：1号教室
　担当者名：社養協子　履修年次：2年生
　個人研究室：A号館301　電話：012-345-7890（研究室）
　メールアドレス：syayoukyouko@jascsw.or.jp
②演習の位置づけと目的
　本演習は、1年次の社会福祉学実習入門、ヒューマンサービス演習に引き続いての、本学における社会福祉援助技術（ソーシャルワーク）教育および実習教育の第二段階を占めている。このクラスでは、ソーシャルワーク実践に求められる基本的な援助技術、それに関連する知識を学び、併せてソーシャルワーカーの価値倫理を習得し、ソーシャルワーカーとしての基礎を固める。

　特に、次年度に予定されている相談援助実習にあたっての準備学習と体験蓄積のトレーニングの場して位置づける。したがって、現場実習を志向した内容になっているので、そのことをよく銘記したうえで履修登録し、授業に臨んで欲しい。

　なお、ネットに載せている相談援助演習のシラバスは全クラス共通のものになっているが、それぞれのクラスでのシラバスについては若干の違いがある。評価の方法を含めて大枠は変わらないが、細部で違いがあることについては理解されたい。

③演習の目標と内容

　今学期では、以下の点について学習し、それらの援助技術の習得を目標とする。いずれともにワークなどをとおしての体験的学習を重視したい。特に、援助技術については「コミュニケーションラボ」（A号館1階）の活用を予定している。それによって、3年次の現場実習に向けた準備と実習先選択が可能になるようにしていく。

　　　　　ａ．ソーシャルワークの基本視点
　　　　　ｂ．ソーシャルワーク実践の7つの原則（バイステックの原則）
　　　　　ｃ．ソーシャルワークの価値倫理と倫理綱領
　　　　　ｄ．アセスメントツール（エコマップなど）とその使用
　　　　　ｅ．ソーシャルワークの援助技術の基礎（特に、コミュニケーション技術）

　もちろん、本演習だけで十分な社会福祉援助技術のトレーニングにはならないが、そうであっても、その基礎を身につけ現場実習（配属実習）や将来の仕事に備えるという自覚を持って、授業に臨んで欲しい。

④演習の方法

　クラスはグループ活動を中心に、コミュニケーションラボを用いてのロールプレイや事例検討などをとおして体験学習を重視する。さらに、一部の内容については、各グループによるプレゼンテーション学習も行う。受講生には、グループをとおしてクラス活動に積極的に参加していくことが求められる。かつ、3年次の現場実習に向けた心構えを醸成するという意味でも、時間の厳守（遅刻は認められない）。また、毎回の授業でアサインメントが出されるので、それらについては期限厳守（クラスで案内）と達成を徹底されたい。

　教室はコミュニケーションラボや観察室（A号館1階）を使用することがあるので、上記のスケジュールやクラスでの案内について注意してほしい。

⑤評価

　評価については、100点満点で評価する。評価方法と評価基準については、以下のとおりである。

・出席点：30％（欠席・遅刻1回3点マイナスの扱いとする。ただし、欠席・遅刻は春学期中には3回までとし、4回以上、欠席・遅刻した者には単位を与えない）
・授業参加度：30％
・アサインメント20％
・グループプレゼンテーション10％

⑥テキスト・参考図書

　春学期は、F. P. バイステック著、尾崎新ほか訳『ケースワークの原則』（誠信書房）。

参考図書・文献は適宜紹介する。また、必要に応じて、レジメや資料を配付する。

⑦留意点
- 本演習は、相談援助実習入門をすでに履修している者に限る（ただし、編入生を除く）。相談援助実習を履修する場合は、必ず演習を履修すること。
- この演習は必須科目ではない。社会福祉士・精神保健福祉士の国家資格取得や３年次の実習を考えていない場合は、この授業の単位を必ずしも修得する必要はない。（長期休暇中も含めて）課題が非常に多く、ほかの授業の課題と重なることも少なくない。その意味では、かなりハードな授業なのでよくよく考えたうえで履修されたい。
- 担当教員への連絡、相談は電話または E-mail でアポイントメントを取るように。
- 実習や実習先についての情報を得るために A 号館２階の事務室を利用するように。開室時間は、８：５０〜１８：２０（土曜日 12：20 まで）、ただし、授業がない期間は変則的になることに注意されたい。

⑧授業日程表

回	日付	内容
１回目	４月10日	オリエンテーション（授業概要と評価方法）、アイスブレーキング
２回目	４月17日	ソーシャルワークの価値と倫理、バイステックの７つの原則と倫理綱領
３回目	４月24日	ソーシャルワークの価値１：自己決定とその難しさを考える
４回目	５月８日	ソーシャルワークの価値２：「伝道師、老人と少年の物語」を通して
５回目	５月15日	ソーシャルワークの価値３：倫理的ジレンマを考える
６回目	５月22日	ソーシャルワークの知識１：ソーシャルワーク・モデルについて（定点観測）
７回目	５月29日	ソーシャルワークの知識２：システムズアプローチとストレングス視点
８回目	６月５日	ソーシャルワークの知識３：アセスメントツール（エコマップとジェノグラム）の学び
９回目	６月12日	ソーシャルワークの知識４：ミクロ・メゾ・マクロの視点
10回目	６月19日	ソーシャルワークの技術１：コミュニケーション技術の学び（ラボの使用）
11回目	６月26日	ソーシャルワークの技術２：コミュニケーション技術の学び（ロールプレイ）
12回目	７月３日	ソーシャルワークの技術３：グループを用いてのワーク

13回目　7月10日　ソーシャルワークの知識5：社会資源について
14回目　7月17日　ソーシャルワークの知識6：各自の地域における社会資源
15回目　7月24日　全体のまとめと振り返り

2. 演習シラバス例②
――90分授業×15コマ×5科目分とした際の演習シラバス例

　演習シラバス例②は、大学の授業の枠組みを想定して作成したものです。1科目は、90分授業が15コマ分あるのですが、それが5科目分あるとした場合の演習シラバス例です。したがって、各科目が独立して成り立っており、それら5つの演習科目を寄せ集めた形としてありますので、どの科目をどの学年のどの時間で配置されるかについては、ある程度自由に設定することができます。

Ⅰ．ソーシャルワークの基本的援助技術（面接技術）を学ぶ演習
【演習のねらい】
○さまざまな「面接」に共通な要素を見いだし、スキルの意味を理解する。
○援助的な人間関係の原則を理解する。
○援助過程と面接の関係を理解し、求められる価値、知識、技術の基本を理解する。
【授業の展開】
①面接のスキルについての理解（1回目）
　人と人とのコミュニケーションの成り立ちおよび面接の技法の理解。傾聴技法（励まし、繰り返し、言い換え、感情の反映、意味の反映）、積極技法（対決、指示、論理的帰結法、フィードバック、自己開示、説明・教示・助言）、中間3技法（閉ざされた質問、開かれた質問、焦点のあて方）などについてロールプレイをする[2],[3]。
②今までに体験したことのある「面接」の分析
　入学試験、アルバイトの採用面接など、これまでに経験した「面接」を思い起こし、それをもとに短いシナリオを書く。それをグループでロールプレイしてみる。どんなスキルが使われていたかを考え、列挙する。
③面接スキルの道具箱づくり
　前回②において挙げられたスキルについて、それぞれがどんな意図で用いられた

2　A．E．アイビィ『マイクロカウンセリング―"学ぶ―使う―教える"技法の統合：その理論と実際』川島書店、1985年
3　D．エバンス、M．ハーン、M．ウルマン、A．E．アイビィ『面接のプログラム学習』相川書房、1990年

か、どんな影響・効果をもたらしたかを考えながら分類し、グループごとに「面接スキルの道具箱」を作る。

④ソーシャルワークが行う相談援助のための面接

　何らかの相談テーマをもった利用者がソーシャルワーカーに相談する場面を想定し、②・③を踏まえて、ソーシャルワーカーが行う面接において活用されるスキルの種類、スキルの組み合わせを考える。

⑤進んで話す人、話したくない人

　ボランタリーなクライエントとノン・ボランタリーあるいはイン・ボランタリーなクライエントを想定し、ロールプレイをする。それぞれにおけるクライエントの特徴、対応方法、用いるスキル、とりわけ「かかわりをつくる技法」における相違に焦点をあててまとめる。

⑥バイステックの原則の検証（1回目）

　バイステックの原則についてなぜそのような原則が必要なのかを考え合う。シナリオの導入部を用意し、原則に則った対応方法をロールプレイし、シナリオを完成させる。

⑦バイステックの原則の検証（2回目）

　前回の続きを行う。

⑧面接の環境～相談室での面接（1回目）

　児童相談所や医療機関等、クライエントが来所して相談室で面接する場面のシナリオをもとにロールプレイをする。クライエントの気持ち、ソーシャルワーカーの気持ちを考え、面接用にしつらえられた環境下における面接の利点と限界を考える。また、相談室の環境のあり方について提案書を作る。

⑨面接の環境～相談室での面接（2回目）

　前回の続き。

⑩面接の環境～クライエントの家庭に出向いて行う面接（1回目）

　高齢者の在宅支援や生活保護申請者の訪問など、クライエントが生活している場に出向いて面接する場面のシナリオをもとにロールプレイをする。クライエントの気持ち、ソーシャルワーカーの気持ちを考え、訪問面接の利点と限界、留意点について提案書を作る。アセスメントにおける面接～問題の探索の過程

⑪面接の環境～クライエントの家庭に出向いて行う面接（2回目）

　前回の続き。

⑫アセスメントにおける面接（1回目）

　シナリオに沿って、クライエントとともに問題（解決課題）を探索する過程を体験

する。1回目はクライエントの主訴を中心に探索する。その際、開かれた質問、閉ざされた質問、焦点のあて方の技法が用いられることを確認する。

⑬アセスメントにおける面接（2回目）

シナリオに沿って、クライエントとともに問題（解決課題）を探索する過程を体験する。2回目は、ソーシャルワーカーがクライエントの主訴と異なることがらを解決課題と考えている想定とし、ソーシャルワーカーの考えを利用者に伝え、ともに吟味し、共有する過程を体験する。

⑭アセスメントにおける面接（3回目）

シナリオに沿って、アセスメントから援助計画へと展開する際のスキルをロールプレイする。説明の技法を中心に、クライエントが「わかる」状態をつくり出すための面接を考える。

⑮まとめ

グループごとに、コミュニケーションや相談援助面接のスキルについて学んだことを振り返り、グループの成果物をまとめて小冊子にし、最終コメントを書く。

Ⅱ．ミクロからマクロまでの関連性と多様なソーシャルワーク介入を学ぶ演習

【演習のねらい】

○社会において生じている事象について、社会福祉の価値に照らして考え、批判的・分析的にとらえ、ソーシャルワーク実践の必要性を考える。

○ソーシャルワーカーが行う相談援助の対象となるのは、個人や家族、地域、組織、制度・政策などミクロからマクロまで連続した事象であることを理解する。

○ミクロからマクロまでの介入方法を考え、それぞれに必要なスキルを学び、またさまざまな分野で働くソーシャルワーカーが連帯する必要性を理解する。

【授業の展開】

①社会において生じている諸問題に触れる

「介護疲労と介護殺人」「障害者を道連れにした親子無理心中」「窮貧状態にある母子世帯における子の餓死」などの新聞記事を題材とし、各自で記事を読んだあと、グループごとに感想を話し合い、発表する。

②社会において生じている諸問題に触れる

前回の続き。

③問題状況の把握と分析（1回目）

記事を1つ選び、登場人物、関係者、関係機関、その他関係諸要素について整理する。ジェノグラムとエコマップを作成する。

④問題状況の把握と分析（2回目）

　登場人物たちのライフヒストリーを考え、タイムラインを作成しながら、その人物の気持ちの流れを理解する。また、他者による支援のタイミングのずれとその理由を考える。

⑤問題状況の考察（1回目）

　新聞記事に対して、ソーシャルワークを学ぶ学生の立場からコメントを投稿する想定で原稿を作成する。

⑥問題状況の考察（2回目）

　前回の続きを行う。グループごとに投稿原稿にタイトルをつけて発表し合う。

⑦専門的援助のあり方についての考察

　記事に登場する関係者（社会福祉専門機関、専門家等）について、どのようなかかわりが可能であったかを考える。また、必要なかかわりをしなかった（できなかった）理由を分析する。

⑧ミクロ・レベルの援助

　生活課題を抱え、苦悩している個人（と家族）に対して、関係機関のソーシャルワーカーはどのようなアプローチをすることが可能か、具体的な方法論を考える。例えば福祉事務所、児童相談所、女性相談センター、保健所、障害者地域生活支援センター、医療機関など、事例に登場するあるいは関係する専門機関を想定し、そのグループごとに分かれて実施する。

⑨ミクロ・レベルの援助

　前回の続き。

⑩メゾ・レベルの援助

　専門機関内において、同僚間、多職種との間、管理者との間で、どのように問題を共有化し、支援体制を作っていくのかを考えながら、専門機関間の連携における問題の共有化、支援体制作りについて考える。

⑪メゾ・レベルの援助

　多様な専門機関のソーシャルワーカーが集まって支援会議を開く設定で、それぞれの機関グループから代表者が出てロールプレイを行う。

⑫マクロ・レベルの援助

　特定の生活圏域を想定し、各種統計資料や文献を調査し、同様あるいは類似の生活課題を抱えた市民がどのくらい存在するかを調査、類推する。また、問題が生じている背景要因を考えながら、福祉、医療、労働、住宅政策等を包含した支援について区長（市長）への提言書を作成する。

⑬マクロ・レベルの援助

　前回の続き。

⑭まとめ

　グループごとに成果物をまとめ、小冊子を作りコメントを書く。

⑮まとめ

　前回の続き。

Ⅲ. ソーシャルワーク理論と、それを土台にしたアセスメントを学ぶ演習

【演習のねらい】

○ソーシャルワークの理論、モデルの枠組みを理解する。

○人と環境とその相互作用について、ソーシャルワーカーとして把握し、理解し、説明することは、私人としての把握・理解・説明とどのように異なるのかを考える。

○理論あるいはモデルに準拠して人と環境とその相互作用を説明できるようになるための準備をする。

＊「理論アレルギー」を減らす。

【授業の展開】

①オリエンテーション

　演習の目的を理解し、ソーシャルワークの概念的整理（人と環境とその相互作用に関する理論）を復習する。

②「人と環境」を説明する理論作り（1回目）

　4人のグループに分かれ、一人ひとりを理解するために質問をする（安全を確保するために答えたくない質問には答えなくてよい）。出された質問の着眼点、観察情報、収集情報などを記述し、その人らしさを最もよく表している説明文を考える。作成された説明の枠組みを整理し、理論として名前をつける。

　　例）趣味について聞いてその人を理解しようとした→趣味の有無や趣味の種類、熱中の度合いなどによってその人の生活やライフスタイル、お金の使い方などがわかる⇒「趣味理論」とするなど。

③「人と環境」を説明する理論作り（2回目）

　前回の続き。2回にわたって4人のメンバー全員について実施する。

④「人と環境」を説明する理論の適用（1回目）

　相談援助事例を読み、事例の登場人物に自分たちが作成した4つの理論を適用して説明する。それぞれの理論の利点と限界点を考える。

⑤「人と環境」を説明する理論の適用（2回目）

前回の続き。どの理論がフィットしたか、しなかったか、それはなぜか、ほかにどのような理論があったらいいかを考える。

⑥理論を学ぶ（1）〜役割理論

役割理論について復習し、自身あるいは身近な人にあてはめて考える。役割期待、役割剥奪、役割葛藤などを理解する。

⑦理論を適用する（1）〜役割理論

事例に役割理論を適用し、アセスメントする。

⑧理論を学ぶ（2）〜危機理論

危機理論について復習し、自身あるいは身近な人にあてはめて考える。危機状況にある人の状態、危機からの回復、回復過程における取り組みなどを理解する。

⑨理論を適用する（2）〜危機理論

事例に危機理論を適用し、アセスメントする。理論に基づくソーシャルワーカーの介入計画を考える。

⑩理論を学ぶ（3）〜システム理論

システム理論に基づくソーシャルワークのモデル（ピンカスとミナハンによる4つのシステム等）について復習し、事例にあてはめて考える。理論に基づくソーシャルワーカーの介入計画を考える。

⑪理論を適用する（3）〜システム理論

事例にシステム理論を適用し、事例の全体状況についてアセスメントする。理論に基づきソーシャルワーカーの役割を考える。

⑫理論を学ぶ（4）〜ストレングスモデル

ストレングスモデルについて復習し、自身あるいは身近な人にあてはめて考える。病理モデルとストレングスモデルにおける着眼点、視点、介入の差異を理解する。

⑬理論を適用する（4）〜ストレングスモデル

事例にストレングスモデルを適用し、アセスメントする。理論に基づきソーシャルワーカーの介入計画を考える。

⑭複数の理論の適用

事例について、複数の理論を適用し、アセスメントし、介入計画を考える。

⑮まとめ

人と環境とその相互作用に関する理論について、話し合う。

＊「理論アレルギー」が減少したかどうかを考える。

Ⅳ．さまざまな専門職との連携や協働を学ぶ演習

【演習の目的】

○チームにおける連携の基本的な知識について習得する。

○多職種連携の前提として、ソーシャルワーカーの視点、立場、役割の特徴を考える。

○多職種連携に必要なスキルとしてのコミュニケーションを考えるとともに、協働を促進するための効果的なコミュニケーション方法を学ぶ。

○連携体制を構築する方法を学び、協働における対立や葛藤、それらへの対処法を考える。

【授業の展開】

①オリエンテーション

　事例をとおして、社会福祉実践において他専門職や市民等との多様な連携が必要となる背景、連携実践を知る。演習の目的を理解する。

②チームを考える（1回目）

　スポーツ、サークルなど、これまでに体験した「チーム」について考え、共通の達成目標、メンバーシップ、チーム内での役割分担、チームプロセスなどを振り返って整理し、討議する。

③チームを考える（2回目）

　体験の整理に基づき、チームによってものごとに取りくんでいく際の難しさ、問題点などを出し合い、チーム運営がうまく行われるための条件や方途について討議する。

④チームを考える（3回目）

　チーム内のコミュニケーションの開放性、共有、誠実さ、相互の尊重、相互の傾聴などを考える。

⑤多職種チームを考える（1回目）

　メンバーが異なる役割を有するチームを想定する。

　例）洋服製作＝生地、付属品、デザイン、縫製、販売、予算などの担当者を想定し、生地調達・選定チームなどの担当ごとにグループ形成する。役割ごとのグループに分かれ、各々の役割や特徴、資質について討議する。

⑥多職種チームを考える（2回目）

　異なる役割のメンバーが一人ずつ入ったチームを想定し、テーマに沿った企画立案をロールプレイする。

　例）おしゃれなリクルートスーツ製作の企画、肢体不自由を有する人向けの廉価なデイリーおよびフォーマルファッションの企画など

⑦多職種チームを考える（3回目）

前回の続きと発表。
⑧多職種チームの実際を考える（1）（1回目）
　　多職種連携によって利用者への援助が遂行されている高齢者支援の事例を読み、専門職や市民等の視点、立場、役割、および利用者尊重の方途を考える。
⑨多職種チームの実際を考える（1）（2回目）
　　前回と同様の事例を想定し、支援会議開催を設定してロールプレイをする。
　　討議の焦点を、自身の立場からの発言、多様な意見の聴取におく。
⑩多職種チームの実際を考える（1）（3回目）
　　前回と同様の事例を想定し、支援会議開催を設定してロールプレイをする。
　　討議の焦点を、チームとしての方針決定、役割分担の明確化、適正化におく。
⑪多職種チームの実際を考える（2）（1回目）
　　多職種連携によって利用者への援助が遂行されている児童領域の事例をとおして、専門職や市民等の視点、立場、役割を考える。
⑫多職種チームの実際を考える（2）（2回目）
　　前回と同様の事例を想定し、支援会議開催を設定してロールプレイをする。
　　討議の焦点を、自身の立場からの発言、多様な意見の聴取におく。
⑬多職種チームの実際を考える（2）（3回目）
　　前回と同様の事例を想定し、支援会議開催を設定してロールプレイをする。
⑭チームでの仕事の評価
　　メンバーの多様性は創造性を高めること認識する。それを踏まえて、多職種チームにおけるソーシャルワーカーの役割について整理し、共有する。
⑮振り返り
　　チームにおける自身の仕事の達成度を評価する。

Ⅴ．特定分野のソーシャルワーク実践（保健医療分野のソーシャルワークの例）

【演習のねらい】
○ソーシャルワークの専門分野のひとつである保健医療領域におけるソーシャルワーク実践の特徴、ソーシャルワーカーの役割を理解する。
○援助の展開過程に沿って、実践をすすめるシミュレーションができる。その体験を通してインテーク、アセスメント等における援助技術を学ぶ。
○ケース記録や多職種チームによるカンファレンス資料の作成を学ぶ。

【授業の展開】
①保健医療ソーシャルワークの概要を学ぶ

事例を読み、「医療ソーシャルワーカー業務指針」に照らしながら保健医療ソーシャルワークの仕事の概要を理解する。

②援助の展開過程を学ぶ〜紹介経路、インテーク面接

他職種からの紹介による来所相談の事例をもとに、保健医療機関のなりたち、紹介経路、インテーク面接の特質について学ぶ。インテーク前の準備のシミュレーション、インテークのロールプレイを行い、ソーシャルワークの援助開始期について学ぶ。

③保健医療ソーシャルワークのアセスメント

事例をもとに、ジャーメインによるアセスメントの枠組みを参考にしながら情報を整理し、評価するワークを行う[4]。

＊事例は病院ソーシャルワーカーが行ったインテークおよび援助課題の探求のための面接の逐語記録を用いる。

④利用者の理解（1回目）〜患者や家族の考えを理解する

事例をとおして、患者や家族が、疾病の性質、原因、疾病の意味合い、効果があると思っている治療や援助についてどのような考えを持っているかを理解する。また、それに影響している社会階級、宗教、職業、患者や家族の性差や年齢の要因などを考える。事例集を参考に、ほかの事例についても調べてまとめる。

⑤利用者の理解（2回目）〜患者や家族の心理的側面を理解する

事例について、患者と家族それぞれの不安・罪償感・落ち込みなどの情緒面の質、認知・知覚・構造的把握の機能、自己概念、人間関係の取り方、防衛機制を含む最初の対処パターンなどを考える。事例集を参考に、ほかの事例についても調べてまとめる。

⑥利用者の理解（3回目）〜患者や家族の生活の様子の理解

事例について、活用できる資源疾病に対処する際に妨げとなる生活上の問題、患者や家族個人に対する疾病の影響（顕在、潜在、可能性）、人間関係に対する疾病の影響（顕在、潜在、可能性）、環境に対する疾病の影響（顕在、潜在、可能性）について考える。事例集を参考に、ほかの事例についても調べてまとめる。

⑦利用者の理解（4回目）〜物理的・社会的環境の理解

事例について、機関内・外の具体的な資源、情報、ソーシャルネットワークのサポート、患者や家族の特定のニーズに対する医療機関の責任、改善や調整を要する物理的環境の有無などを考える。事例集を参考に、ほかの事例についても調べてま

4　C．B．Germain., Social Work Practice in Health Care, Free Press. 1984.

とめる。

⑧ソーシャルワークアセスメントの作成（1回目）

　④～⑦の作業を統合して、ソーシャルワークアセスメントをする。アセスメント結果を記述する。その際には、詳細バージョンと他職種への報告を前提とする要点記載バージョンを作る。

⑨ソーシャルワークアセスメントの作成（2回目）

　前回の続き。発表と共有化。

⑩協働におけるソーシャルワーカーの役割（1回目）

　事例をとおして、患者から、家族から、他職種から、組織から、地域から、行政からなど、異なる立場の人々からソーシャルワーカーはどのような役割を期待されているのかを考える。それぞれの役割ごとのグループに分かれてワークを行う。

⑪協働におけるソーシャルワーカーの役割（2回目）

　前回の続き。それぞれのグループからの発表を行い、さまざまな立場、セクターが保健医療分野で働くソーシャルワーカーに期待している役割を踏まえ、自認すべき役割、果たすべき役割を項目化する。

⑫協働におけるソーシャルワーカーの役割（3回目）

　⑨において事例について記載したソーシャルワーカーのアセスメント結果、⑩において討議した専門性・立場性を踏まえて、機関内他職種および地域の関係者を交えた支援会議を開催する設定でロールプレイをする。ソーシャルワーカーがカンファレンスの司会進行を務める設定とし、ソーシャルワーカーとしてのアセスメントをプレゼンテーションする。患者、家族も参加する支援会議とする。

⑬援助の実施

　⑫において検討された、協働におけるソーシャルワーカーの援助方針を踏まえて行われる具体的援助の実施段階のソーシャルワーカーの役割について理解する。具体的援助の展開過程についてロールプレイを行う。

⑭援助の終結

　保健医療ソーシャルワークにおける援助の終結のパターンを理解し、それぞれにおける留意点を理解する。シナリオに沿ってロールプレイを行う。

⑮まとめ

　保健医療ソーシャルワークについての概要、仕事の特徴などについて振り返り、演習全体の講評を行う。また、保健医療機関における社会福祉士実習の準備について概説する。

3. 演習シラバス例③──90分授業×75コマ全体の演習シラバス例

　演習シラバス例③は、150時間の演習を90分授業で75コマ分に振り分けて、各回の内容、進め方・方法・ツール、目的・ねらい・留意点を整理して記述したものです。相談援助演習全体の枠組みを設定する際に参考になると思われます。また、各回のテーマと内容が明示されてあるので、どれか1回分だけを取り上げて、演習課題に取り組むことができます。演習時間が90分授業とか、180分授業といった限られた授業時間しかない場合にも参考にすることができます。

表2-1　授業概要

授業のタイトル（科目名） 相談援助演習		授業の種類 （講義・演習・実習）	授業担当者
授業の回数 75	時間数（単位数） 150（10）	配当学年・時期 2，3，4年次	

[授業の目的・ねらい]
本授業は、相談援助にかかわるほかの科目との関連性を視野に入れつつ、社会福祉士に求められる相談援助にかかわる知識と技術について実践的に習得すること、具体的な援助場面を想定した実技指導を通して、総合的かつ包括的な援助技術および地域福祉の基盤整備と開発にかかる具体的な相談援助事例を体系的に学び、専門的援助として概念化し理論化し体系立てていくことができる能力の涵養を目的としています。

[授業全体の内容の概要と授業の進め方]
本授業は全75回からなり、相談援助にかかわる理論、知識、技術の学習と実習での学びとをつなぎ、実践的な知識と技術を習得できるよう、段階的に学びます。実習前には、実習の事前学習と関連させ、社会福祉専門職として必要な基本的な視点や原則、姿勢・態度についての理解を深め援助技術の基礎を身につけることを目的として、ソーシャルワークの現代社会における役割と理念・価値基盤の理解、専門職としての自己理解・自己覚知、他者理解、基本的なコミュニケーション技法と面接技法の習得を目指し、ロールプレイやグループワークによる実践的・体験的な演習方法で学びます。また事例等の活用により具体的な相談援助場面や地域福祉の実践過程を想定し、必要な知識と技術を習得することを目指します。実習後には、実習での個別的体験を一般化し、実践的な知識と技術の習得と社会福祉の仕事とその専門性についての理解を深められるよう、実習の振り返りをもとに個別指導またグループワーク等を通じて実習後の学びを深めます。

[授業修了時の達成課題（到達目標）]
本授業は、将来の社会福祉専門職として必要な実践力の基礎を習得することを到達目標としています。

[使用テキスト・参考文献] テキストについては初回の授業で紹介します。参考文献については適宜紹介します。	[単位認定の方法および基準] 出席点30％（出席が5分の4に満たないものには単位を与えない）、授業参加度30％、課題・レポート20％、グループプレゼンテーション10％の総合評価。 なお、毎回振り返りシートを提出してもらいます。

表2-2 「相談援助演習」各回の授業計画（75コマ）

コマ	各回のテーマ	内容	演習の進め方・方法・ツール	目的・ねらい・留意点
1	オリエンテーション	「演習」のねらいと進め方について理解する。演習のメンバーを知る。	「演習」の進め方についての理解とイメージができるよう、またグループダイナミクスを体感できるようアイスブレイク、グループワークを行う。	演習の進め方を理解する。ソーシャルワークについてのこれまでの学びを振り返り、実習等これからの学びについての説明とともにこの科目の位置づけを確認する。
2	ソーシャルワーク実践：ソーシャルワーカーの使命と役割を理解する	事例を読み、現代社会で起こる諸問題とその複合性について理解し、問題解決と変革を目指すソーシャルワーカーの使命と役割について考える。IFSW定義、倫理綱領と事例から、ソーシャルワークの定義、価値基盤を考える。	グループ討議、事例、IFSW定義、倫理綱領	ソーシャルワークとは何か（定義）、現代社会におけるその役割と理念・価値基盤を理解する。人と環境の接点・相互作用：何に着目し、何を変革していくかについて社会福祉援助における「視点」を理解できるようにする。ミクロ・メゾ・マクロの焦点、個人・家族・組織・地域・社会の相互関係を理解できるようにする。
3	専門職としての価値・倫理と自己覚知	事例をもとに、グループでロールプレイを行い、なぜ社会福祉専門職には自己覚知が必要なのかについて、ロールプレイからの気づき等を活かしグループ討議を行う。	事例、グループ討議、ロールプレイ	援助者側の個人的な価値が表れている相談援助場面の事例をもとにしたロールプレイによって、援助を求めている人の立場に立って感じたり考えられるようにする。相談援助の場面での援助者の価値・態度の表出について体験的に学ぶ。
4	自分の生活史を作成し生活史把握の意義について学ぶ	「ライフストーリー」「ライフヒストリー」「ナラティヴ」についての解説を聞いたうえで、自分の人生を振り返り自分の生活史を作成する。生活史に書きおこした出来事が、自分の現在にどのような影響を与えているか等考察する。	個人ワーク、グループでの気づきのわかちあい、生活史シート	自分の生活史を作成すること、過去の出来事や人とのかかわり等がどのように現在の自分に影響を与えているかに目を向けることにより自己理解を深め、さらに他者理解につなげられるようにする。また、生活についての理解を深めさせる。
5	自己理解、自己覚知	自己理解のための方法	ペアワーク、グループ	援助資源になるために

第 2 章　相談援助演習の展開 | 85

		について体験的に学ぶ	の理解とともに自分自身の価値観や癖などについての気づきを促す演習を行う。	ワーク、事例をもとにしたグループ討議	自分自身に必要なことは何か、援助者は自分自身の何を活用するのかを考えられるようにする。
6	他者を理解するということ	物ごと等の見方や見え方が人によって多様であること、現象を多様・多面的に理解することの大切さ、他者の価値観の尊重について学ぶ。	写真や絵を用いてのグループワーク、グループ討議	これまでの演習を通じての気づきと学びを振り返り、他者の価値観を理解し尊重することについて、より具体的に考えられるようにする。
7・8	コミュニケーションについて学ぶ	相談援助実践における専門的援助関係づくりと、そのために必要なコミュニケーション・かかわり行動について体験的に学ぶ。言語・非言語コミュニケーションについて理解を深める。	ペアワーク、グループワーク、振り返りのためのグループ討議、バイステックの原則	ソーシャルワーク実践における援助者の基本姿勢、専門的援助関係、受容的態度等について、体験的な学びからの気づきを活かし、理解を深める。
9	これまでのまとめとこれからの演習の進め方について	これまでの学びについて確認し、これから行うロールプレイ等のねらいと方法について学ぶ。		これまで習得したことが相談援助の基盤であることを確認し、それを基盤として次回から具体的な面接技法等について学んでいくこと、その習得の方法について理解させる。
10	基礎的技能：面接技法についての理解を深める①	講義で、受容、個別化、利用者主体、かかわり技法、観察技法など対人コミュニケーションと面接技法について学ぶ。「観察」と「傾聴」についてロールプレイを通じて体験的に学ぶ。	面接についての講義、グループ討議、ロールプレイ	社会福祉援助の原理原則を踏まえ、面接技法を実践的に学べるようにする。
11	基礎的技能：面接技法についての理解を深める②	面接のロールプレイを通じて、面接の環境づくり、話を促すスキル、話の内容の要約・繰り返しのスキル、相手の感情を表現するスキル、効果的な質問等について学ぶ。	グループ討議、ロールプレイ	社会福祉援助の原理原則を踏まえ、面接技法を実践的に学べるようにする。
12	基礎的技能：面接技法についての理解を	面接等によって得た情報を統合していく方法	ビデオ教材、ワークシート、グループ討議	社会福祉援助の原理原則を踏まえ、面接にお

	深める③	…について理解する。		いて得られた諸情報の統合について学べるようにする。
13・14	基礎的技能：記録技法と情報整理技法についての理解を深める	記録技法と情報整理法についての概要および具体的な方法について学ぶ。	エコマップやジェノグラム、ケース記録を、事例を用いながら演習	記録方法の概要と具体的な方法（エコマップやジェノグラム含む）を、実践的に学ぶ。
15	15回の授業のまとめと振り返り	各自の学びと達成したこと等について自己評価し、グループでわかちあう。授業評価（記述式）を行う。	自己評価ワークシート、授業評価アンケート	自らの学びについての自己評価とともに、授業評価を行う。
16	相談援助の実際と援助技術についてを事例を活用して学ぶ（15コマ）	事例を教材として用い、問題の分析、目標の設定、社会資源等の活用・調整・開発、アウトリーチ、チームアプローチ、ネットワーキング等について具体的に考察する。「演習」のねらいと進め方について理解する。これから検討する事例について説明し、検討報告の担当グループを決める。	担当のグループを決めて、事例の検討報告とクラス討議を行うため、グループづくりをする。取り上げるすべての事例についての資料	これからの15回の授業で、総合的かつ包括的な援助技術および地域福祉の基盤整備と開発にかかわる具体的な援助について、事例等を活用して理解を深め、ソーシャルワーク実践過程について、ソーシャルワーカーの専門性、社会資源や他職種・他機関や団体、また地域との連携等についての理解を深める。
17	ソーシャルワーク実践の展開	援助展開過程とソーシャルワークの対象、焦点について理解する。	講義、グループ討議、事例検討	ソーシャルワークの展開過程と規範・知識・諸技術・視点について習得できるようにする。
18	事例検討の目的・方法	事例検討の目的と方法、プレゼンテーション技法、クラス討議のための方法（バズ、ディベート、パネルディスカッション）等について学ぶ。	講義	事例検討の目的と方法について理解させるとともに、集団討議の技法についての知識を習得させる。
19・20	事例学習①	社会的排除とソーシャルインクルージョンについて考える（ホームレス・低所得者の生活課題と相談援助）。	グループプレゼンテーション、テーマを設定してのクラス討議（グループでの討議含む）	事例に関連した用語の定義や制度・施策、また事例検討の焦点に応じた相談援助にかかる専門的知識について理解を深められるようにする。現場実践についての理解を深め、生活問題・社会問題とそれへの対応や予防につい

				ての具体的な考察ができるようにする。
21・22	事例学習②	児童虐待について考える。	グループプレゼンテーション、テーマを設定してのクラス討議（グループでの討議含む）	同上
23・24	事例学習③	高齢者虐待について考える。	グループプレゼンテーション、テーマを設定してのクラス討議（グループでの討議含む）	同上
25・26	事例学習④	ＤＶなど家庭内暴力について考える。	グループプレゼンテーション、テーマを設定してのクラス討議（グループでの討議含む）	同上
27・28	事例学習⑤	その他の危機状態にある相談援助事例について考える。	グループプレゼンテーション、テーマを設定してのクラス討議（グループでの討議含む）	同上
29	事例学習のまとめと振り返り	各事例の固有性と共通性についての整理を行い、それぞれの事例について、目標と支援計画を作成するうえで必要な情報やそれらをどのように得るかの検討をしたうえで、目標と支援計画を作成する。	グループ討議、ワークシート	グループで担当した事例について目標と支援計画を作成させる。担当した事例とそれ以外の事例検討からの学びを活かせるようにする。
30	15回の授業のまとめと振り返り	各自の学びと達成したこと等について自己評価し、グループでわかちあう。授業評価（記述式）を行う。	自己評価ワークシート、授業評価アンケート	自らの学びについての自己評価とともに、授業評価を行う。
31	相談援助の展開について学ぶ（15コマ）	オリエンテーション。個人・家族への支援について、事例を用いて相談援助の展開と必要な技術について学ぶ。グループづくり。演習の進め方について理解する。事例について知る。	講義、グループづくり事例資料	ソーシャルワーク実践の場面およびその過程を事例を用いて具体的に想定し、必要な技術を習得できるようにする。
32・33	ソーシャルワーク方法論と援助の展開について	ソーシャルワークの方法論と援助の展開について、これまで学んできたことの確認と補充と行う。事例を活用し	講義	援助の方法論と展開についての知識を確認し、学生たちが個人学習で補う必要がある事柄について各自が認識

		ての技術の習得を目指した演習の進め方について説明する。		できるようにし、次週からの演習の準備を整える。
34	インテーク演習	相談援助展開の準備について学ぶ。生活課題やニーズの発見について学ぶ。	事例を活用してのグループ討議、ロールプレイ	利用者やその家族との信頼関係形成について実践的に学ぶ。
35	アセスメント演習①	情報収集と生活課題やニーズの明確化について理解する。人・環境とそれらの相互関係の分析について学ぶ。	事例を活用してのグループ討議、ワークシート	人と環境の相互作用に着目しながら、状況の分析方法を実践的に学べるようにする。
36	アセスメント演習②	ストレングス視点について理解をしたうえで、支援目標の設定に向けての情報整理について学ぶ。	事例を活用してのグループ討議、ワークシート	もつ視点によって、アセスメントで集める情報や情報整理の方法が変わりうることを理解させる。
37	プランニング演習①	アセスメントから明らかになった情報をもとに、人・環境とそれらの相互関係の分析、ストレングス視点、社会福祉援助の原理原則を踏まえた目標設定を行う。	事例を活用してのグループ討議、ワークシート	社会福祉援助の原理原則、方法論を踏まえ、援助計画の作成方法を習得できるようにする。
38	プランニング演習②	目標達成に向けた具体的方法の検討をする。	事例を活用してのグループ討議、ワークシート	社会福祉援助の原理原則、方法論を踏まえ、目標達成に向けた具体的方法を検討できるようにする。
39	支援の実施（介入）演習①	支援計画の展開①	事例を活用してのグループ討議、ワークシート	人と環境の相互作用に着目し、介入過程におけるソーシャルワーカーの具体的な役割と利用者やその家族らの主体性を大切にしたパートナーシップを実践的に学ぶ。
40	支援の実施（介入）演習②	支援計画の展開②	事例を活用してのグループ討議、ワークシート	アウトリーチ、チームアプローチ、ネットワーキング、社会資源の活用・調整・開発の重要性について理解を深められるようにする。
41	モニタリング（再アセスメント含む）・サービス評価	プランニングで設定した目標の振り返り、問題点の分析、さらなる	事例を活用してのグループ討議、ワークシート	目標の振り返りと、そこから生じる問題点分析および新たなプラン

		プランニングを行う。		ニングの方法について、実践的に学べるようにする。
42	効果測定	支援の効果を測定する方法について学ぶ。	講義、効果測定の事例	介入の効果測定の方法と実際について、事例を活用して理解できるようにする。
43	終結	援助目標と支援計画実施成果の評価、援助内容の見直し、今後の展望、円滑な引継ぎなど	講義、グループ討議、ワークシート	ターミネーションの方法について理解できるようにする。
44	アフターケア	終結後の体制構築と社会的アクションへの展開について学ぶ。	講義、グループ討議、ワークシート	アフターケアや社会的アクションへの展開等、終結後の取り組みについての理解を深めさせる。
45	15回の授業のまとめと振り返り	各自の学びと達成したこと等について自己評価し、グループでわかちあう。授業評価（記述式）を行う。	自己評価ワークシート、授業評価アンケート	自らの学びについての自己評価とともに、授業評価を行う。
46	地域福祉の基盤整備と開発について学ぶ（15コマ）	オリエンテーション。メゾからマクロに向けたソーシャルワークの展開を、事例検討から出発して活動計画案づくり、実施の過程における活動主体の組織化や協力者の発掘とネットワーキング等について学ぶ。住民主体等地域福祉の価値や視点について学ぶ。	事例を使ったグループ討議、ロールプレイ、プレゼンテーション、交渉、ディベート	個別支援から地域支援へと支援範囲の拡張が求められるさまざまなニーズと社会資源についての理解を促す。地域社会におけるソーシャルワーカーとその機関の機能と役割についての理解を深めるとともに、集団・組織の理解、他職種や市民との連携と協働、住民参加の方法について学ぶ。システム的視点、エコロジカルな視点の醸成を促す。
47・48・49	アセスメント	地域住民に対するアウトリーチと地域ニーズの把握、地域アセスメントについて学ぶ。	事例を使ったグループ討議、ＢＳ法	地域ニーズ把握のためのステップと方法について学ぶ。地域アセスメントを実施するための活動主体の組織化と組織の理念・目的の確立、地域特性調査、地域ニーズ調査の方法とプロセスについて理解を深める。

50・51・52	プランニング	アセスメントから明らかになった地域ニーズや情報をもとに、社会福祉援助の原理原則と住民や当事者の主体性の尊重を踏まえた目標設定と活動やプログラムの計画・企画、地域福祉計画の策定について学ぶ。	事例を使ったグループ討議、ＢＳ法	地域住民や当事者らのストレングスに着目しエンパワメントを志向した活動計画やプログラムづくり、参加のデザイン、地域福祉計画について理解を深められるようにする。
53・54・55	活動・プログラムの実施	計画・企画した活動やプログラムの実施の一環として、または実施前の準備活動の一環として、組織や地域を想定したロールプレイの中で、企画等のプレゼンテーションや住民懇談会、チームによる会議、多職種による連携のための会議等を体験的に学ぶ。活動の評価について学ぶ。	事例、プレゼンテーション、ロールプレイ、会議ファシリテーション、ネゴシエーション	地域ニーズを踏まえ、地域住民・当事者らの主体性を大切にした支援を具体的に考え、ロールプレイ等を通じて実践的に学ぶ。
56	地域福祉の評価	地域福祉計画の進捗管理と、地域住民や社会福祉専門職の役割。	講義、進捗管理と評価活動についての事例	具体的な事例を用いて、進捗管理と評価についての理解を深められるようにする。
57	ネットワーキング、社会資源の活用・調整・開発について	地域におけるさまざまな機関・団体等とのネットワーキングと、社会資源の活用・調整・開発についての理解を深める。	講義、事例または映像教材、グループ討議、ワークシート	具体的な事例を用いて、ネットワーキングや社会資源の活用。調整。開発についての学びを深める。
58	コミュニティアクションとソーシャルアクションについて	社会活動法について学ぶ。	講義、事例、映像教材、グループ討議	ソーシャルアクションにつなげていく必要のある課題についての検討とその方法について理解を深められるようにする。
59	地域福祉推進のための援助技術について	地域での生活支援と地域の福祉力の醸成のための支援（地域を基盤とした個別支援と地域支援）について、地域社会においてソーシャルワーカーとその機関等が果たすべき機能と役割について整理する。	講義、グループ討議	ミクロ・メゾ・マクロの視点、個人・家族・組織・地域・社会の相互関係、社会への働きかけを具体的に考察することにより、ソーシャルワーク実践が人と環境に関する諸理論を共通基盤とすることを理解させる。チームアプローチや他職種、市民・

				当事者等との協働の必要性について学ぶ。
60	15回の授業の学びを振り返る。自己評価と演習(授業)評価	これまでの振り返り、今後の課題をあげる。	グループ討議	演習での学びや気づきを振り返り、今後の演習や実習での課題を考察する。
61	オリエンテーション:実習終了後の学びを深める	目的・進め方について確認と共有	ワークシートを用いて、個人レベルでの実習の振り返りと学びの課題・演習で取り上げたいこと等の要望をまとめたうえで、全体でわかちあい	実習を振り返り、学んだこと、もっと学びたかったこと、学ぶ必要があること等自分の学びの課題と目標を明らかにする。理論と実践の関係について考えられるようにする。
62・63・64	実習での学びを振り返る・いかす	実習で体験した援助の実際やあり方について、実習先の施設・機関の地域社会で期待されている、また果たしている機能・役割や他機関・団体等との連携・協働について整理し、課題を明らかにする。またグループでの検討と整理、グループによるプレゼンテーションと討議を行う。	グループ討議、KJ法等を用いての整理,プレゼンテーション	実習での学びや気づきを振り返り、事後学習としての学びの課題を整理する。
65・66・67・68	利用者とのかかわりからの学びを振り返り活かす	一人ひとりが実習中の利用者や職員とのかかわり(気になる場面・印象に残っている場面)をプロセスレコードにより再構成し、よりよいかかわり・支援を考察する。ロールプレイにより深める。	プロセスレコード用シート、ロールプレイ用ワークシート	利用者や職員との目的をもったコミュニケーション・かかわりについて、その重要性についての理解を深めるとともに、客観的に自分のコミュニケーション・かかわりのあり方、利用者らとの相互作用、生活場面面接における場の力動について理解を深める。
69	スーパービジョン	スーパービジョンについてその意義・機能・方法についての理解を深める。	講義、グループ討議、ワークシート	実習指導を受けた経験の振り返りと、実習先での職員のスーパービジョンや実践力醸成のための研修等の取り組みについて整理し、スーパービジョンと継続的な専門職として成長の必要性とその方法について考えられるよ

				うにする。
70・71	利用者を理解し、ニードを把握し、支援すること	利用者を理解するためのニード把握、アセスメントについて、実習での学びを共有し理解を深める。	ワークシート、グループ討議	実習での個別的な経験と学びと大学での学習をつなぎ発展させ、相談援助の価値・理論・知識・技術として習得できるようにする。
72	人と環境の接点・相互作用：人とは？ 環境とは？ 相互作用とは？	人と環境の接点・相互作用：何に着目し、何を変革していくか、ミクロ・メゾ・マクロの視点、個人・家族・組織・地域・社会の相互関係についての理解を深める。	講義、グループ討議	実習での学びを活かし、人と環境の相互作用およびソーシャルワーカーの役割と専門性を理解できるようにする。
73	社会福祉士の専門性と社会福祉援助に関わるほかの専門職について	実習での経験と学びを活かし、社会福祉士に求められる専門性について考える。また、ほかの専門職についての理解を深める。	講義、グループ討議、ワークシート	社会福祉士の専門性について、実習での学びと経験を活かして、現実と課題について考えられるようにする。ほかの専門職についての理解を深め、他職種との協働の意義を確認する。
74	ソーシャルワーカーの価値・倫理と葛藤	ソーシャルワークのミッション、価値（自己決定、エンパワメント、人間の尊厳等）、倫理について理解を深める。	グループ討議、倫理綱領、事例検討	専門職・援助者としての価値、個人および他者の価値観の尊重、自己の価値観の精査、自己覚知、現実社会と専門職の価値・倫理との間の葛藤について考える。
75	まとめ：社会福祉専門職に求められるもの。学びを振り返る。自己評価と演習（授業）評価	これまでの学びの振り返り、社会福祉専門職を目指し、継続して成長していけるよう自分自身の今後の課題について検討する。	グループ討議、ワークシート、事業評価アンケート	これまでの学びの総括と、専門職としての自分の学びと成長の課題について検討し、目標を設定できるようにする。

第3節 演習授業の授業計画例

　ここでは、厚生労働省が示す「相談援助演習」のシラバス内容を参考にして、演習授業の具体的な授業計画例をいくつか提示します。それぞれの授業計画例は、1コマ（90分）あるいは2コマ（180分）の授業で活用することが想定されています。各授業計画例において1つの「事例（ビネット）」が用意されていますが、取り上げられている事例の分野や内容については、厚生労働省シラバスに記述されているものを概ね踏襲しています。

　まず各授業計画例の冒頭には、取り上げられる事例が、「ミクロ・メゾ・マクロ」のどの実践レベルに該当するのかが示されています。さらに、その事例で取り上げられている相談援助（ソーシャルワーク）のプロセス、「インテーク・アセスメント・プランニング・支援の実施・モニタリング・効果測定・終結とアフターケア」のどのプロセスに該当するのかも示しています。また「相談援助の理念」と「実践モデル／アプローチ」には、主として指定科目「相談援助の理論と方法」の厚生労働省シラバス内容に示された事項が記述されています。

　加えてここでの演習授業は、厚労省シラバスの「ねらい」に記された「具体的な相談援助事例を体系的にとりあげること」および「具体的な援助場面を想定した実技指導（ロールプレーイング等）を中心とする演習形態により行うこと」を受けて、その事例を活用した「ロールプレイの例示」あるいは「グループ作業の例示」を示しています。ただしこの例示にこだわることなく、「学びのポイント」や「演習課題の設定と解説」を参考にして、独自のロールプレイやグループ作業を展開していくことも可能です。

1 自己覚知

事例のタイトル
あんた、私にとっての何者なの？

1. 実践レベル
☑ミクロ　　□メゾ　　□マクロ

2. 実践プロセス
専門的援助関係の構築、インテーク

3. 相談援助の理念
　ソーシャルワーカーは、専門職倫理に基づいた専門的援助関係をクライエントと結ぶことで、クライエントの利益に資することを使命としています。そのためには基本的信頼関係を基盤とした協働（パートナーシップ、コラボレーション）の姿勢が求められ、かかわるソーシャルワーカーは自己の価値観をよく知り、クライエントとは私的な関係ではなく専門的援助関係を結ぶことをスーパービジョンやケースカンファレンス等で意識し、自らの感情表出等をコントロールする等自己覚知が求められます。

4. 実践モデル
　システム理論でソーシャルワークの事象をとらえた場合、クライエントの直面している困難な状況は、その人を取り囲むさまざまなシステムの中で起こっていると捕らえることが必要です。システム理論では支援者であるワーカーもクライエントを取り巻くシステムの一つであり、その状況下でどのような影響を与え合っているのかを自己覚知も含めてとらえる視点が求められます。

5. 学習のポイント
1) 自分自身の価値観が専門的援助関係に及ぼす影響と自己覚知の重要性について理解させる。
2) 「自分がこのケースの登場人物だったら……」とケース中のソーシャルワーカーに自分の身を置き換えることによって感情移入を体験し、自分の思考・感情・行動の傾向をとらえなおさせる。

3）専門的援助関係を構築するための原則について理解を深めさせる。

6. 事例の記述

　社会福祉士のAさんが勤務することとなった児童養護施設Bは、全国の施設がどんどん小規模化する中、なお現在でも日本における施設形態の多数を占める、**大舎制**による養護を実施している施設です。建物の1階に男子、2階に女子が居住しており、フロアごとの**集団養護**をしています。

　Aさんは、**ケアワーカー（直接処遇職員）**として、保育士らとともに子どもたちにかかわっています。さっそく担当の子どもも任され、自立支援計画を立てるなど仕事に取り組んでいます。仕事にやりがいを感じつつも、Aさんを悩ませていたのは、入居児童が50人を上回るため、なかなか子どもたちの名前が覚えきれない、ということでした。

　Aさんが入職して半年すぎた夏ごろ、もともとこの施設で暮らしていたCちゃんが施設に戻ってきました。Cちゃんは14歳の女の子です。Cちゃんは、母親からの虐待の疑いで小学校4年生の時に施設Bに入ってきました。母親の生活も落ち着き、一旦は家族のもとへ戻っていきましたが、母親の再婚とともに、今度は義父から虐待行為を受けるようになり、1年ぶりに同じ施設に戻ってきたのです。入所決定の会議の場で、「この1年で随分と大人びたようだ」と同僚職員が発言していましたが、Cちゃんは背が高く、長く伸ばした黒髪がきれいなストレートで、あまりニコリともしない表情から、たしかに大人びて見える印象をもちました。

　Cちゃんの再入所に伴い、Aさんは主任指導員のDさんにスーパーバイザーとしてついてもらいながら、Cちゃんを担当することとなりました。Dさんは、施設のファミリーソーシャルワーカーも担当していて、児童相談所のケースワーカーとの連絡調整、親との面接などを主に担当しています。Dさんは施設Bに転職する前に、小舎制の施設で働いていた経験があり、「小さいところのよさはもちろんある。でも、ここならではの個別支援がどんな風に実現できるのか、私といっしょに考えてください。ぼちぼちやっていきましょう」と声をかけられたことがAさんの心に響きました。Cちゃんへの支援に一気にやる気がでてきました。

　そんな夏のある晩、Aさんはもう1人のケアワーカーと2人で夜勤の宿直勤務に入っていました。この施設では、夜勤帯は職員2名で対応し、早出の職員が出勤してくるまで子どもたちのケアを行います。夜中、Aさんが宿直室で記録を書いていると、Cちゃんが顔を覗かせました。「どうしたの？」と声をかけると、「昼間、Aさんが持っていたスマホのカバーが気になったから、もう一度見せて欲しいんだけ

ど……」とＣちゃんは唐突に話しかけてきたのです。そこから２人のおしゃべりが始まりました。Ａさんは、はじめはＣちゃんの声かけにとまどいつつも、Ａさんは自分に話しかけてきてくれたことがとても嬉しく、記録を書く手を休め、Ｃちゃんとのおしゃべりにその晩はつきあいました。そして、その晩をきっかけに、Ａさんが夜勤に入る晩は必ず、Ｃちゃんはこっそり宿直室にやってくるようになりました。

　そのうち、ＡさんとＣちゃんはお互いにSNSのアドレスを交換し、日常的に連絡を取り合うようになっていました。しかし不思議なことに、昼間施設内ですれ違っても、Ｃちゃんはあまり目を合わせてくれないのです。その様子がツンとした感じで、夜勤時に２人で話すときのＣちゃんとは別人のような印象でした。「何でだろう」とＡさんは思いつつも、こちらからは面と向かって積極的に声をかけることはしないでいました。

　ある日、Ａさんが職員会議に参加している時に、Ｃちゃんからラインで連絡が入りました。職員会議中ではありましたが、Ｃちゃんからの連絡ということもあり気になったので見てみると、「たすけて　すぐにきて」という言葉が見えました。「一体どうしたんだろう。今日は、学校の帰りに、友達の家にちょっとだけ寄って、私も好きな芸能人の載っている雑誌を借りてきてあげるって言っていたよな……。どうしたのだろう。Ｄさんにも、誰にも、SNSでやりとりをしていること、言ってないからどうしよう……」と、返信を打つこともできず悩んでいると、しばらくして職員会議は終わりました。ちょうどその頃、Ｃちゃんも園に戻ってきました。Ａさんは玄関で靴を脱いでいるＣちゃんに思わず駆け寄り、「どうしたの、大丈夫だった？　心配したよ」と声をかけると、Ｃちゃんは予想もしなかった言葉を返してきました。「心配してくれなんていつ頼んだ？もう、あんたなんか、知らんし」。

　その言葉をうけてＡさんは混乱し、職員室にいたＤさんをつかまえて「ちょっとだけお話したいことがあるのですが」と相談を申し出ました。これまで３か月くらいの間、２人でSNSのやりとりを続けていたこと、夜勤の時に当直室にしゃべりにくるようになってから、夜のおしゃべりの時間やSNSでのやり取りを大切にしてやることがＣちゃんに対して大切な個別支援だと思い対応してきたこと、しかしだんだん、いつの日からか、自分でもそれを支援だと思っていることに違和感を持つようになってきたこと、しかしその気持ちを誰にも相談できなかったこと、そして今日、面と向かってＣちゃんに怒鳴られたことで心にぽっかりと穴が空いてしまったようなショックを受けていること。

　Ｄさんは、夜勤の入りのはずなのに、じっくりＡさんの話を聞いてくれました。

そして、Cちゃんに寄り添おうとしてきたAさんの気持ちを言葉でねぎらってくれました。そして、こんな言葉がけをしてくれました。「ここで、1人ひとりの子どもと向き合うことってどんなことなのだろうね。時にはSNSでつながることもありなのかもね。時には、静まり返った夜に、じっくりおしゃべりすることもありなのかもね。私には、Cちゃんが、あなたに、私にとって何者なのかって投げかけているような気がしてならない。それにぼちぼち答えをだす必要があるのではないかな。その答えを一緒に考えてみませんか」

7. 事前学習の課題例

- ケース「あんた、私にとっての何者なの」を事前に配布し、学生各自で読んでくるように指示をします。その際、以下の問いにそって考え、問いに対する自分の考えをメモ書きしてくることを説明します。
- 問いは以下の3つです。

    問1：ケースを読んだ感想を自由に書いてください。また、質問があればメモしておきましょう。

    問2：ケースを読んで、Aさんの行動についてあなたはどう思いますか。

    問3：もしあなたがAさんの立場だったら、何を感じ、どう考え、どのような行動をとっているでしょうか。

8. グループ作業の例示

時間：180分（90分×2コマ）

学生数：20名（小グループ討議　5名×4グループ / 全体討議　20名）

以下のような手順で、ケースメソッドと共感マップを用いた演習を進めていきます。

ねらい	演習の展開	時間	回数
事前課題においては、ケース状況の理解と分析に各自で取り組む問いについて自説を構築してくる	事前にケースを渡す ケースを読み、問いについて考えてくるように説明する		事前課題
本日の目的を共有する	演習目的を説明する	10分	第1回目
事前課題で取り組んできたケースの概要を共有する	課題ケースの概要を学生に説明してもらう	10分	
ケースについて考察を深める 意見交換のために言語化をする	小グループ討議を行う （主に問1、2について）	30分	
設定された演習課題について考察を深める	共感マップ※について説明する 共感マップを小グループで書いてみる （Aさん/Cちゃん）	30分	

振り返りとまとめ（前半）をする	・小グループごとに共感マップを書いてみた振り返りを共有する ・小グループごとに発表する	10分	
討議を通して互いに洞察を交換したり、意見に検討を加えたり、自説を更新したり修正したりする	全体討議を行う （主に問3について）	50分	第2回目
設定された演習課題について考察を深める	解説・ミニ講義を行う	25分	
振り返りをする（後半）	個人作業（リフレクションシート記入）	15分	

※共感マップ

　模造紙に以下の6つの項目を枠取りし、それぞれについて自由に考えてみる。直接マジックで書き込んでいってもよい。付箋紙にアイデアを書き、貼り出していってもよい。

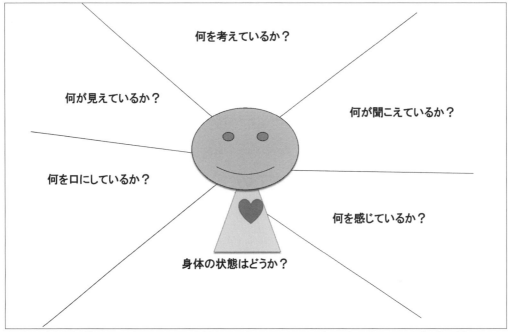

（参考：清水広久「チーム医療における信念対立を思考ツールを用いて解明する試み」週刊『医学界新聞』2013年7月15日）

9. 演習課題の設定と解説

1) 演習前半のケースメソッド討議により、自分自身がその状況下に支援者としているとしたら、その状況をとらえ、どのようなことに重きをおいて今後を予測しどう決断するのかについて、さまざまな他者の意見に触れることにより、自分自身の価値観に直面することを意図しています。

2) 演習後半で共感マップを書くことで、ケースに出てくるAさんの支援のあり方を批

評するのでなく、「もし、私がAさんだったらどうだろう」という視点に立つことを促しています。擬似的にもその立場に立つことができると、支援者として格闘しているAさんの抱く喜び、悲しみ、不安、向けられている不信、自己無力感等の葛藤を感じることができるかもしれません。また子どもと養育者との間の相互作用の質（応答性の質）の重要性とその課題がみえてくるかもしれません。

3）勇気をもって発言し、みんなから出た意見から、対人支援の原則とやりがいを考えることを意図しています。

10. さらに学習を進めるための文献

1) 奥川幸子『身体知と言語　対人援助技術を鍛える』中央法規出版、2007年
2) 福山和女『ソーシャルワークのスーパービジョン　人の理解の探求』ミネルヴァ書房、2005年
3) 山辺朗子『ジェネラリスト・ソーシャルワークにもとづく社会福祉のスーパービジョン：その理論と実践』ミネルヴァ書房、2015年

| 2 | コミュニケーション

事例のタイトル
話し合いを促進するための双方向でのコミュニケーションを理解する

1. 実践レベル
☑ミクロ　　☑メゾ　　□マクロ

2. 実践プロセス
□インターク　　□アセスメント　　□プランニング　　□支援の実施
☑モニタリング　　□効果測定　　□終結とアフターケア

3. 相談援助の理念
☑人権尊重　　☑利用者本位　　☑尊厳の保持

4. 実践モデル／アプローチ
ストレングスモデル

5. 学習のポイント

①コミュニケーションは一方通行ではなく、双方向であることを理解させる。
②対人援助を行う際、双方向のコミュニケーションが重要であることを理解させる。
③グループでの議論を促進させるためにも双方向のコミュニケーションが必要であることを理解させる。

6. 事例の記述（ビネット）

　Aデイサービスセンターの鈴木社会福祉士は、介護職員の田中さんから「少し話があるのですがお時間ありますでしょうか？」と声をかけられた。鈴木社会福祉士は「時間ありますが、どのような用件ですか？」と尋ねると、「利用者の山田さくらさんのことで困っているのです」と少し強い口調で返答があった。そこで鈴木社会福祉士は「では、本日利用者さんの送迎が終了したら話をしましょう」と伝え、田中さんと2人で話をすることにした。山田さくらさん（87歳　女性　要介護2　障害高齢者の日常生活自立度　J1　認知症高齢者の自立度　Ⅱb）は、デイサービスを週3回利用している。

　利用者の送迎終了後、鈴木社会福祉士と田中さんは面接室で山田さくらさんの対応について話し合った。田中さんは、「山田さくらさんのことで、私だけではなくて職員のみんなが困っているのです。このままでは他の利用者さんへの影響も大きくて、何とかしてほしいです！　山田さんが他の利用者さんのことを大きな声で悪く言うので、全体の雰囲気が悪くなってしまうのです……。みんなが落ち着かなくなってしまうので、他の職員も困っています。山田さんの一言で、それまでの楽しい雰囲気が一変してしまうのです。このようなことを言ってはいけないのでしょうが、正直山田さんがいないほうが、皆が落ち着いて過ごすことができます。何とかしてほしいです」とまくし立てるように言い、その後も山田さんの言動について話し続けた。鈴木社会福祉士は、田中さんの話を否定せずしっかり聞くようにした。

　聞き終わった後で鈴木社会福祉士は、「山田さくらさんの対応について、田中さんだけではなく他の職員も困っているということですね。そうであれば山田さんの対応をどうするか、皆で話し合ってはどうでしょうか？」と提案し、後日ケアカンファレンスを行うことになった。

　ケアカンファレンスには鈴木社会福祉士や田中さんだけでなく、介護職員全員が集まった。田中さんから山田さくらさんの言動について話した後、他の職員も「本当に困っている。山田さんがいると雰囲気が悪くなって、他の利用者さんも落ち着かなくなってしまう」「他の利用者さんに対して世話を焼こうとして、トラブルに

なってしまう」「お茶の準備を他の利用者さんにお願いしようとすると、必ず山田さんが出てきて全部1人で行おうとする」などと、山田さんの問題点を指摘する声が続いた。

　鈴木社会福祉士は、このような職員の話を聞き終えた後で以下の提案を行った。「問題点ばかりの指摘が続いていますが、山田さんの強みはないでしょうか？　例えば、山田さんはよく、『若いころはお見合いを何人も成立させた』と話していますよね。山田さんの娘さんに話をうかがうと、『母は地域の人たちの世話役を買って出た人で、多くの人が母に相談していた』と話してくれたことがあります。このように山田さんは多くの強さを持っているはずですよね。これからの話し合いでは、山田さんの問題点ではなく『強さ』を皆で見つけていきましょう」と話した。さらに「このときに注意してほしいのですが、他の職員が意見を言っているときは、必ずしっかり聞くようにしてください。そして他の人の意見を絶対に否定しないようにしてください」と今後の話し合いのルールについての提案も行った。すると田中さんが「私もお見合いの話を聞いたことがあります。昔から地域の人たちのお世話を焼いていたのですよね」と続けました。その後、他の職員からも「息子さんや娘さんの話もよく出てきます。子どもたちのことを『本当によくできた子ども』と話しています」「お茶の時間にお茶を入れるのを手伝ってくれるのですが、その手際の良さは私よりも上手です」等、次々に山田さんの『強さ』が明らかになっていった。

　鈴木社会福祉士は「最初は、山田さんの問題点ばかりでしたが、後半は『強さ』も話し合うことが出来ました。両方の情報を踏まえて、今後の山田さんの対応を検討していきましょう」と提案した。

7. 事前学習の課題例

①普段の生活の中でコミュニケーションを行ううえで気をつけていることは何かを考えさせる。
②他者の話をしっかり聞くために必要なことは何かを考えさせる。
③事前にビネットを読ませ、鈴木社会福祉士がコミュニケーションを行ううえで意識していることは何かを考えさせる。

8. ロールプレイの例示

①2人1組になり、鈴木社会福祉士と介護職員田中さんの2人のコミュニケーションの場面をロールプレイさせる。鈴木社会福祉士は、田中さんの話を聞くように意識させ

る。役割を交代し、鈴木社会福祉士と田中さんの両方の役を体験させるようにする。
②ケアカンファレンスの場面をグループでロールプレイさせる。このときに、鈴木社会福祉士の提案した「話し合いのルール」を意識して行わせる。問題点ばかりを指摘していた話し合いから、山田さんの『強さ』を出し合うようにしたときにどのような変化が起こるかを考えさせる。

9. グループ作業の例示

①司会・記録者・発表者を決めて、グループメンバー全員が発言するようにし、出てきた意見を記録させる。
②普段の生活の中で行っているコミュニケーションについて、個々人が気をつけていることは何か、グループで話し合わせる。グループで出された意見を発表させ、全員で共有する。
③デイサービスを利用しているときの山田さんに起こり得る問題点は何かを考えさせる。また、山田さんの『強さ』は何かを考えさせる。グループで出された意見を発表させ、全員で共有する。
④グループでケアカンファレンスのロールプレイを行わせる。その後、「話し合いのルール」を意識して話し合いを行ってみたときに感じたことを話し合わせる。また、山田さんの問題点の指摘から『強さ』を出し合うようにした時の変化について、感じたことをグループで話し合わせる。グループで出された意見を発表させ、全員で共有する。
⑤デイサービスでの今後の山田さんへの対応について、新しいアイデアを出し合わせる。この時にも「話し合いのルール」である、他者の意見をしっかり聞くこと、否定しないことを意識させる。どのようなアイデアが出されたか、グループで出された意見を発表させ、全員で共有する。

10. 演習課題の設定と解説

1. 普段行っているコミュニケーションを双方向のコミュニケーションで行うことの重要性を理解させる

　コミュニケーションは日常生活のなかで当たり前のように行われています。しかし、日常生活のなかでのコミュニケーションは、あまり意識しないで行われている場合があります。本演習では日常生活でのコミュニケーションを学生たちに意識させることで、コミュニケーションを行ううえで何が必要なのかを考えさせます。
　コミュニケーションについて、諏訪は「メッセージをやり取りして共有する」[5]、齋

藤は「意味や感情をやりとりする行為」[6] としています。このことから、コミュニケーションは一方通行ではなく話し手と聞き手のやり取り、すなわち双方向で行われると言えます。

　コミュニケーションは、話し手と聞き手がいて成立するものです。そのため話し手が一方的に話している状況では、コミュニケーションは成立しません。話し手の話を聞き手がしっかり聞き、その内容を理解していくことが必要になります。そのために話し手は、聞き手が理解できるように話すことが大切です。一方、聞き手は話を聞いていることを話し手に伝えていくことが重要になってきます。また、聞き手は話し手が話している内容を理解してそれを返すことも必要です。話し手と聞き手の立場が反対になっても同様のことが行われます。このようにコミュニケーションは一方通行ではなく、話し手と聞き手の双方向で行われることで意見や考えが共有できるのです（図2―4）。

図2-4　双方向のコミュニケーション

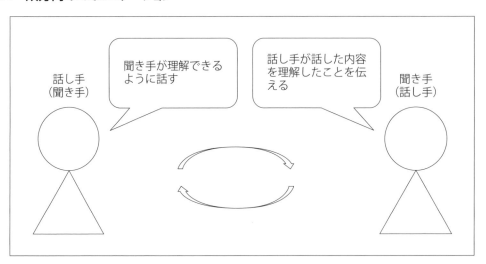

　では、聞き手は話を聞いていることを話し手に伝えていくためにはどうしたらよいのでしょうか？　このときに必要になるのが、視線を向ける、うなずく、相づちをうつ等の非言語コミュニケーションです。聞き手がうなずきや相づち等を行うと、話し手は話しやすくなります。逆に聞き手が何も反応しないと話しにくくなってしまいます。このように双方向のコミュニケーションを行うためには、非言語コミュニケーションを意識して使っていく必要があります。

　また、話し手の話す内容を聞き手が理解していることを伝えるために、話した言葉を

5　諏訪茂樹編著、大谷佳子　『利用者とうまくかかわるコミュニケーションの基本』　中央法規出版、p.8、2007 年
6　齋藤孝　『コミュニケーション力』　岩波新書、p.2、2004 年

繰り返す、要約して返すことも大切です。聞き手が繰り返すことで、話の内容を理解していることを話し手は実感することができます。聞き手が話を理解していることを、話し手が実感できると安心して話ができるようになるのです。

　学生が事前課題で考え、またグループ間で話し合った「日常生活においてコミュニケーションを行ううえで気をつけていること」を振り返り、普段から双方向のコミュニケーションを行っているかについて、意識させることができます。

2. 対人援助を行う際にも、双方向のコミュニケーションを行うことで対人援助が行われることを理解させる

　対人援助を行う際にも、利用者と対人援助専門職、家族と対人援助専門職、対人援助専門職同士等さまざまな人とコミュニケーションを行う必要があります。その際にも双方向のコミュニケーションを意識的に行うことが大切です。しかし対人援助の場面においても、双方向ではなく一方通行でのコミュニケーションが行われている場合があります。残念ながら、対人援助専門職同士においても「私は言った」「私は聞いていない」という『言った』『聞いていない』のやり取りが行われてしまう場合があります。このときには、コミュニケーションが一方通行であり、双方向になっていないからこそ起こると考えられます。

　ビネットの事例において、鈴木社会福祉士が介護職員田中さんの話を聞こうとうなづきや相づち等の非言語コミュニケーションを使ったり、否定することなくしっかりと聞くことで、田中さんは話しやすくなります。そうなると田中さんは鈴木社会福祉士の話も聞こうとし、お互いの意見や考えを共有することが可能になります。鈴木社会福祉士と田中さんとの話し合いのロールプレイを行うことで、対人援助を行う際に双方向のコミュニケーションが必要であることを学生が体感して理解することができます。

3. グループでの議論を促進させるためにも双方向のコミュニケーションが必要であることを理解させる

　ケアカンファレンス等、グループで議論を行う際にも双方向のコミュニケーションは重要です。メンバー全員が話し手の話を聞かずに自分の言いたいことだけを話してしまうとグループでの議論は成立しなくなります。また、話し手の意見を他のメンバーがすぐに否定してしまうと、その後メンバーから意見が出なくなってしまう危険性もあります。

　グループでの話し合いを促進させるためには、双方向のコミュニケーションを行い、メンバー間でお互いに意見や考えを共有していくことが大切です。そのために他者の話

をしっかり聞くこと、否定しないことが何より大切です。そうすると、新たな考えが浮かび、議論が促進されやすくなってきます。

ビネットの事例において、山田さんの『強さ』を皆で出し合い、今後の対応方法を検討する際においても、双方向のコミュニケーションを行うことで議論が促進することを学生に体感させることができます。

11. さらに学習を進めるための文献
1) 諏訪茂樹　『援助者のためのコミュニケーションと人間関係（第2版）』　建帛社、1995年
2) 諏訪茂樹編著、大谷佳子　『利用者とうまくかかわるコミュニケーションの基本』　中央法規出版、2007年
3) 齋藤孝　『コミュニケーション力』　岩波新書、2004年
4) 阿川佐和子　『聞く力　心をひらく35のヒント』　文春新書、2012年
5) 吉田新一郎　『会議の技法　チームワークがひらく発想の新次元』　中公新書、2000年
6) 都村尚子編『福祉コミュニケーション論』中央法規出版、2011年

|3| 他者理解

事例のタイトル
Suffering body ～4つの痛みをとおして人を理解する～

1. 実践レベル
☑ミクロ　　□メゾ　　□マクロ

2. 実践プロセス
□インテーク　　☑アセスメント　　□プランニング　　□支援の実施
□モニタリング　　□効果測定　　□終結とアフターケア

3. 相談援助の理念
　ソーシャルワーカーは、クライエントが置かれている困難な状況を理解しようとする際には、バイオ（生理的・身体的機能状態）・サイコ（精神的・心理的）・ソーシャル（社会環境状態）の3つの側面に分けてクライエントの状況や環境を理解する必要があ

ります。とりわけ近年では、本人の自己存在を揺るがしかねない危機に直面するケースも多々あり、第4の側面としてスピリチュアル（霊的）な側面に対してもアセスメントを行い、これらの4側面を関連づけて人としての全体性をとらえようとすることが求められます。

4. 実践モデル

　バイオ・サイコ・ソーシャル・スピリチュアルモデルでは、人としての全体性をとらえようとする際に、クライエントの弱い部分や欠点のみだけでなく、クライエントの持っている能力や意欲、嗜好性、人的物的資源などを見つけて生かしていくストレングス視点が重要です。

5. 学習のポイント

1) アセスメントをとおして情報収集を行うことを理解させる。
2) 問題状況の理解と共通認識を深めることを理解させる。

6. 事例の記述

　Aさん男性、69歳。妻Bさん、68歳。長女35歳。3人暮らし。Aさんは、もともとは漁業の町で民宿を営んでいた。そこの経営が振るわなくなったが、2人の子どもを育てあげるために仕事を選ばず懸命に働いてきた。仕事の少しでもありそうな都市部へ転居もし、その後いくつかの職を転々としながら、子どもたちを大学にも行かせた。60歳で最後の仕事を定年退職した。

　定年したのを機に、長男家族と同居をしようと思い立ち、Aさんから長男にその希望を申し入れた。ところが、長男の嫁の猛反対にあい、実現しなかった。どうやら、長男の嫁の言い分としては、「義父さんと義母さんとは、話も生活感覚も合わない。一緒に暮らしたら、こっちまで貧乏性になってしまう」というものであった。長男がAさんに白状したことで判明したものである。それだけならまだしも、嫁がBさんの倹約した暮らしぶりを馬鹿にした発言をAさんが耳にしてしまうエピソードがあり、それがAさんにはとても耐え難いものであった。それ以降、長男夫婦とは疎遠になっている。お酒は、ちょうどその頃から飲む量が増えていった。それまでは、晩酌もせず、付き合いで飲む程度。しかしこの頃から、晩酌時だけでなく、朝から飲むようになっていった。

　ある日、地域包括支援センターに、同居するAさんの長女が相談にきた。内容は、「介護保険を申請したいのですが、どうしたらよいでしょうか」というもので

あった。これまで特に介護サービスを利用せずにきたが、足の末梢神経に障害があり、しびれや感覚障害が強く、歩行がうまくできなくなってきている。かかりつけ医の整形外科医には、アルコール性の末梢神経障害であること、また、アルコール依存症の診断も受けている。また、アルコール性の認知症症状らしきものもでていて、アルコールの専門治療を専門医療機関でうけるようにすすめられている。

　妻は、無職で、本人につきっきりで世話をしている。Aさんの機嫌が悪くなると、ののしられたり、暴言を吐かれたりしている。長女は母親に、Aをはやく専門病院に入院させるようにいうが、Bは、何も言わない。

　長女は、「介護保険の相談がしたい」とのことで電話をしてきたが、社会福祉士が話をきいているうちに、「実は父をアルコールの専門病院に入院させたいのだが、どうしたらよいでしょうか」という相談に切り替わっていった。長女曰く、日中は自分は仕事で留守にしているため、父親の世話をするのは母親1人になってしまうのがどうにも気がかりでならない、という。Aさんは体格がいい。Bさんは、近くに友だちがいるようなタイプではない。寡黙で、父親と一緒にいても日中ほとんどしゃべることがないのではないかという。

　Aさんに一度アルコール依存症の専門治療をうけるように言ってみたことがあるが、「おまえもC先生といっしょか」と、かかりつけ医のことを引き合いにだし、暴言がとまらなくなった。それ以降、何も言えない。しかしこの頃は、娘であることもわかっているのかどうか。

　母親に、最近お酒の量はどうなっているかを聞くが、「大丈夫。以前は日本酒だけだったが、今はビールと缶チューハイを飲むようになった。ビールや缶チューハイは、日本酒よりも弱いから大丈夫。」と言っているとのこと。

　Aさんは最近は、ずっと布団から出てこない。足先が痛くてひどい時は、「酒をくれ」「買いにいってこい」とせがんでくるようだ。先日、布団の中に、「毛虫がいっぱい入り込んでいる。布団を交換しろ」と大騒ぎになったらしい。妻と娘で、毛虫がいるのかどうかを確認したり、押入れの中の客用の布団と交換して何とか静まったが、長女がいない昼間には、あの暴言や命令口調を母1人で対応しているかと思うと居たたまれない。父親を専門病院に入院させ、その間母親をゆっくりさせてやりたいのだが。兄はかれこれ10年以上前に出て行ってしまった。私も結婚したい人がいたが、実家がこんな状況では結婚できないと覚悟を決め、3年前に当時付き合っていた彼氏とは別れた。

7. グループ作業の例示

時間：90分（90分×1コマ）

学生数：20名（小グループ討議　5名×4グループ）

　以下のような手順で、ミニレクチャー「アルコール関連問題と薬物依存」と演習「4つの痛みを想像する」を組み合わせた演習を進めていきます。ケースに登場するAさんに対する理解を深めるために、4つの痛みを想像してみます。各自ケースを読んでから、ケースに書かれていない痛みについても各自類推し、想像し、分析することでAさんの直面している4つの痛みを模造紙に書き上げていきます。模造紙には、Aさんの今の全身の姿勢をシルエットにかたどって描きます。線描きした全身に、具体的な痛みを書き込んでいきます。どの箇所にどのような痛みがあると考えるか、グループ作業として取り組みます。付箋紙に書いて張り出してもかまいません。

ねらい	演習の展開	時間	回数
本日の目的を共有する	演習目的を説明する	10分	第1回目
ミニレクチャー「アルコール関連問題と薬物依存」	ケースの理解を深めるためのミニレクチャー（クイズ形式）を行う	20分	
ケースについて考察を深める	ケースの概要を学生に説明してもらう	10分	
設定された演習課題について考察を深める	演習「Suffering body～4つの痛みをとおして人を理解する～」	30分	
振り返りとまとめをする	・小グループごとに発表する ・評価と解説を行う	10分	

8. 演習課題の設定と解説

1）演習前半のミニレクチャー（クイズ形式）「アルコール関連問題と薬物依存」では、ケースの背後に重層的にあるさまざまな課題を理解し、的確なアセスメントを行うために身に着けておくべき知識を盛り込みます。演習のウォーミングアップとしても効果があると考えられます。ケースのより深い理解につながります。アセスメントをとおして情報収集を行うことを学びます。

2）演習後半の演習「Suffering body〜4つの痛みをとおして人を理解する〜」では、その人の抱える問題状況の理解を深めるには、アセスメントを重ねて情報収集を継続して行い、他者を多面的に理解しようとしていく姿勢が問われることを目指します。

9. さらに学習を進めるための文献

小西加保留『ソーシャルワークにおけるアドボカシー──HIV/AIDS 患者支援と環境アセスメントの視点から』ミネルヴァ書房、2007 年

八木亜紀子『相談援助職の記録の書き方──短時間で適切な内容を表現するテクニック』中央法規出版、2012 年

野中猛『多職種連携の技術（アート）──地域生活支援のための理論と実践』中央法規出版、2014 年

4 面接技法①

事例のタイトル
来談者が安心できる面接の環境づくり

1. 実践レベル
☑ミクロ　　☑メゾ　　☑マクロ

2. 実践プロセス
☑インテーク　　☑アセスメント　　☑プランニング　　☑支援の実施
☑モニタリング　　☑効果測定　　☑終結とアフターケア

3. 相談援助の理念
人権尊重、社会正義、利用者本位、尊厳の保持、権利擁護、自立支援、社会的包摂、ノーマライゼーション

4. 実践モデル/アプローチ
多くの実践モデル/アプローチを展開する際に使用

5. 学習のポイント
①面接を行う際の望ましい視線のあて方を学ばせる。
②学生が相手に合わせた自己紹介ができるようにする。
③学生自らが望ましい面接の環境設定ができるようにする。

6. 事例の記述
　Ａ市の医療機関で実習を行っている実習生は、実習初日にソーシャルワーカーより相談室にて、次の問いを投げかけられました。
　「これから３人の患者様が相談室にやってきます。１人目は隣のＢ市で生まれ育った80歳の女性で、これから申請する介護保険についての話を聞きにきます。２人目は20歳の中国人留学生の男性で、自分が活用できる医療制度についての説明を受けにきます。３人目は自分の病気に不安があるＡ市で生まれ育った30歳の女性で、ホームヘルパーです。この相談室で医師と看護師から病状の説明を受けるのですが、ソーシャルワーカーが立ち会うことになっています」。
　ソーシャルワーカーは、相談室の机と椅子を指して次のように言いました。「あなたなら、それぞれの患者様に対して自分がＡ、Ｂ、Ｃのどの座席に座り、ソーシャルワーカーとしてどのような自己紹介をしますか。また、どのような点に気をつけて患者様をお迎えしますか」。

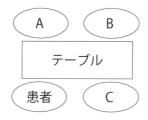

　このような問いかけをされた実習生は、しばらく考えこんでしまいました。

7. 事前学習の課題例
　事前学習では、多様なクライエントに対する対応が可能になるように、できるだけ多様性を理解する機会をつくることが大切です。そのため、多様な人々（育った文化、ジェネレーション、職業等）に対するコンタクトのあり方について、調べてくる課題を

出します。

　また可能であれば、さまざまな機関における相談室を見学し、どのような環境のもとで面接を行うのが望ましいのかを考えてきてもらいます。もし相談室の見学が難しい場合には、日常生活のなかでどのような時に A、B、C のポジションが成り立つのかに注目するよう伝えるとよいでしょう。

8. ロールプレイの例示
　学生同士で患者とソーシャルワーカー役になり、3 人の患者に対し、座る場所と自己紹介を実践してみましょう。そのうえで、気づいたこと、感じたことについて意見交換してみましょう。

　その後教員より、学生達の気づきに対するコメントを行い、3 人の患者に対応した座る場所と自己紹介の仕方について説明します。

9. グループ作業の例示
作業 1
　面接を行ううえで、望ましい面接室の内装をグループごとにデザインしてもらいます。その際、面接室には何を置いたらよいのか、なぜそれを置く必要があるのかを合わせて考えてもらいます。そして、グループごとにデザインを発表し、クラスで共有します。

　その後教員より、学生たちの発表に対するコメントを行い、望ましい面接室のあり方について説明します。

作業 2
　初回面接で相手との信頼関係（ラポール）を築くためのソーシャルワーカーの姿勢と、信頼関係が築けないソーシャルワーカーの姿勢はどのようなもので、どのような違いがあるのかをグループで話し合いってもらいます。そして、グループごとにそれらを発表し、クラスで共有します。この場面についてロールプレイを取り入れるのもよいでしょう。

　その後教員より、学生たちの発表に対するコメントを行い、信頼関係を築くためのソーシャルワーカーの姿勢について説明します。

10. 演習課題の設定と解説
1. あなたがソーシャルワーカーなら、3 人の患者に対して自分が A、B、C のどの座席に座りますか

これは、相手が育った文化とその場の目的により、クライエントとソーシャルワーカーのポジションを変更することの理解を促す課題です。
　例えば、1人目の患者は日本の文化のなかで生まれ育った高齢者であり、往々にして凝視されることに慣れていないと考えられます。そのため、ソーシャルワーカーが真正面のAの位置に座ることで、相手に圧迫感を与える可能性があります。できればBの位置に座り、少し視線をそらす余地を生みだす配慮が必要となります。
　2人目の患者は中国の文化のなかで育っており、多くは視線を見続けることが礼儀とされています。そのため、ソーシャルワーカーはAの位置に座ることが望ましいでしょう。
　要は、相手の文化に合わせた視線のあて方をすることが求められていますので、クライエントがどのような人なのかにより、座る位置や視線のあて方を変えることが重要です。ただし、「日本人だから」「中国人だから」とステレオタイプな判断をするのではなく、それらはあくまでも目安としてとらえ、個々人に合った対応をすることが必要です。
　3人目の患者は自らの病気に不安があり、これから医師や看護師という医療職からの話を聞くことになります。そこで、ソーシャルワーカーとしては不安な心境を支え、必要に応じて患者の言葉を代弁したり、医療職からの言葉を「通訳」する必要があるでしょう。その場合には、近い距離であるCの位置に座ることが最も適切だと考えられます。

2. あなたがソーシャルワーカーなら、3人の患者に対してどのような自己紹介を行いますか

　これも課題①と同じく、相手に合わせた自己紹介の仕方を考える必要があることを理解してもらうための課題です。
　例えば、1人目の患者は80歳で介護が必要ということで、丁寧にソーシャルワーカーの役割を説明する必要があるかもしれません。表2−3は、高齢者との話し方の留意点をまとめたものです。「ソーシャルワーカー」とカタカナで話しても伝わりにくい場合があります。よく馴染んでいる日本語で説明するとよいでしょう。

表2-3 高齢者との話し方の留意点

話しの速さ、ペース	意識してゆっくりと話してください。
言葉と言葉の間を区切る	言葉と言葉の間を区切って話しをしてください。
文章を短く区切る	1つの文章では1つのことだけを説明するようにしてください。
抽象的な言葉は避ける	抽象的な言葉や言い回しはできるだけ避けてください。 できるだけ具体的な例をあげて話すようにしてください。 相手が理解しにくいようだと感じたら、言葉を言い換えたり、補足説明をしながら話しをしてください。
声のトーン、高さ	女性の高い声は、高齢の方ほど聞き取りにくくなります。 適切な高さで話すことを心がけてください。

出典　全国社会福祉協議会地域福祉部『日常生活自立支援事業　生活支援員の手引き』p.59、2008年

　また2人目の患者は中国人の留学生ということで、日本語はある程度話せることは想定されますが、日本と中国とのソーシャルワーカーの仕事内容のイメージに違いがあるかもしれませんので、具体的な仕事内容の例を挙げることや、文章や写真等で伝えることも望まれるでしょう。

　3人目の患者はホームヘルパーということで、比較的ソーシャルワーカー業務に関する理解が高い可能性がありますので、「ソーシャルワーカー」という職名をそのまま伝えてもよいかもしれません。

　ただし、やはりいずれの場合にも個別化をしたうえで、その人の理解度に応じた自己紹介が求められることは言うまでもありません。

3. 初回面接で患者を迎える面接環境としては、どのような点に配慮しますか。相談室の環境とソーシャルワーカーの姿勢の2つの側面から考えてみましょう

　この課題は、学生自らが望ましい面接の環境設定ができるようになるため、理解をしておかなければならない点について学ぶものです。

　まず相談室の環境としては、面接室の機密性が確保されていること、部屋の色彩は暖色系で調和がとれていること、部屋は明るすぎず暗すぎず、テーブルと椅子を置いてもゆとりがある広さであること、座りやすい椅子やテーブルであること等が考えられます。

　椅子とテーブルの他に、面接室には何がどこに置いてあればよいかを学生に考えさせるのもよいでしょう。「9．グループ作業の例示」で書いたように、グループごとに配置図を書かせて発表・共有するとよいでしょう。

　学生たちから出される物品の例としては、制度説明のチラシ、各種の申請書、制度要覧、時計、カレンダー、ティッシュボックス、筆記用具、一輪差し等が挙げられる可能性があります。学生達から出された物品については、その必然性を考えさせるように促します。そして、面接にとって望ましい環境設定とは何かを認識してもらいます。

次にソーシャルワーカーの初回面接時の姿勢については、クライエントとの信頼関係を築くことを主眼におき考えてもらうようにします。

　マイクロカウンセリングによると、最初に相手とかかわるときの援助者の姿勢である「かかわり行動」として、以下の点が挙げられています[7]。文化的に適合した視線の位置（相手の文化にあわせた視線のあて方を行う）、言語追跡（相手の話の内容を言語で追跡すること）、身体言語（援助者が関心をもって話しを聞いていることを、身体全体で表現すること）、声の質（援助者は自然で温かみのある声に留意すること）。学生達に実際に基本的かかわり行動を実施してもらうことをとおして、初回面接ではいかにソーシャルワーカーの姿勢が相手に大きな影響を及ぼすのかを、身を持って体感してもらうことが大切です。

　この点について深めるためには、無視と傾聴のワークを行うのもよいでしょう。5、6人ずつのグループに分かれ、同じテーマについて2パターンの会話を行います。

　最初のパターンは、話し手を他のグループメンバーが無視することです。1人につきテーマに沿って1分間話をするのですが、他のメンバーは完全に無視をします。1分話したら隣の人が同じく無視をされるなかで話し続けます。その人が終わったら隣の人というように、全てのメンバーが無視する側とされる側を経験します。次のパターンは傾聴です。やはり同じ順番で、1人につき1分間ずつテーマに沿った話をしますが、他のメンバーは相手の話を受けとめる傾聴に徹します。それをメンバーの数だけ繰り返します。

　そして、2パターンの会話が終わった後に、同じ1分間でどのように心理的な影響が異なるのかをグループで話し合い、共有します。多くは、無視された場合には話す意欲がそがれる、むなしくなる、時間が長いという感想を持つ一方で、傾聴されるともっと話したくなる、楽しくなる、時間が短いという感想を持ちます。その後の教員の役割は、2パターンの会話の違いについてまとめ、どのようなときに「無視」や「無視に準じたシチュエーション」になりがちなのかについてコメントします。

　このワークを行うことで、いかに聴き手側の姿勢が話し手の心理に大きな影響を及ぼすかが実感できます。そして、どの様な聴き方をすれば、話し手が聴き手に信頼感を持つのかに気づくことができます。

　なお、今回、学習課題としては設定していませんが、相手との適切な目線の位置を体感するワークを取り入れることも有効です。2人1組になり、1人が座り1人が立ったまま話をします。さらに、立っている人は靴を脱いで椅子に立ち座っている人を見降ろ

7　福原眞知子・アレン.E.アイビイ・メアリ.B.アイビイ『マイクロカウンセリングの理論と実践』風間書房、pp.42-53、2004年

して、話を続けます。ある程度の時間がきたら立場を交替し、同じ手順で話をします。

これは、互いの目線が異なることにより、どのような心理的影響があるのかを実感してもらうワークです。1人が座り1人が立っている状態は、例えば車椅子に乗っている人と押している人の構図になります。また、1人が椅子の上に立つと、寝ている人と立っている人の距離感になります。それにより、心理的圧迫感や優位性の違いが生じることがあるため、目線の高さを合わせることが必要なことが実感できます。

11. さらに学習を進めるための文献

1) 岩間伸之『対人援助のための相談面接技術〜逐語録で学ぶ21の技法〜』中央法規出版、2008年
2) 福原眞知子・アレン.E.アイビイ・メアリ.B.アイビイ『マイクロカウンセリングの理論と実践』風間書房、2004年
3) M.ハーセン、V.B.ヴァンハッセル編、深澤道子監訳『臨床面接のすすめ方〜初心者のための13章〜』日本評論社、2001年

5 面接技法②

事例のタイトル
来談者を理解するための話を聴く技術

1. 実践レベル
☑ミクロ　　☑メゾ　　☑マクロ

2. 実践プロセス
☑インテーク　　☑アセスメント　　☑プランニング　　☑支援の実施
☑モニタリング　　☑効果測定　　☑終結とアフターケア

3. 相談援助の理念
人権尊重、社会正義、利用者本位、尊厳の保持、権利擁護、自立支援、社会的包摂、ノーマライゼーション

4. 実践モデル／アプローチ
多くの実践モデル／アプローチを展開する際に使用

5. 学習のポイント

①情報収集を行うための質問技法・観察技法を学ぶ。
②情報整理を行うための明確化と要約技法を学ぶ。
③相手を受けとめるための感情の反映技法を学ぶ。

6. 事例の記述

A市の医療機関で実習を行っている実習生は、ソーシャルワーカーより「先日行った患者様との面接の逐語録をまとめたのですが、あなたがソーシャルワーカーならどのように対応をするか考えてみてください」と、逐語録を渡されました。逐語録は次のようなもので、ソーシャルワーカーの部分が所々空いていました。

○月○日、Cさん(女性、40歳、A市在住、婦人科通院)と相談室にて初回面接

SWとCさん(CL)の言語的コミュニケーション	Cさんの非言語的コミュニケーション
SW 1：今日はどのようなことでいらっしゃいましたか？	Cさんは紺色のカーディガンに白いブラウス、花柄のスカートをはき、薄化粧であった。全体的に清潔感があり、キチンとした印象を受けた。相談室に入ってくるなり、落ち着きのない目線で終始あたりを見回していた。ソーシャルワーカーより自己紹介をした後に、Cさんに座っていただいた。
CL 1：私、来月こちらの病院に入院して、手術を行うことになったのです。	ソーシャルワーカーの問いかけに対し、Cさんはうつむき加減で話しはじめた。
SW 2：(　　　　　　　　　　)	
CL 2：主治医の先生からは、子宮筋腫と診断されました。それで、入院中の子どものことが心配なのです。	下を向いたままハンカチを握りしめている。
SW 3：(　　　　　　　　　　)	
CL 3：はい、5年前に夫と離婚して、今は小学2年生の子どもと2人暮らしです。いつも私が仕事から戻るまで子どもは学童保育に通っていて、職場から学童保育に迎えに行き一緒に帰宅しています。でも、私が入院してしまったら子どもはどうなるのかと思いまして……。近くに親がいればいいのですが遠くの県に住んでおり、母が父を在宅で介護しているものですから、実家に預けることもできません。また、この近くに預けられる親戚もいないのです……。	少し涙ぐみながら、時々溜息をつく。
SW 4：(　　　　　　　　　　)	
CL 4：入院、手術とその後の期間を考えると、10日間程は子どもの世話ができないのではないかと主治医の先生から言われました。	ソーシャルワーカーの目を覗き込むように見る。
SW 5：(　　　　　　　　　　)	
CL 5：そうです。この間、子どもを預かってくれるところはないかと思いまして、御相談したくて参りました。	眉間にしわを寄せながら消え入りそうな声で話す。
SW 6 (　　　　　　　　　　)	

CL 6：はい、できれば子どもはそこから小学校に通うことができ、この病院にも近い場所が良いです。 SW 7：そうなりますと、A市の行っているショートステイか、児童相談所の一時保護が利用できるではないかと思います。一度、利用可能かどうか確認してみましょうか。	顔をあげて自分の希望を明確に話す。
CL 7：はい、お願いできますか。 SW 8：ところで、Cさんの御入院予定はいつですか？ CL 8：先生からは来月の20日はどうかと言われています。 （以下、略）	顔を上げてソーシャルワーカーの目をじっと見つめる

7. 事前学習の課題例

　事前学習では、ソーシャルワーク論等の講義で学んだ面接技術について復習するよう伝えます。頭で理解していることと、学生が実際にできることには隔たりがありますが、まずは正確な知識を理解することが基本です。

　可能なら、面接場面のDVDを見せるなど、実際の面接場面のイメージが持てるようにします。

8. ロールプレイの例示

　患者役、ソーシャルワーカー役、観察者役を決めて、逐語録の場面についてロールプレイを行います。ロールプレイ終了後には、それぞれの役の人から感想を出し合います。場合によっては、1つのグループが代表でロールプレイを行ったり動画を撮影し、それを他のメンバーが観察してコメントするのもよいでしょう。

　教員はラウンドを行い、時間管理とロールプレイの進行が滞っているグループへの助言を行います。

9. グループ作業の例示

　面接の過程でCさんはどのような心境からどのような心境に変化したと思われるのか、グループで話し合ってみましょう。

　また、あらかじめグループごとに、逐語録のソーシャルワーカー2、3、4、5、6の対応例を考えた後に、別のグループから出された患者役とのロールプレイを行います。そして、それぞれの感想を出し合ってみましょう。

10. 演習課題の設定と解説

1. あなたがソーシャルワーカーなら、どの様な点に焦点を当てて相手を観察しますか

　これは、相手から客観的情報を得るため、相手のどのような面に焦点化して観察するのかを考えさせるための課題です。そのためには、表2-4にあるノンバーバル行動、

すなわち非言語的コミュニケーションの種類と、それぞれがどのようなメッセージを持っているのかを学ぶ必要があります。

表2-4　ノンバーバル行動のリスト―カウンセリング場面

1. 時間的行動	（1）面接の予約時間（遅れて来る／早く来すぎる）
	（2）面接の打ち切り時間（打ち切りたがらない／早く打ち切りたがる）
	（3）肝心の話題に入るまでの時間
	（4）話の総量・グループ面接の場合は話の独占量
	（5）問いかけに対する反応時間（沈黙／など）
2. 空間的行動	（1）面接者や他のメンバーとの距離
	（2）坐る位置
	（3）カバンなど、物を置く位置
3. 身体的行動	（1）視線・アイコンタクト（凝視する／視線をそらす／など）
	（2）目の表情（目をみひらく／涙ぐむ／など）
	（3）皮膚（顔面蒼白／発汗／赤面／鳥肌／など）
	（4）姿勢（頬づえをつく／肩が上がったままこわばる／うつむく／身をのり出す／腕をくむ／足をくむ／半身にそらす／など）
	（5）表情（無表情／顔をしかめる／微笑む／笑う／唇をかむ／泣く／など）
	（6）身振り（手まねで説明する／握りこぶし／肩をすくめる／など）
	（7）自己接触行動（爪を噛む／体を掻く／髪をいじる／鼻をさわる／口をさわる／指を組み合わせる／など）
	（8）反復行動（貧乏揺すり／体を揺する／手による反復行動／ボタン・服・ハンカチなどをもてあそぶ／鼻をかむ／など）
	（9）意図的動作（指さす／（同意）のうなずき／（否定）の頭ふり／メモをとる／など）
	（10）接触（注意をうながすために相手にさわる／握手する／など）
4. 概観	（1）体型
	（2）服装（派手／地味／慎み深い／きちんとした着こなし／だらしない着こなし／アンバランスな着こなし／など）
	（3）髪型（よく変わる／変わらない／手入れが行きとどいている／手入れが行きとどいていない／など）
	（4）化粧（有・無／濃い／薄い／若作り／セクシー／など）
	（5）履物
	（6）携行品
5. 音声	（1）語調（明瞭／不明瞭・口ごもる／声をひそめる／よわよわしい／抑揚がない／子どもっぽい／吃る／など）
	（2）音調（ハスキー／かん高い／低い／など）
	（3）話し方の速さ
	（4）声の大きさ
	（5）ことばづかい（正確／不正確／かたい／やわらかい／ていねい／ぞんざい／ことばづかいの一貫性／など）

出典　春木豊編著『心理臨床のノンバーバル・コミュニケーション～ことばでないことばへのアプローチ～』川島書店、p.58、1987年

　最初に教員から例を挙げて説明し、学生に課題の意図を伝えます。例えば、「1. 時間的行動の（5）問いかけに対する「沈黙」がありますが、あなたが質問をされた際に

沈黙するのはどのようなときですか」と問いかけます。答えとして、「考えているとき」「答えたくないとき」「質問の意図がわからないとき」が出されるとします。それぞれについて、教員から対処方法をコメントします。「相手が考えているときはそのまま待つ」「相手が答えたくなさそうなときには質問を変える」「相手に質問の意図が伝わっていないようなら意図が伝わるよう質問の仕方を工夫する」等です。すなわち、非言語的コミュニケーションから読み取れるメッセージと、それに対する対処方法を考える必要がある旨を伝えるのです。

そして、学生同士で諸々の非言語的コミュニケーションに含まれるメッセージと、それへの対処法を検討してもらいます。

加えて、この課題は相手の非言語的コミュニケーションの観察に留まるのではなく、ソーシャルワーカー自身が相手に対して、どのような非言語的コミュニケーションによるメッセージを発しているのかを認識する必要があることを伝えていきます。

2. あなたがソーシャルワーカーなら、逐語録のソーシャルワーカー2、3、4、5、6ではどのような対応を行いますか

ソーシャルワーカー2、3、4、5、6の対応部分を抜粋すると以下のとおりとなります。

> CL1：私、来月こちらの病院に入院して、手術を行うことになったのです。
> SW2：（どのような御病気なのでしょうか。）
> CL2：主治医の先生からは、子宮筋腫と診断されました。それで、入院中の子どものことが心配なのです。
> SW3：（Cさんの心配事について、具体的にお話いただけますか。）
> CL3：はい、5年前に夫と離婚して、今は小学校2年生の子どもと2人暮らしです。いつも私が仕事から戻るまでは、子どもは学童保育に通っていて、職場から学童保育に迎えに行き一緒に帰宅しています。でも、私が入院してしまったら子どもはどうなるのかと思いまして……。近くに親がいればいいのですが遠くの県に住んでおり、母が父を在宅で介護しているものですから、実家に預けることもできません。また、この近くに預けられる親戚もいないのです……。（Cさんは少し涙ぐんでいる）
> SW4：（そうなのですか、それは御心配ですね。）
> CL4：入院、手術とその後の期間を考えると、10日間程は子どもの世話ができないのではないかと主治医の先生から言われました。
> SW5：（そうなのですか。主治医からは10日程の療養が必要と言われたのですね。）
> CL5：そうです。この間、子どもを預かってくれるところはないかと思いまして、御相談したくて参りました。
> SW6：（Cさんとしては、入院中に安心して子どもさんを預かってくれる場所を探しているのですね。）
> CL6：はい、できれば子どもはそこから小学校に通うことができ、この病院にも近い場所がよいです。

以上のように、SW2では病気の内容を問う「どのような御病気なのでしょうか」という、開かれた質問を活用しています。

同じくSW3でも、心配事の中身を掘り下げるために「具体的にお話いただけますか」という、開かれた質問で問いかけています。

SW4では、Cさんの言語・非言語的コミュニケーションより、ソーシャルワーカー

は心細い気持を察し、「それは御心配ですね。」と感情の反映技法で対応しています。

SW 5では、内容の確認を行うために、Cさんの話のなかのキーワードである「10日程」を繰り返し技法で対応しています。

SW 6では、Cさんの言葉を受けて、「入院中に安心して子どもさんを預かってくれる場所」と言い換えの技法を用いて対応しています。

この話はもっと続くと思われますが、その場合には話の最後に要約技法を用いて要点を整理することが必要になるでしょう。

3. あなたがソーシャルワーカーなら、Cさんの感情や話を受けとめるために、どのような点に配慮して面接を行いますか

ここでは、感情の反映技法の活用に留まらず、相手を受けとめるための聴き方を考えてもらうことが課題です。例えば、相槌を打つ、促しの言葉がけを行う、逐語録にあるように相手の話に対して「そうなのですか」と受容的な反応を示した後に、話を続ける等が挙げられるでしょう。

上記の点を認識するには、自分がどのような相槌を行っているのかを可視化するワークを実施するとよいでしょう。グループになり、一定時間（5～10分）何らかのテーマに基づいた話し合いをします。その間、自分はいつもどおりの相槌を行いながら、他のメンバーの相槌を観察します。そして、話し合いが終わった段階で、各人がどのような相槌を行っていたのかを意見交換します。

また、「話を促すうえで効果的な相槌」と「話を促すうえで効果的でない相槌」とはどのようなものかをグループで検討し、全体で共有します。これにより、それまで無意識に行っていた相槌の仕方を見つめなおすことができ、受容的な話の聴き方とはどのようなものかを認識できるようになります。

11. さらに学習を進めるための文献

1) 岩間伸之『対人援助のための相談面接技術～逐語録で学ぶ21の技法～』中央法規出版、2008年
2) 福原眞知子・アレン.E.アイビイ・メアリ.B.アイビイ『マイクロカウンセリングの理論と実践』風間書房、2004年
3) M.ハーセン、V.B.ヴァンハッセル編、深澤道子監訳『臨床面接のすすめ方～初心者のための13章～』日本評論社、2001年

6 実習体験を材料にした実技指導

事例タイトル
実習生のプロセスレコード検討からの学び

1. 実践レベル
☑ミクロ　　□メゾ　　□マクロ

2. 実践プロセス
☑インテーク　　□アセスメント　　□プランニング　　□支援の実施
□モニタリング　　□効果測定　　□終結とアフターケア

3. 学習のポイント
①プロセスレコードを記述することから自己省察力を高めるとともに、自身の実践の根拠をソーシャルワークの倫理・価値、実践モデル/理論などを活用して言語化できる。
②授業内で共同省察をすることから、個々の学生の実習体験と比較し、相互の共通点や相違点について探る。
③個々の学生の自己課題を明確にし、省察力を高め、自身のアクションプラン（行動計画）につなげることができる。

4. 事例（ビネット）
　医療機関（回復期リハビリテーション病院）で実習を終えたK君は、実習中に担当したAさんとの面談場面で感じたジレンマについて相談援助演習で発表することになりました。そこで、Aさんとの応答場面で印象に残った場面（インシデント）を逐語録として記述し、考察した内容を加え、プロセスレコード（表2―5）としてまとめ、発表しました。

5. 事前学習の課題例
　実習中に印象に残った場面（インシデント）を逐語録として記述したうえで、表2―5のプロセスレコードを作成することを事前課題として提示します。その際の留意点としては、①学生自身の実践に焦点を当て記述し考察すること、②学生自身による実践の根拠についてソーシャルワークの倫理・価値・実践モデル/理論などを活用して記述す

ること、③個人情報保護及び秘密保持の原則の観点から個人及び施設が特定できないよう記述することなどを指示することが必要です。

6. ロールプレイ及びグループ作業の例

1. 演習の目的

本演習は、個々の学生の実習中の実践をプロセスレコードとして記述するとともに学生相互で検討することによって、自己省察力を高めることを目標とします。また、自身の実践をソーシャルワークの倫理・価値及び理論／モデルなどを活用し提示することによって、自身の実践を根拠に基づいて説明できるようになることも目標とします。

具体的には、本演習は1人の学生のプロセスレコードを題材に1コマ分（90分×1回）の授業としています。

2. 演習の概要

設定：相談援助実習を終えて、自己省察力を高めるためのプログラム
テーマ：プロセスレコードを活用したシナリオロールプレイ
時間：90分のプログラム
学生数：20名（5名×4グループ）
演習は表2-6の手順で展開していきます。

表2-5　プロセスレコード

学生番号：○○○○○○○			氏名：K. H
場面（インシデント）・状況・ターゲットシステムについて			
日時：20○年9月21日（金）15時頃　実習12日目 【場所】待合室前のソファー 【登場人物】Aさん、82歳女性。脳梗塞（左片麻痺）の後遺症でB回復期リハビリテーション病院に入院中。 【場面・状況】待合室のテレビの前のソファーで座っていたAさんとの応答場面。 【ターゲットシステム】ミクロレベル（Aさんとその家族）			
この場面・状況を選んだ理由　テーマ： 　Aさんは、長男夫婦と同居。重度の左片麻痺がありながらも熱心にリハビリテーションに取り組み、室内であれば身辺自立できるまでに回復しつつある。自宅への退院後のプランとして、リハビリテーションを継続する目的でデイケア利用を勧めているが、Aさんは頑なに利用を拒否している。Aさんの思いやペースに添ったアプローチであったのか振り返りたいと考え、本場面を提示した。			
CL（関係者）の言動・行動・状況 （逐語録）	自身が考えたこと・感じたこと	自身の実践 （根拠：SWの倫理・価値・実践モデル／理論）	考察・評価・検討事項 （気づき・考察・検討すべき課題）

Aさんは、待合室前でテレビを観ていた。その表情は暗く、テレビの内容に興味を示していない様子が伺えた。	Aさんと話をしたいと思っていたところ。ちょうど良い機会だと考えた。	①「Aさん、こんにちは。昨日、お話させて頂いた実習生のKです。少しお話しても良いですか」	自身のペースで面談が展開されている。また、自身の一方的な思い、ここでは信頼関係を構築したいとの思いが先立ち、Aさんの状況を理解しようとしていないことに気づいた。
②……。(沈黙) 視線が合わない。ぼんやりとテレビを観ている。しかし、左手の拘縮を防止するためのリハビリを自分自身で行っている。	今日も沈黙されてしまった。焦りを感じた。私の事を覚えていないのか？テレビもぼんやり観ていて、集中していない様子。何かあったのか？Aさんと時間と空間を共有することで、Aさんが何を考え、感じているかについて理解したいと考えた。	Aさんの横に座り、一緒にテレビを観てみる。	
④「まだダメなんや。まだ……」と言いながら、左手のリハビリを続ける。	頑張っているAさんを励ましたいと思った。	③「えーっと、Aさんは毎日リハビリ頑張っていますね」(エンパワメントアプローチを試みた) ⑤「ダメなことありませんよ。毎日リハビリ、頑張っているのに」	Aさんの思いを受けとめずに否定してしまっている。ここでは、「ダメなんや……」という言葉を深める質問をするべきだった。
⑩「まだ家には帰れない」と言って、左手を叩く。	え？　家に帰りたくないってどういうこと？　家屋評価も終わり、住宅改修が始まっているのに……。リハビリも積極的に行っているし……。Aさんはご自身の障害を受容できていないのではないだろうか？「まだ家に帰れない」という言葉にAさんのどのような思いがあるのだろうか？Aさんの長男夫婦は積極的に退院準備を進めている。何か家族関係に問題があるのだろうか？		Aさん自身の思いをしっかりと言語化する力、リハビリに熱心に取り組むといったストレングスが見られたことに気づかなかった。
		⑪「……（沈黙）」「息子さん夫婦は帰って来て欲しいと言っておられましたよ」	「まだ家に帰れない」とのAさんの言葉を否定し、こちらのペースで展開しようとしている。

| ⑳「帰るためには、料理がつくれんと……」 | 料理はお嫁さんがつくってくれるのでは？料理をつくれるようになるためにリハビリに励んでいたのか？ | ㉑「お嫁さんがつくってくれると言ってましたよ」 | 共働きの長男夫婦のために、Aさんは食事をつくるという役割を持って生活していたことに気づいた。リハビリに熱心に取り組んでいたのは、家庭のなかでの役割を持ち続けられるかとの不安だったのかもしれない。 |

このことから学んだこと

自身のペースでAさんとの面談場面を設定し展開している。さらに、Aさんが現在の状況をどのように感じているかについて寄り添ったコミュニケーションとなっていないことが理解できた。特に⑪の会話は、なんと答えてよいかわからず、見当違いな質問をしている。Aさんの長男夫婦が、Aさんを大切にしていることが家屋評価の際の居室の状況などからも察することができ、何が自宅への退院を阻んでいるのかが理解できなかった。しかし、家庭のなかで食事を作る役割が維持できないといった役割喪失に対しての不安を持っていることが理解できた。また、この場面に見られるAさんのストレングスにも気づくことができた。

アクションプラン

ソーシャルワークの価値・倫理、実践モデル／理論に基づいた実践となっていない。今後は、自身の実践がどのような考えや判断の下になされたのか、言語化するように努力したい。

表2-6　相談援助演習の展開例

ねらい	演習の展開	時間
各学生自身の実習体験と比較するとともに、K君の課題から共通点や相違点について探る	グループをつくり、グループ内リーダーを選んだ後、K君のプロセスレコードの概要及び検討の目的について聞く	10分
K君自身の実践の根拠をソーシャルワークの倫理・価値、実践理論／モデルなどを活用して言語化できる	K君の課題を確認するとともに、K君のプロセスレコードを下に、シナリオロールプレイをF君と実施し、他の学生や教員からのインタビューに答えながら演じていく	40分
各学生の省察力を高め、多様な気づきや価値の存在について理解する	グループ内での気づきについて検討をしたうえで、リーダーが発表し全体シェアリングする	20分
自身の気づきを言語化することができるようになるとともに、学びを深める	K君、F君（Aさん役）による気づきの発表をするとともに、教員からもフィードバックする	20分

　学生K君が提出したプロセスレコードの逐語録の部分を材料にシナリオロールプレイを実施します。その際に、他の学生F君がCL役を演じます。教室内に実習場面を再現します。AさんとK君がどの位置に、どのように座ったか、Aさんの視線はどこにあったかなど、非言語も含めてインタビューしながら場面を再現していきます。インタビュー内容としては、SWr役、CL役としての言動の根拠や感情の動きについて、またどのように対応すべきであったか等について検討していきます。一通り終わった後に、各学生たちの気づきをシェアリングすることも重要です。この作業は、個々の学生の体験を言語化、共有化していくプロセスでもあります。

7. 演習課題1 - 事前課題 -

　事前課題であるプロセスレコードを各学生が記述することにより、各学生の相談援助実習での体験や実践を振り返ることで、省察力を高めることにつながります。記述に際して、単なる反省にとどまらず、自身の実践及び実践の根拠を言語化すること、秘密保持の原則を守ることなどの指導が必要です。

8. 演習課題2 - グループディスカッション -

　シナリオロールプレイを終えた後、個々の学生の気づきについてグループ内で発表し、グループ内で検討及び共有していきます。その際の留意点として、表2―8のワークシートを活用します。

表2-7　ロールプレイ

Fさん（CL役）：じっとテレビを観る。
教員（監督役）：K君、CLはどんな風に座っていた？
K君（SWr役）：ぼんやりと背中を丸めて、麻痺側の拘縮した左手を右手で何度も伸ばしながら観ていました。
教員：F君演じてみてくれる。K君はその様子を見てどのように思ったの？
Fさん：リハビリを熱心にしているなぁ……と、そしてぼんやりしているので、何かあったのかなぁ……とも思いました。
他学生D君：ではK君、そんなCLにどのように声をかけ、横に座ったの？
K君：えーと、「こんにちは、少しお話してよいですか」と声をかけてCLの横に座りました。
他学生D君：横って、どの辺り？　そしてどの程度の距離で？　実演してみてくれる？　そのとき、CLはどんな表情でした？
K君：全くこちらを見てくれませんでした。返事もなく、やはりぼんやりとテレビを観ていました。
他学生Hさん：K君はその時、どう思いましたか？
K君：自分のことを忘れているのかな、もしかして認知症があるのかも、いや、昨日、デイケアを勧めて断られたから、もう自分とは話をしたくないのかも……。いろいろ考えました。
他学生Hさん：そう、いろいろ考えたのね。CLはどんな番組を観ていたのかしら？
K君：えーっと、確か…料理番組……。あっ！毎日、この時間はこの番組を観ておられました。そうか……、料理に興味があったのか……。
他学生Hさん：それで、K君は次にどのように声かけしたの？
K君：「リハビリを熱心にしてますね」と……。
他学生Hさん：どんな気持ちで声をかけたの？
K君：CLと信頼関係形成をしたいと思って、エンパワメントしました。
他学生Pさん：F君、K君に声をかけられて、どんな気持ちになった？
Fさん：突然に声をかけられてびっくりしました。また、料理番組を観ているので邪魔だとも思いました。
他学生Pさん：F君、どうして欲しかったですか？
Fさん：ただ、ただ横に座って、一緒に料理番組を観ていて欲しかった。

Fさん：「料理がつくれんと……」
他学生M君：どんな気持ちでCLは言ったと思いますか？
Fさん：長男夫婦に美味しい料理をつくってやりたい。つくれるようになりたい……と思いました。
他学生M君：K君、もしCLの思いが理解できていたら、どんな返答になりましたか？
K君：「いつも長男夫婦を喜ばせようと思って、料理をつくってきていたのですね。ClはClは長男夫婦を大事に思っているのですね。」……と。
教員（監督役）：他にどのような返答が考えられますか？（学生全員に尋ねる）

他学生X：もう少しアセスメントしてみたいので、「いつもどのような料理をつくってきたのですか？」などどうでしょう。
他学生Z：Xさんと同じで、「料理がつくれないとどうなりますか？」と尋ねてはどうでしょうか？

教員（監督役）：では、K君とFさんのロールプレイを観察して、感じたこと、考えたことなどをシェアリングしましょう。
他学生O：CLが何のためにリハビリを頑張っているのか、その思いに触れないと、CLのためのプランニングとならないことが解りました。
他学生Y：エンパワメントは、CLを理解して初めてエンパワメントすることができると思いました。

教員（監督役）：K君、F君、最後にどのような気づきが得られたか、発表してみてくれますか？
K君：はい。リハビリに熱心なCLが退院後も継続したリハビリができるよう、デイケアを勧めていました。しかし、CLは長男夫婦に美味しい料理をつくってやりたい、またその役割を続けたいとの思いがあって、熱心にリハビリをされていたことに気づきました。リハビリすることが目的となってしまい、CLにとってどのような目的があって熱心にリハビリをされていたのか、その思いが聴けていなかった……。
F君：K君のCLへの一生懸命な思いは伝わってきました。

表2-8　ワークシート

【ワークシート】
　K君とF君が演じたシナリオロールプレイを観て、自身の実践の共通点や相違点、またK君のストレングスについて検討し、記述してみましょう。

自身の実践との共通点	自身の実践との相違点

【発表者のストレングス】

【自身のアクションプラン】

9. 演習課題3 - 全体シェアリング -

　グループ内でディスカッションした内容について、表2−8のワークシートに沿って発表し、全体共有していきます。その際の留意点としては、発表者へのフィードバックを行うとともに、発表者をエンパワメントすること、各学生自身のアクションプランに繋げていくことが重要です。

10. さらに学習を進めるための文献
1) 宮本真巳編著『援助技法としてのプロセスレコード』精神看護出版、2003年
2) 台利夫『ロールプレイング 新訂』日本文化科学社、2003年
3) ドナルド・A・ショーン『省察的実践とは何か - プロフェッショナルの行為と思考 -』鳳書房、2007年

7 社会的排除

事例のタイトル
社会的排除の状態にある多問題世帯への支援

1. 実践レベル
☑ミクロ　☐メゾ　☐マクロ

2. 実践プロセス
☑インテーク　☑アセスメント　☑プランニング　☑支援の実施
☐モニタリング　☐効果測定　☐終結とアフターケア

3. 相談援助の概念
社会的包摂　自立支援　人権尊重

4. 実践モデル／アプローチ
問題解決アプローチ

5. 学習のポイント
① ワーキングプア等から起こる社会的排除を理解させる。
② 社会的排除と社会的包摂との関係、そこでのソーシャルワーカーの使命を理解させる。
③ 多くの生活課題を抱える世帯に対しての、社会資源による支援方法を学ばせる。

6. 事例の記述（ビネット）
(1) 相談に至る経過
　Aさん（33歳）は高校卒業後、コンビニエンスストアーでアルバイト生活をし

て生計維持していた。20歳時に母親が病気のため死亡。昨年、近所のパブで働く東南アジア出身のBさん（当時26歳・長女あり）と知り合い、Aさんのアパートで Bさん親子と同居を開始した。

　先月、居酒屋で飲んでいるときに建築工務店で働く人と仲良くなり、「仕事したいなら社長に話してあげるよ」と言われ、翌日工務店に行くと社長から「社会保険は付けられないが、日払いでよければ週に3日は仕事あるよ」と話がありAさんはすぐに了解した。

　工務店での仕事の初日、高さ6mの足場から転落し左下肢を骨折。すぐにZ病院へ救急搬送された。病院の事務員が医療保険について聞いたところ、同行した社長は「労災を使わせることはできない。それは本人も了解している」と話し、Aさんは「国民健康保険はずっと保険料を払ってないので資格証明書です」と伝えた。困った事務員は地域医療連携室のCソーシャルワーカー（以下、Cワーカー）を呼んだ。

　Cワーカーは救急外来の医師に緊急手術が必要なことを確認し、それをAさんと社長、病院に来たBさんに伝え、「医療費については明日以後に皆で考えましょう」と話し手術の同意書を受理した。

(2) インテーク

　入院から3日後、CワーカーはAさんおよびBさんと面接して生活状況を確認した。聴取した内容は次のとおりである。なお、Bさんの日本語でのコミュニケーション能力は単語程度であり、主にAさんから聴取した。

　[生活実態の把握]
　①世帯構成：
　　世帯主　　Aさん（33歳）　父は離別　母は死別　兄弟なし
　　内縁の妻　Bさん（28歳）　東南アジア出身　日本人の夫あり　在留資格あり
　　内縁の妻の長女　（3歳）　父は日本人　日本国籍
　②生活歴：
　　Aさん：
　　　関東のY県X市で長男として出生。5歳時に両親が離婚し、以後は昼夜パートで働く母親と生活。小学校から高校と学力が低く、高校の卒業時（2000（平成12）年3月）は就職氷河期であったこともあり正規雇用の会社には就職できなかった。

　　　しかたなく近所のコンビニでのアルバイト生活となったが、週に3日程度し

かシフトに入れず月額7万円の収入であり、ハローワークに行って求職活動もしたが採用には至らなかった。20歳時に母親が死亡。引き続きアルバイトや派遣労働等で生計維持していたが、収入は多い月でも8万円程度であった。

昨年、近所のパブで働く東南アジア出身のBさんと知り合う。Bさんが日本人の夫からのドメスティックバイオレンス（以下、DV）に苦しんでおり、今も子どもと逃げていると聞き、Aさんは「助けてあげたい」と思い親子をアパートに招いた。以後は前述のとおり。

Bさん：

東南アジアW国出身。21歳時にブローカーを通じて在留資格「興行」を取得して入国し、Y県内の飲食店で就労。24歳時に飲食店の客であった男性と交際し妊娠。25歳時に入籍・出産して在留資格は「日本人の配偶者等」となったが、出産後に夫の浮気とともに暴力が始まり、耐えきれず子どもと家出。W国出身の友人宅に避難していたが夫に見つかり戻されてしまった。その後も暴力が続いたため再び家出し、Aさんと知りあったパブで働いていた。夫は今もBさん親子を探している様子。パブにも顔を出したとオーナーから聞いたようで、Bさんは「アパートにいつ夫が来るか心配」と。現在Bさんは妊娠しているようだが受診していない。

③家族や親族の状況：

Aさん：父親とは5歳時に離別。以後会ったことなく連絡先は不明。兄弟なし。

Bさん：W国に両親と兄弟姉妹5人。貧困地区に住んでおり援助は期待できない。入国後は給料の半分（月額3万円）を仕送り、結婚後も月額3万円（夫の給料から）を送金していた。夫は会社員で年収は不明。

④稼働状況

Aさん：主にコンビニでの夜勤アルバイト　月額10万円程度

Bさん：Aさんと同居後は就労していない

⑤預貯金の状況：

預貯金と現金で10万円程度。

⑥住居の状況：

和室2間と台所の2DKのアパート。家賃は月額5万円で滞納はなし。

⑦他法関係：

Aさん：国民年金は加入しているが20歳時から保険料未納。国民健康保険は保険料滞納のため、半年前までは「短期被保険者証」が、現在は「被保険者資

格証明書」(全額自己負担したのちに償還払い) が交付されている。
　Bさん：医療保険は夫の扶養家族 (協会けんぽ) だが、家出時に保険証を置いてきてしまい手元にない。
⑧病状と予後［主治医から病状確認］：
　　病名は左大腿骨開放骨折で、入院期間はリハビリテーションを含めて6か月の見込み。手術代を含め今月の医療費は、全額自己負担だと100万円程度かかる。
⑨今後の生活設計［Aさんの主訴］：
- これまで病気にかかったことがなかったので国民健康保険の保険料支払いは後回しにしていた。とても100万円を立替える費用はない。
- 工務店の社長には「社会保険はつけない」と言われ確かに了解した。友人の紹介でもあり、社長には迷惑かけたくない。
- 現在の手持金が10万円しかないため、今後のBさん親子の生活が心配である。
- けがを早く治して働きたい。本当は昼間に正社員として仕事に就きたい。これまでハローワークに何回も行って求職活動をしてきたが、資格や経験、自動車免許もないし、保証人になってくれる親族もいないので諦めている。
- これからもBさん親子、そして生まれてくる子どもと4人で生活していきたい
- 今一番心配なのは、入院中にBさんの夫がアパートを見つけ出し、Bさん親子を連れていかないかである。

　CワーカーはAさんやBさんとの面接、主治医からの病状確認、生活状況等から、Aさん世帯の生活課題をアセスメントし、それにもとづいて当面 (短期：1か月以内) のプランニングをした。

(3) 支援の実施
　Cワーカーは作成した支援計画 (プランニング) にもとづいて支援を開始した。
　入院から2週間後のある日、Bさん親子が来室した。Bさんは「夫、アパート、近くにいた、みつかってない、助けて、逃げたい」と泣きながらCワーカーに話した。

7. 事前学習の課題例

①文部科学省等で公表されているデータから、2000（平成12）年前後の「高校生の就職状況」（新規高卒者の、就職状況の推移・離職率の推移・無業者の推移）を調べる。

②厚生労働省等で公表されているデータから、最近の「国民健康保険の滞納世帯数等の推移」（国保加入世帯数・滞納世帯数・短期被保険者証交付世帯数・被保険者資格証明書交付世帯数）を調べる。

③社会的排除の意味、社会的排除とワーキングプアとの関係を調べる。

④事例を読み、Ａさん世帯の抱えている生活課題をアセスメントし、それに対する支援方法をプランニングする。

⑤事例を読み、入院から２週間後に来室したＢさん親子への緊急対応を考える。

8. ロールプレイの例示

　３人１組になり、Ａさん役・Ｂさん役・Ｃワーカー役を決め、インテーク時を想定したロールプレイを10分間行う。終わったら交代し、３つの役を体験する。

9. グループ作業の例示

①３人１組のロールプレイが終わったら、それぞれの役で感じた思いをディスカッションし、担当教員の指示によりクラス全体で共有する。

②事前学習の課題例①②③は、４人１組のグループをつくり、調べてきた内容を発表してまとめ、担当教員の指示によりクラス全体で共有する。

③事前学習の課題例④⑤は、４人１組のグループをつくり、各自が考えてきた内容を発表してまとめ、担当教員の指示によりクラス全体で共有する。

10. 演習課題の設定と解説

1. インテーク時のロールプレイから、生活課題を抱えているＡさんとＢさんの気持ちや思いを考えましょう

　この演習は、前述の「8. ロールプレイの例示」と「9. グループ作業の例示①」の手順により行います。

　ロールプレイから感じたＡさんの相談時の気持ち、つまり自身のケガによる医療費の捻出、Ｂさん親子の生活、入院中にＢさんの夫がＢさん親子を連れていかないかとの不安な気持ちです。また、高校卒業して15年間、ハローワークに行って求職活動を繰り返しているが、結局は非正規雇用での就労しかないといった現実があるでしょう。

　次にＢさんの気持ちはどうでしょうか。日本語がうまく話せないために自身の思い

が伝わらない葛藤、夫に見つからないかという恐怖感、しかも出産への不安があります。

このように複数の生活課題を抱えているAさん世帯の状況から、2人の不安感等を受講生がグループで発表し、クラス全体で共有することが目的です。その不安感を言葉や態度・表情から汲み取ったCワーカーは、どのような言葉かけをしたらよいかも考えていきます。

2. 事前学習の、①「2000（平成12）年前後の高校生の就職状況」、②「最近の国民健康保険の滞納世帯数等の推移」、③「社会的排除の意味、ワーキングプアとの関係」についてグループで発表し、「社会的排除」について考えましょう

この演習は、前述の「7. 事前学習の課題例①②③」と「9. グループ作業の例示②」の手順により行います。なお、①②のデータを担当教員がグループに示してもよいでしょう。

Aさんが高校を卒業したのは、2000（平成12）年3月です。文部科学省のデータによると、当時の新規高卒者の就職率は88.2％、無業者（就職も進学もしなかった者）は10.0％です。新卒時に無業であった場合は雇用保険の対象にならないので、セーフティネットが機能していないといえます。また、就職者の離職率は1年目26.3％、2年目14.7％、3年目9.6％と、3年目には50.6％が離職しており、若年者の失業問題は「社会への『参入・参加』が阻止された状態＝『排除』されている」といえます。

次にAさんは国民健康保険の保険料を長期間滞納しています。厚生労働省のデータによると、2014（平成26）年6月現在、国民健康保険の加入世帯数2095万のうち、滞納世帯は17.2％、短期被保険者証交付世帯は5.5％、被保険者資格証明書交付世帯は1.3％（約26万世帯）と24.0％が滞納しています。1.3％というと少なく見えますが、26万世帯の者はAさんのように医療費全額をいったん自己負担する必要があります。国民皆保険がわが国の社会保障の特徴ですが、保険料の未納があればサービスは受けられないといった社会保険の限界があります。

また事例では、工務店の社長から「社会保険はつけられないが、日払いでよければ週に3日は仕事あるよ」と言われて、Aさんは仕事をしています。Aさんは業務中の事故なので「労働者災害補償保険」が適用されるケースですが、Aさんはそれを承知で働いたので医療費の捻出に困っている状況です。このようなケースは珍しいことでなく、特に手配師を介した日雇い労働市場ではあたり前のように行っています。これも「社会のメンバーとして生きていくうえでの、主要な参加や権利の行使がされてない状態＝『排除』されている」といえます。

岩田正美は、社会的排除とは「それが行なわれることが普通であるとか望ましいと考えられるような諸活動への参加から排除されている個人や集団、あるいは地域の状態」[8]としています。諸活動への参加の欠如をストレートに表現した概念であり、参加の欠如は一つの問題から生まれるのではなく、さまざまな不利が複合的に絡み合うところに出現するし、その結果として別の側面の不利を結果することがある。そして、「ある状態」というよりは「ある人の人生の軌跡の中での排除のプロセス」として理解できるとしています。[9]

　ワーキングプアであるAさん、そして日本人の夫からDVを受けて孤立していたBさん親子は、諸活動への参加から排除されている状態といえるでしょう。この排除のプロセスから、人々の「つながり」を再構築するためには、ソーシャル・インクルージョン［社会的包摂］（全ての人々を孤独や孤立、排除や摩擦から援護し、健康で文化的な生活の実現につなげるよう、社会の構成員として包み支え合う）の推進が必要で、特にコミュニティのなかにおいて、安心して生活できるよう社会の仕組みを構築する任務がソーシャルワーカーに求められているといえます。

3. Aさん世帯の抱えている生活課題をアセスメントし、それに対する短期の支援方法をプランニングしましょう

　この演習は、前述の「7.事前学習の課題例④」と「9.グループ作業の例示③」の手順により、「6．事例の記述（ビネット）」「（2）インテーク」の最後の箇所「CワーカーはAさんやBさんとの面接、主治医からの病状確認、生活状況等から、Aさん世帯の生活課題をアセスメントし、それにもとづいて短期（1か月以内）のプランニングをした」を行います。

　アセスメントやプランニングを記載するワークシートの書式や書き方は、たくさんありますが、下記の例を参考にまとめてください。

4. 入院から2週間後に来室したBさん親子への緊急対応を考えましょう

　この演習は、前述の「7.事前学習の課題例⑤」と「9.グループ作業の例示③」の手順により、次の「6．事例の記述（ビネット）」「（3）支援の実施」の箇所に対しての緊急対応の方法を考えます。

「入院から2週間後のある日、Bさん親子が病院に来室した。Bさんは『夫、アパート、近くにいた、みつかってない、助けて、逃げたい』と泣きながらCワーカーに話した」

8　岩田正美「現代の貧困」筑摩書房、p.107、2007年
9　岩田正美「社会的排除」有斐閣、2008年

下記の「プランニング」に記載した緊急対応の例を参考にまとめてください。

> アセスメント（生活課題の分析）
> 1) 手持金や預貯金が少なく、Ａさんの医療費とＢさん親子の生活費の捻出が困難な状況である。なお、Ａさんには頼れる親族がいない。
> 2) 業務中の事故のため「労働者災害補償保険」の適用が考えられるが、雇用主は拒否しており、Ａさん自身も「しかたない」と話している。
> 3) Ａさん自身は「ケガを治して働きたい、昼間の仕事に就きたいが資格や経験もなく、保証人もいないので難しい」と感じている。
> 4) 同居しているＢさんとは内縁関係であり妊娠している。Ｂさんには日本人の夫がいるが、DVにより逃げている状態であり、夫はＢさん親子を探している。
> 5) Ｂさん自身の考えや思いは把握できていない。
> 6) 高校卒業して15年間、アルバイトという非正規雇用での就労を続けており、ワーキングプアといえる。自身の生活が厳しいのにDVより逃げているＢさん親子と生活していきたいと、将来のことを前向きに考えている。

プランニング

	支援目標	支援計画
短期	医療費を捻出・軽減する、生活費を捻出する	①工務店に労災の適用を再相談 ②労働基準監督署に対応方法を相談 ③社会福祉協議会に生活福祉資金貸付の可能性と検討が必要な事項を相談 ④市役所の国民健康保険課に保険証交付や減免等の相談 ⑤病院と医療費分割や減免を相談 ⑥福祉事務所に生活保護受給の可能性と検討が必要な事項を相談
短期	Ｂさんの気持ちや思いを把握する	①母国語の通訳派遣を依頼し面接 ②必要に応じて移住外国人女性を支援するNPO法人に協力を依頼
短期	Ｂさんの妊娠を確認する	①手持金で産科を受診する ②福祉事務所に助産制度適用の可能性と検討が必要な事項を相談
短期	Ｂさん親子の見守りをする	①福祉事務所の母子担当ワーカーに状況説明し協力を依頼 ②必要に応じて独立型社会福祉事務所のワーカーに協力を依頼 ③必要に応じて民生委員や主任児童委員に見守りを依頼
緊急対応	Ｂさんの夫が親子をみつけ、Ｂさんが保護を求めてきた場合は緊急対応をする	①ＡさんとＢさんに、一時的に保護してくれる友人等がいるか確認しておく。 ②福祉事務所の母子担当ワーカーに通報し、婦人相談所での一時保護を依頼する。母のみの保護となった場合は長女を児童相談所の一時保護に依頼する

11. さらに学習を進めるための文献
1) 岩田正美「社会的排除」有斐閣、2008 年
2) 岩田正美・西澤晃彦編「貧困と社会的排除」ミネルヴァ書房、2005 年

| 8 | 虐待（高齢者）

事例タイトル
ADLの低下および認知症の症状が現れだした母親と、親の老いを受け入れられずに訓練を強いる息子という、親子へのかかわりと支援

1. 実践レベル
☑ミクロ　　☑メゾ　　☐マクロ

2. 実践プロセス
☑インターク　　☑アセスメント　　☐プランニング　　☐支援の実施
☐モニタリング　　☐効果測定　　☐終結とアフターケア

3. 相談援助の理念
人権尊重、権利擁護、尊厳の保持、社会的包摂

4. 実践モデル・アプローチ
システム理論、エコロジカルモデル、ストレングスモデル、危機介入アプローチ

5. 学びのポイント
①親子、夫婦、家族間の関係性や、家族の介護負担の現れとしての虐待という理解の仕方を学ばせる。
②「システム」としての親子や家族への理解と、そのシステムに第3者としての支援者が介入することの意義について学ばせる。
③虐待への対応は「犯人捜し」ではなく、あくまでも本人や家族への「支援」（本人支援）であることを学ばせる。

6. 事例の提示

　Aさん（85歳、女性）は、1人息子のBさん（60歳、男性）と2人暮らしである。自宅は商店街にあり、八百屋を営んでいる。Bさんは早くに父を亡くして以来、母親のAさんとともに、お店を営んできた。

　数ヶ月前から、Aさんの体力的な衰えと歩行の不安定さが見られだし、商品の運搬や陳列などのお店の仕事が難しくなってきた。また外出などの際には車いすを使うようになっていた。今でもお店には出ているが、最近では、物忘れも出始めて、お金の計算や注文を間違うなどのことがあった。時々、Bさんが大声でAさんをしかる様子が、同じ商店街の人たちから見られていた。

　ある日、昔からのAさんの友人で、Bさんが子どもの頃から親しいCさんが、お店を訪問すると、店の奥でBさんがAさんに歩行の訓練をさせているところであった。Bさんに事情を聞くと、ここのところAさんが夜中に起きてトイレに行くが、間に合わなくて失敗することが度々あるとのこと。Aさんがちゃんと自分でトイレに行けて、いつまでもしっかりしてもらうように足腰を鍛えているとのことであった。Cさんは、訓練をさせられているAさんの様子がとてもつらく苦しそうだったので、そのことをBさんに言おうとしたが、Bさんのあまりの熱心さに何も言えないままであった。

　この親子のことが心配になったCさんは、近くの民生委員に相談し、買い物を装って、一緒にお店を訪問した。対応したBさんは「母は体調が悪くて奥で休んでいる。いつまでもしっかりした母でいて欲しい。車いすに頼ると余計に足腰が弱くなると思うので、できるだけ車いすも使わないようにして、歩く練習をしている」とのことであった。さらにBさんは「仕事の合間にこういうのを読んで、独学で勉強しながらやっているんですよ」と、やや自慢げにリハビリテーション関連の本を2人に見せて、嬉しそうな表情をしていた。民生委員が「近くに介護のことで相談できるところがありますし、今では介護サービスもいろいろとあります。お店のお仕事もあって大変でしょうから、お1人でご無理をされませんように」と伝えたが、「大丈夫です。母のことは息子の私が一番よくわかっています。母も知らない人に介護されるのはきっと嫌だと思います。親孝行でもありますし、私が最後まで面倒を見ます」とはっきりした口調で答えた。

　翌日、Cさんがお店に行ったときは、ちょうどBさんが配達に出ているところで、Aさんが店の奥に1人で座っていた。Cさんが様子を伺うと「歩かされるのはつらい。でもBは、私のことを思っていろいろやってくれているので、つらくても言い返せない。少しでも言い返すと、『誰のためにやってあげてるんだ！』と怒

鳴られるから怖い。できるだけ、Bの言うとおりにして、怒られないようにしている」と、疲れた表情で話していた。
　このことをCさんから連絡を受けた民生委員は、すぐに地域包括支援センターに連絡した。センターの職員（D社会福祉士）は、この親子のこれまでの事情をCさんと民生委員から聞いたのち、虐待対応が必要な事例であり、深刻化を防がないといけないと判断して、まずは民生委員と一緒にお店を訪問し、Aさん、Bさんと面会した。

7. 事前学習の課題例

［課題１］高齢者虐待に関する法律と虐待の定義に関する理解
①「高齢者虐待の防止、高齢者の養護者に対する支援等に関する法律（高齢者虐待防止法）」（2006年4月施行）の成立の背景および法律の概要を知る。
②法律に規定されている「身体的虐待」「放棄・放任」「心理的虐待」「性的虐待」「経済的虐待」の定義について知る。
（参考：学習方法としては、主に『社会福祉六法』などにより、法律の条文を読むことが挙げられる）

［課題２］地域包括支援センターの役割に関する理解
①地域包括支援センターの根拠法や設置の背景を知る。
②地域包括支援センターの機能について知る。
③地域包括支援センターで働く社会福祉士の役割および他職種との連携や協働について知る。
（参考：学習方法としては、実際に近くの地域包括支援センターに直接足を運んで、チャンスがあれば、パンフレットをもらう、あるいは職員の方に話を聞いてみるのもよい）

8. ロールプレイの例示

［場面設定と課題］
事例にあるように、地域包括支援センターのD社会福祉士は、民生委員と一緒にお店を訪問して、Aさん、Bさん親子と会いました。利用者と支援者との出会いの場面となるインテークでは、信頼関係づくりとアセスメントにつながる情報収集が重要です。この場面（インテークの場面）を想定して、面接のロールプレイングをやってみましょう。終了後は、お互いに感想を発表し合って、振り返ってみましょう。

[役割分担の例として]
①2人1組になって、Bさん役とD社会福祉士役に分かれてやってみよう。
②2人1組になって、Aさん役とD社会福祉士役に分かれてやってみよう。
③3人1組になって、Aさん役、Bさん役、D社会福祉士役に分かれて、3人での面接場面を想定してやってみよう。

9. グループ作業の例示

[課題の例示]
①グループディスカッションを行う
　（ディスカッション・テーマ例）
　・高齢者を介護する家族を支援するための社会資源はどのようなものがあるか
　・家族が安心して相談できるために必要なことは何か
　・高齢者本人や介護する家族との信頼関係づくりのために必要なことは何か
　・高齢者や介護者が地域で孤立しないために、見守りの体制や相談機関に繋がりやすい仕組みをどのように構築し、機能させることができるか
②フィールドワークを行う
　・地域包括支援センターや行政機関などの関係機関への訪問や関係者へのヒアリングを行い、地域での関係機関のネットワークや連携、およびそれによる虐待事例への対応の流れについて調べて発表する。
　・地域で活動する家族介護者の会などへのヒアリングや介護に関する研修会・交流会などへ参加して報告会を行う。

10. 演習課題の設定と解説

【課題1】
　Aさんに熱心に訓練をさせるBさんの気持ち、またBさんに対して「嫌だ」と言えないAさんの気持ちを想像しながら、この親子関係で「何が起こっているのか」という観点で状況を分析してみましょう。

【課題1の解説】
　Bさんがやっていることが間違いだと責めることは決して適切な方法とは言えません。なぜならBさんは、母親であるAさんに対して、「虐待しよう」と思っているのではなく、「親孝行」や「励まし」のつもりで、訓練をさせているからです。またAさん自身も自ら助けを求めることは難しいと言えます。「息子に迷惑をかけている私が悪い」などという気持ちからも、世話になっている息子のことを悪く言うようなことはなかな

かできません。ケースによっては、被虐待者である高齢者本人が、虐待者をかばうというようなこともあります。だからこそ、このような親子間の「システム」の状況に、支援者が気づいて、早期に介入することが必要なのです。

【課題2】
　「パワーレス」な状態にあるAさんと、母親の介護を1人で抱え込みがちなBさんですが、この親子がもっている「強さ（ストレングス）」は何かについて、考えてみましょう。
【課題2の解説】
　虐待事例というと、どうしても否定的な味方で当事者をとらえることになりがちです。もちろん、行為そのものは決して許されるものではなく、それが命の危険に及ぶものならば、何をおいても安全の確保を最優先に、毅然とした態度での支援者の介入が求められることもあります。このように、被虐待者の「人権尊重」や「尊厳の保持」、そして「権利擁護」は何よりも優先されるべきことです。そのうえで、ソーシャルワークでは、クライエントが自らの生活を自らの力で維持、再建できるように、クライエントがもつストレングスを認め、それが発揮できる環境づくりなどのエンパワメントの視点で介入することを大切にします。Bさんの母親思いの気持ちや仕事との両立、勉強熱心なところなどを認めることは、支援者との信頼関係形成にも大切です。またAさんが築いてきた、Cさんをはじめとする商店街の人々とのつながりも、この親子によっては大切なストレングスです。それらが2人の生活に、よい方向に発揮され、機能していくような機会や場づくり、かかわりが求められます。

【課題3】
この親子に対しては、どのような認識のもとで、どのような支援が必要になると考えられるでしょうか。活用可能な社会資源も含めて、今後の支援のあり方について考えてみましょう。
【課題3の解説】
　虐待への対応は「犯人捜し」ではなく、あくまでも本人や家族への「支援」であるという認識が重要です。虐待行為はエスカレートするものです。深刻化を防ぐために、小さな「虐待の芽」のうちから支援の対象として対応することが必要です。「Bさんだって一生懸命やっているのに、『虐待』とみなしていいのか」という戸惑いは当然のことです。心情的でなく、客観的な事実に基づく判断が求められます。そして虐待であるという判断は、決して虐待者を非難する行為ではなく、「高齢者の生活の安定と権利を守

る」ための取り組みと考えることが大切です。Aさん、Bさんとの信頼関係を構築し、この親子の関係が閉鎖的にならないように、定期訪問、各種サービスや地域の行事の案内、制度や手続きの説明など、いろいろな人や機関が自然にかかわれるような工夫や仕組みづくりが求められます。

11. さらに学習を進めるための文献

1) 池田惠利子ほか『事例で学ぶ「高齢者虐待」実践対応ガイド—地域の見守りと介入のポイント』中央法規出版、2013年
2) 社団法人日本社会福祉士会編『地域包括支援センターのソーシャルワーク実践』中央法規出版、2012年
3) 社団法人日本社会福祉士会編『高齢者虐待対応ソーシャルワークモデル実践ガイド』中央法規出版、2010年

9 家庭内暴力(DV)

事例のタイトル
婦人相談所での電話相談支援
〜配偶者間暴力(DV)被害に遭った女性が緊急避難するまでのプロセス〜

1. 実践レベル
☑ミクロ　　☑メゾ　　☑マクロ

2. 実践プロセス
☑インテーク　　☑アセスメント　　☑プランニング　　☑支援の実施
☐モニタリング　　☐効果測定　　☐終結とアフターケア

3. 相談援助の理念
人権尊重、社会正義、利用者本位、尊厳の保持、権利擁護、自立支援

4. 実践モデル／アプローチ
危機介入アプローチ、ソーシャルプランニング・アプローチ、
ソーシャルアクション・アプローチ

5. 学習のポイント

(1) 婦人相談所（配偶者暴力相談支援センター）でのDV電話相談の際の、相談員の適切な対応について理解を深めさせる。
(2) 婦人相談所内での緊急一時保護期間終了後に、必要な社会資源とその活用方法への理解を深めさせる。
(3) 現在の法制度・政策ではカバーできない問題に対して、相談援助専門職として、どのように対処すべきかについて学ばせる。

6. 事例の記述（ビネット）

　本事例は、夫からDVを受けた女性からの婦人相談所（配偶者暴力相談支援センター）への直接の架電により始まった。数回の電話相談を経て、被害に遭った当事者がDVとは何かを認識し、身体的安全の確保のための警察署への駆け込みを経て、婦人相談所内の一時保護へと繋がったものである。

　インテーク（電話）：本人（女性29歳）より婦人相談所へ直接の架電。婦人相談員の「どうされましたか？」との問いかけに対し、躊躇しながらではあるが、最近の夫（45歳）の暴力的な振舞いへの困惑と苦悩が語られる。

　本人は、4年制大学への進学のため、高校卒業後すぐ故郷を離れ、都内で1人暮らしをしていた。大学卒業後は、都内の一般企業に就職し、やりがいのある仕事を任され、忙しいものの充実した毎日を送っていた。

　そんな折、未曾有の大震災が本人の故郷を襲い、本人の両親や兄弟、親戚は家ごと津波に飲み込まれ、行方不明となった。休暇の度に実家周辺を探して回ったが、遺品を含む彼らを探し出すための手がかりを、何ひとつ見つけだすことはできなかった。

　このような出来事を経て、元々快活であった本人の性格に変化がみられた。人前で突然涙がこぼれ、それを止めることができないことが頻繁に起こった。また、気分が落ち込むことが多くなり、友人とも疎遠になっていった。そんな折、震災で飼い主を失った小型犬（オス、推定4歳）の存在を知り、自ら進んで里親志願をし、一緒に暮らすことになった。この犬は、本人と出会った瞬間から親愛の情を示し、散歩時などは常に本人を他者から守るような素振りを見せていた。この犬による無条件の愛情と散歩時における他の飼い主との交流をとおして、本人は少しずつではあるが、明るさを取り戻していった。

　その後、同じ職場の上司であった現在の夫が同郷であることを知り、そのことが

縁で交際に発展し2年前に結婚することとなった。一回り以上年齢の離れた夫の存在は、本人にとってはありし日の優しかった父や兄を思い起こさせるものであった。

　夫が借りていたマンションでの小型犬も含めた結婚生活が始まり、生活は順調であった。本人は結婚を期に退職し、専業主婦となった。今から思えば、交際中も「おや？」と思うような夫の表情の微妙な変化はみられたが、暴力的な行為は一切なく、理性的で穏やかな夫であった。

　そんな折、妊娠3か月であることが発覚し、本人は喜びでいっぱいであったが、帰宅後の夫の反応は予期せぬものであった。「何も聞かずに中絶してほしい」の一点張りで、一切理由を話さない夫に、本人は「何も言わないなんて卑怯じゃない！　訳を話してよ！」と怒りをあらわにしながら迫った。すると、夫の目つきが豹変し、結婚前の本人の交際歴をまくしたて、「おまえなんて信用できない！　俺の子どもじゃないんだろう？　俺が働いている間、何をしてるんだ？　俺が知らないとでも思っているのか？」と、本人の交友関係や持ち物を細かくチェックしていることをにおわせる発言が飛び出す。本人には思い当たる節もないので反論すると、今度は性行為を強要されるなどの暴力が始まった。

その後しばらくは、本人が何を言っても無視する一方で、性的な強要は止まず、本人の精神状態は至って不安定になった。そんな中、飼い犬はいつも本人のそばを離れなかった。本人は、飼い犬が自分を守ってくれているように感じていた。

　夫が本人を無視し始めてから、1週間が立った。本人は買い物に行くためのお金を渡すよう夫に頼んだが、それ以降、金銭を渡してもらうことは一切なくなった。本人の個人的な預金は微々たるものであったので、外出さえままならなくなった。

　夫の豹変理由の1つは勤務先内での配置転換であり、ストレスが頂点に達していることをスーパーで偶然に出会った元同僚がこっそりと教えてくれた。そのせいか、家でお酒を飲むことが増え、あまりの量に見かねて注意すると、「外で働くことがどれだけ過酷なことなのかわかっているのか！　誰のおかげで生活できているんだ！」と怒鳴りながら、テレビのリモコンを床に投げつけたり、テーブルを拳で何度も叩いたりすることが多くなった。夫から本人への身体的暴力は今のところないが、いつ起こっても不思議ではないと本人は感じている。

　夫からの交友関係の監視、度を越した嫉妬と独占欲、何を言っても無視し続けることや、生活費を渡さないことへの精神的苦痛、加えて性的暴力への恐怖と屈辱的な気持ちが膨らむ一方で、夫の仕事上の苦労を十分に気遣うことができない自分の言動が、彼の暴力を引き出しているのではないかと自分を責める毎日だという。ま

た、本人は離婚することによって天涯孤独な身に戻りたくないという気持ちが非常に強い。そのため、夫の問題行動にどのように対処してよいのかわからず、無力感にさいなまれ、途方にくれているとのこと。

　このままでは、ストレスのあまり、子どもを流産してしまうのではないかと心配でたまらないこと、夫に懐かない犬にも危害が加えられるのではと心配していることも話された。時折、夫を置いて逃げることも考えるが、犬を置いて自分だけ逃げることは考えられないという。実際、「逃げ出したら、おまえの犬をなぶり殺してやる！」と宣言し、1日中檻に閉じ込め、散歩のための外出をさせない等の行為も起こっているとのこと。

　また、仮に逃げたとしても、仕事をしながら1人で子どもを育てる生活を考えると不安でたまらないし、夫が執拗に追ってくるのではという恐怖も拭えないと話す。

　現在、頼りにできる親兄弟がいないことや知り合いとの接触を制限されているため、今まで誰にも相談できず、苦悩していた心境が吐露された。犬の散歩を装って、なけなしのお金で公衆電話から架電しているとのこと。婦人相談所の存在は、スーパーのトイレに貼ってあるステッカーを見て知ったとのこと。

アセスメント及び支援の実施（電話）：今までの本人の苦悩、複雑な感情や恐怖心の表現を促し、受容する。それと同時に、相談者の「安全性及び死に至る危険性」についてアセスメントを行う。その結果、現時点では、相談者の夫による身体的な脅しや凶器等の使用は行われていないことが明らかになった。一方で、相談者の自己効力感の低下や無力感は顕著であり、問題への対処能力が低下していることがわかった。婦人相談員からは、相談者のおかれた状況を言語化して伝え、予期される出来事、今後どうすべきかについての指示が与えられた。

　具体的には、（1）現時点では起こっていないが、夫による相談者への身体的暴力がいつ起こっても不思議ではないこと、（2）どんな理由にせよ、受けてもよい暴力などないこと、虐待を受けてもよい人などいないこと、暴力を起こした加害者の責任は重いことを伝える。加えて、法律上の定義（「配偶者からの暴力の防止及び被害者の保護に関する法律（DV防止法）」で言えば、夫の一連の暴力は「配偶者間暴力」という重大な犯罪及び人権侵害になりうること、よって自分を責める必要はないことを強調する。また、（3）暴力のなかでも特に「身体的暴力」が起こった場合、もしくは身の危険を感じた場合は、一刻も早く最寄の警察署生活安全課に助けを求めること（一時避難が必要な場合は、警察が婦人相談所に繋いでくれ

ることを情報として伝える)、(4)緊急時に備え、いつでも逃げることができる準備をしておくこと(金銭を含む)、(5)ペットに関しては、婦人相談所内の一時保護所で預かることはできないが、当該地域には一定の料金を支払えば一時保護・終生飼養を引き受ける優良動物保護団体があるので、そちらの連絡先も伝える。また、散歩仲間に犬を預けることの可能性について考慮することも示唆した。不安なことがあれば、遠慮なくいつでも架電してくるようにと伝える。

支援の実施(来所):数回の電話相談を経て、夫による殴る蹴るの身体的暴力が起こった日の深夜、本人は、加害者が泥酔し眠りに落ちた隙を見て、着の身着のままで、最寄の警察署に駆け込む。本人は警察官に付き添われ、婦人相談所に来所、緊急一時保護となる。また、飼い犬については、婦人相談所からの情報を頼りに、本人自らが動物保護団体に連絡し、夫からの身体的暴力が発生する以前に、その安全を確保したとのこと。一方で、本人は自分が至らなかったせいでこのような顛末となり、お腹にいる子どもの未来を悲観し、また、わが子同様に可愛がってきた飼い犬にも不憫な思いをさせたと泣き崩れ、これからの生活を前向きに考えることができない。さらに、夫が追跡してくるかもしれないという恐怖で、一時保護中の2週間はほとんど外出もせず、部屋に篭る毎日であった。

ソーシャルプランニング、ソーシャルアクション:婦人相談所の相談員は、あるDV被害者にとってのペットは、家族同然であり、それ故、ペットを置き去りにしたままでの緊急避難にためらいが生じ、暴力被害が拡大する事例を目の当たりにしてきた。その経験から、全国都道府県の婦人相談所やDVシェルター、日本DV防止・情報センターと連携して「DV被害者とペット同行避難」に関する質的及び量的調査を行うことにした。近い将来、これらのデータを分析した結果を公表し、上記のようなニーズを持ったDV被害者を早期介入によって支援するためのシステム構築に向けて、国や地方公共団体に働きかけるつもりである。

7. 事前学習の課題

　DVに巻き込まれた人々に関する情報には、繊細なものが多く含まれているため、「配偶者からの暴力の防止及び被害者の保護に関する法律(DV防止法)」(http://www.gerder.go.jp/e-vaw/law/index2.html)や内閣府男女協働参画局の資料(http://www.gerder.go.jp/e-vaw/index.html)を読み込んだり、社会福祉関連の専門雑誌等に掲載されている文献を閲覧するだけでは、各地域において、どのような人々がどのような相談

経路を通じて援助機関と繋がり、専門的援助を受けているのかを知ることは容易ではない。また、利用者の安全が最優先のため、オンラインで調べても、DVシェルター等の婦人保護施設等の所在地や援助内容に関して、明確に示されていない場合が多い。

従って、事前学習としては、「DV関連法の習熟」や「データの読み込み」に加えて、「配偶者暴力相談支援センターの機能を果たしている各地域の婦人相談所等の相談員や婦人保護施設、母子生活支援施設等の職員を招聘して話を聴く」ことにより、DV被害者の実情、相談に至るプロセス、必要な支援サービス等の全体像を理解することが可能になるであろう。また「啓発ビデオの閲覧」も多様なDVを理解するうえで役立つであろう。

具体的な事前学習としては、以下のような方法が適当であろう。

方法1：自分で調べる

「配偶者からの暴力の防止及び被害者の保護に関する法律（DV防止法）」について
(http://www.gerder.go.jp/e-vaw/law/index2.html)
STEP 1：DV防止法を熟読する。
STEP 2：2014［平成26］年に施行されたDV防止法の改正ポイントについて調べる。
STEP 3：なぜそのような改正が行われたのかについて考察する。
STEP 4：自分の考えをまとめ、他者と共有する。

配偶者暴力相談支援センターにおける配偶者からの暴力が関係する相談件数等について
(http://www.gerder.go.jp/e-vaw/data/index.html)
STEP 1：データに目を通す。
STEP 2：なぜ**電話相談**が**来所相談**より多いのか考察する。
STEP 3：配偶者暴力相談支援センターは婦人相談所内に設置されていることが多いが、男性被害者はどのような機関でどのように扱われているのかを調べる（緊急一時保護はどのようになされるのか？中学生以上の男児同伴の場合の被害者及び子どもの保護はどうなるのか？）。
STEP 4：自分の考えをまとめ、他者と共有する。

方法2：視聴覚教材を使って学習する
STEP 1：デートDV（2006［平成18］年度制作、アウェア企画）のDVDを視聴する。
STEP 2：交際中に起こる可能性のあるDVについての知識を獲得し、援助専門職になるために必要な知識・価値について学ぶ。

方法3：ゲストスピーカーの話を聴く
STEP 1：「自分で調べる」及び「視聴覚教材を使って学習する」の課題終了後、クラス内にゲストスピーカーを招き、話を聴く。
STEP 2：自己学習及び視聴覚学習では明確化できなかったことを質問する。

8. ロールプレイの例示

設定1：婦人相談所での電話相談場面
登場人物： K婦人相談員（女性、45歳）、利用者J（女性、29歳）。
状況：午前11時半、C都婦人相談所（配偶者暴力相談支援センター）の電話が鳴る。夫の暴力についての相談である。飼い犬の散歩を装って外出し、公衆電話から架電しているとのこと。「たいした話ではないのですが……」「ここでこのような話をしてもいいものか、迷っているのですが……」と躊躇しながら話す利用者に対して、K婦人相談員は、事例にみられるような多くの情報を、Jさんのからどのように引き出したのだろうか。積極的傾聴等の面接技術を使って、ロールプレイを実施してみよう。

　また、ペットとの関係に焦点を当てて電話相談を進めた場合とそうでない場合に、引き出した情報の量と質に違いがあるのかどうかを比較するためのロールプレイを実施してもよい（例：ロールプレイその1：「お話を伺っていると、あなた自身やお腹の赤ちゃんの安全よりも、ペットのことを心配しているようにみえますが、そのことについてもう少しお話してもらえませんか？」、ロールプレイその2：ペットの話が出ても焦点化せず、本人と胎児、夫のみの話に戻す等）。

設定2：婦人相談所での一時保護所での場面
登場人物： K婦人相談員（女性、45歳）、利用者J（女性、29歳）。
状況：午後2時、C都婦人相談所の相談室での面接。一時保護所で数日を過ごしたが、いつ夫が自分の居場所を特定して連れ戻しに来るかと考えると恐怖で安心して眠ることができないと話す。また、お腹にいる子どもへの事態の悪影響を心配していること、民間動物保護団体にお願いしてきた犬のことも気がかりであることを、悲壮な面持ちで話し始める。婦人相談所内での緊急一時保護期間終了後に、Jさんの生活を支えるために必要な社会資源とその活用方法を決定するためには、どのように面接を進めていけばよいだろうか。

設定3：K婦人相談員、DV被害女性のためのシェルター代表、日本DV防止・情報センター代表との話し合い

登場人物： K婦人相談員（女性、45歳）、DV被害女性のためのシェルター代表（女性50歳）、日本DV防止・情報センター代表（女性、62歳）。

状況：午後1時半、C都婦人相談所の会議室。DV防止・情報センター代表とDV被害女性のための民間シェルター代表を交えての話し合い。会合の目的は、「DV被害者とペット同行避難」に関する彼らの経験及び見識を聞くことである。また、叩き台として準備した仮説及びデータ収集の方法についての意見、アドバイス、提案を聞き、協力を仰ぐつもりである。K婦人相談員は、2人のゲストがペットとの同行避難について、どのような見解を持っているのか知らないため、非常に緊張している。K婦人相談員は、どのような仮説やデータ収集の方法を叩き台として準備したのだろうか。また、ゲストから率直な意見及び経験を引き出すためには、どのように会合を進めていけばよいだろうか。

9. グループ作業の例示

(1) 実践プロセスの「インテーク（電話）」に焦点を当てる。

(2) DV被害女性へのリスク・アセスメントを確実に行うために、事例を熟読後、各グループごとに下記のシートを用いて、相談者の知覚、社会的サポート、対処能力について書き出してみる。

(3) アセスメント後に必要になるであろう社会資源や協力を仰ぐ関係機関についても、各グループごとに模造紙に箇条書きにする（緊急避難時に備えて、DV被害女性が飼育中のペットの安全を確保するために利用できる動物保護団体等の情報も含む）。

(4) 各グループの代表が、全体に向けて発表する。

(5) 発表内容を教員やクラスメートと共有し、電話相談の際のアセスメントに必要な項目、確認すべき内容についてまとめる。

表2-9　リスク・アセスメントのための項目

知覚	社会的サポート	対処能力
＊相談者は、夫からの暴力を含む一連の出来事を、どのように見ているのだろうか？ ＊現実的にみることができているだろうか？ ＊あるいは現実を歪めてみているだろうか？ ＊このような知覚は、相談者にとってどのような意味があるのだろうか？ ＊このような知覚は、将来彼女にどのような影響を与えるのだろうか？	＊相談者の周囲には、彼女のニーズに応じて、すぐに手を差し伸べてくれる人がいるだろうか？ ＊相談者は誰を一番、信頼しているだろうか？ ＊相談者が活用できるフォーマル及びインフォーマルなサポート資源（人的・物的）はあるだろうか？	＊通常、何か問を抱えた場合、相談者はどのように対処してきただろうか？ ＊以前、似たような危機的な状況を経験したことがあるだろうか？ ＊その際、どのように乗り越えただろうか？ ＊経験したことのない新たな問題に直面した場合、相談者はこれまでどのように対処してきたのだろうか？

出典：一般社団法人日本社会福祉士養成校協会監、長谷川匡俊、上野谷加代子、白澤政和、中谷陽明編『社会福祉士相談援助演習　第2版』中央法規出版、p.202、2015年を一部改変

10. 演習課題の設定と解説

　ここでは、「5. 学習のポイント」に基づいた演習課題とその解説を行う。

(1)配偶者暴力相談支援センターとして機能している婦人相談所での、DV電話相談の際の相談員の適切な対応について理解を深める

　（解説）電話相談であっても、来所面接と同様、相手の話しに非審判的な態度で耳を傾け、受容することは必須である。また、相談者の身の安全を最重要課題ととらえ、電話口周辺の状況にも注意を向けるべきである（例：加害者に見張られていないかどうか、子どもは近くにいるのか、加害者が被害者を装って、緊急避難中の被害者情報を収集しようとしていないかどうか）。リスクアセスメントの際は、暴力の種類と緊急性、本人の配偶者からの暴力被害への自覚、周囲に支援者がいるかどうかも査定することが必要となるであろう。

(2)婦人相談所内での緊急一時保護期間終了後に、必要な社会資源とその活用方法への理解を深める

　（解説）婦人相談所内での緊急一時保護は原則として2週間と限られている。従って、その保護期間中に、必要に応じて、次の受け入れ先を探す必要がある。具体的には、婦人保護施設、母子生活支援施設等の紹介、DV家庭で育った子どもに対しての保護と心理的ケアに関する児童相談所を含む機関・施設の紹介、就業支援制度の活用や手続きに関する情報提供、保護命令申立てに関する情報提供等が必要になる。加えて産婦人科病院や保健所等との連携も必要になるかもしれない。また、相談者が帰宅を希望する場合、加害者との関係修復のための支援も必要になるであろう。

(3)現在の法制度・政策ではカバーできない問題に対して、相談援助専門職として、どのように対処するべきかについて学ぶ

（解説）本事例でも取り上げたように、いくらDV被害者がペットを家族の一員として考え同行避難を願っても、現行法制度では、これらのニーズへの対処はなされていない。その結果、公的相談援助機関では、緊急避難の前に本人が、知り合いに預けるかしかるべき動物保護団体を探すしかない状況にある。米国では、このような状況が、加害者から逃げること遅らせ、危機的状況が深まった例も報告されている[10]~[12]。このような状況を変化させるために、社会福祉援助専門職による、DV被害者のペットとの同行避難の重要性についてのアドボケイト及びペット同行避難を可能にする法制度・政策改正のための社会計画・運動の組織化が求められるであろう。

11. さらに学習を進めるための文献：

1) 池田恭子、福島喜代子「婦人保護施設における伴走型支援〜ライフステージごとの課題と母子統合への支援〜」『ソーシャルワーク研究』第40巻3号、67-76頁、2014年
2) 岩瀬久子「スイスの民間シェルターの活動が示唆するDV被害者支援」『奈良女子大学社会学論集』第20号、117-135頁、2013年
3) かながわ女のスペースみずら『シェルターから考えるドメスティック・バイオレンス被害女性と子どもの自立支援のために』明石書店、2006年

|10| 低所得

事例タイトル
低所得のひとり親世帯への生活保護制度による支援

1. 実践レベル
☑ミクロ　□メゾ　□マクロ

10　Ebenstein, H., & Wortham. J.　The value of pets in geriatric practice: A program example, Journal of Gerontological Social Work, 35（2）, 99-115, 2001.
11　Faver, C. A., & Strand, E. B. Domestic violence and animal cruelty: Untangling the web of abuse, Journal of Social Work Education, 39, 237-253, 2003a.
12　Faver, C. A., & Strand, E. B. To leave or to stay? Battered women's concern for vulnerable pets, Journal of Interpersonal Violence, 18（12）, 1367-1377, 2003b.

2. 実践プロセス
☑インテーク　　☑アセスメント　　☑プランニング　　　　　□支援の実施
□モニタリング　　□効果測定　　　□終結とアフターケア

3. 相談援助の概念
自立支援　　人権尊重

4. 実践モデル／アプローチ
問題解決アプローチ

5. 学習のポイント
①低所得や貧困の状態から起こる生活課題を理解させる。
②低所得や貧困に陥ってしまったクライエントの気持ちを理解させる。
③低所得や貧困に対応する社会資源の１つである、生活保護制度による支援の方法を理解させる。
④生活保護制度の実施機関である福祉事務所の組織を理解させる。

6. 事例の記述（ビネット）
(1) 相談に至る経過

　Ａさん（23歳）は高校卒業後に上京して美容関係の専門学校に通っていたが、入学後からアルバイト中心の生活となり退学。実家の父親から仕送りを止められてしまった。

　19歳時にアルバイト先のスナックで知り合った男性（35歳）とＸ市内のＡさんのアパートで同居を始め、20歳時に長男のＢ君（現在３歳）を出産したが、男性は自分の子どもとは認めずアパートを出て行ってしまった。Ａさんは男性から聞いていた職場に行ったが既に退職しており行方不明で、実家の父親に状況を報告し助けを求めたが断られてしまった。困ったＡさんはスナックで働き始めるが、Ｂ君の夜間保育料が高いため生活は厳しい状態である。

　ある日Ａさんは、体調が悪いためＹ病院に受診したところ、いくつかの検査を受けて１か月後に医師から「仕事はやめてしばらく自宅療養に専念する必要があります。これから週に１回受診してください」と言われてしまった。Ａさんは国民健康保険に未加入のため医療費が全額自費のこともあり「生活費や医療費、どうしよう……」と途方にくれてしまい、外来担当の看護師から「病院内には地域医療連携

室がありますから、相談されたらどうですか」と言われた。

　地域医療連携室に行きCソーシャルワーカー（以下、Cワーカー）に医療費が払えないことや生活状況を話したところ、最後に「お父さんやお姉さんからの援助が難しいとなると、医療費だけの問題でなく生活そのものが苦しいのですね。Aさんの現在の生活状況を1つずつ解決していくには生活保護制度が必要のようですね。Aさんがよろしければ、私がX市福祉事務所にAさんから伺った生活状況を連絡しておきますから、明日にでも行ってくださいね」とアドバイスを受けた。

⑵　インテーク

　翌日AさんはX市役所の庁舎内にある、X市福祉事務所・生活保護課の相談窓口で面接相談員（面接担当のソーシャルワーカー）に生活状況を話したところ、生活保護の申請をすすめられ、生活保護制度の説明を受けたのち申請書に署名し提出した。

　面接相談員はAさんの居住地（アパートの住所地）を担当する生活保護課のDソーシャルワーカー（以下、Dワーカー）を紹介した。Dワーカーは「心配事が多いようですね。体調はどうですか。よろしければ明日の午後にアパートへ伺って、詳細なお話をしたいのですが」と言われ、Aさんは了解した。

　相談に行った翌日、アパートにDワーカーが訪問に来た。これまでの生活歴、生活費や預貯金の状況、両親や兄弟のこと、子どものこと、病気や通院状況、アパート家賃の支払い状況、別れた男性のこと等について聞かれ、生活保護制度のしくみについて詳しい説明を受けた。Dワーカーから「資力調査や扶養義務者調査の結果、申請日から14日以内に生活保護が受けられるかどうかの決定がされます」と言われた。

⑶　生活実態の把握

　DワーカーがAさんから聴取した内容、その後に主治医から病状確認した内容は次のとおりである。

　①世帯構成：
　　　世帯主Aさん（23歳）と長男B君（3歳）の2人世帯
　②生活歴：
　　　九州のZ県で次女として出生。5歳時に両親が離婚し以後は父親・姉と生活。高校時代はアルバイト中心の生活であり、卒業に必要な通学日数もギリギリであったが、東京への憧れもあり専門学校に進学した。しかし学費捻出が困

難なことは最初から分かっており、すぐに退学しようと思っていた。以後は前述のとおり。

③扶養義務者の状況：

　父親（55歳）はZ県に居住。酒が入ると暴力的になり母親との離婚もそれが原因。専門学校を退学した際に勘当同然となり、未婚の母親になったことで縁が切れてしまい、その後は連絡していない。

　姉（26歳）はZ県の隣県に居住。結婚して子どもがいるが、夫が低収入で不安定のため援助は期待できない。長男の父親は前述のとおり行方不明。

④資産や預貯金の状況：

　活用できる資産はなく、預貯金と現金で2万円程度。

⑤住居の状況：

　和室8畳と台所の1DKのアパート。Y病院から徒歩30分程度。家賃は月額4万円で6か月間の滞納があり、家主から退去を求められている。

⑥他法関係：

　国民年金と国民健康保険は未加入。社会手当も未受給。

⑦病状と予後［主治医から病状確認］：

　病名は腸閉塞で継続的に強い腹痛があり自宅療養が必要。経過によっては手術も必要であり、当面は週に1回通院。

⑧今後の生活設計［Aさんの主訴］：

・これまでスナックでの収入でやってきたが、現在の手持金が2万円しかないため生活費や医療費に困っている。
・体を早く治して働きたい。本当は昼間の仕事に就きたいが資格や自動車免許もないので難しいと思う。
・父親には生活保護を申請したことは伝えてほしくない。姉はこれまでも相談にのってもらってきたので正直なところ心配かけたくないが、福祉事務所から連絡することはしかたない。
・これからも長男と2人で生活していきたい。

　DワーカーはAさんとの面接、主治医からの病状確認、資力調査や扶養義務者調査から、Aさんの生活課題をアセスメントし、それにもとづいてプランニングした。

7. 事前学習の課題例

①居住地または近隣の市役所（区役所でも可）に行き、福祉事務所の案内表示があるか、生活保護の相談窓口がどこにあるかを調べる。

②事例を読み、Ａさんの抱えている生活課題をアセスメントし、それに対する支援方法をプランニングする。

8. ロールプレイの例示

①２人１組になり、Ａさん役とＣワーカー役を決めて、ＡさんがＹ病院の地域医療連携室に来たときを想定してロールプレイを10分間行う。終わったら役を交代する。

②２人１組になり、Ａさん役と面接相談員役を決めて、ＡさんがＸ市福祉事務所・生活保護課の相談窓口に来たときを想定してロールプレイを10分間行う。終わったら役を交代する。

9. グループ作業の例示

①２人１組のロールプレイが終わったら４人１組となり、それぞれの役で感じた思いを発表してまとめ、担当教員の指示によりクラス全体で共有する。

②事前学習の課題例①は、４人１組のグループをつくり、調べてきた内容を発表してまとめ、担当教員の指示によりクラス全体で共有する。

③　事前学習の課題例②は、４人１組のグループをつくり、各自が作成したアセスメントとプランニングを発表してまとめ、担当教員の指示によりクラス全体で共有する。

10. 演習課題の設定と解説

1. ２つのロールプレイから、貧困状態に陥ってしまったＡさんの気持ちを考え、抱えている生活課題は何かを考えましょう

　この演習は、前述の「８．ロールプレイの例示①②」と「９．グループ作業の例示①」の手順により行います。

　ロールプレイから感じたＡさんの相談時の気持ち、つまり家族からの援助も期待できない孤立感、「病院の地域医療連携室や福祉事務所という役所に行って解決するのだろうか」といった不安感等を受講生がグループで発表し、クラス全体で共有することが目的です。

　Ａさんは「生活費や医療費、どうしよう……」と困ってしまい、Ｙ病院の地域医療連携室とＸ市福祉事務所に相談しました。Ａさんの直接的な困りごとは生活費や医療費といった経済的問題ですが、実は生活全般にわたって困っていることを理解することが必

要でしょう。

2. 2つのロールプレイから、Cワーカーと面接相談員の違い（面接内容や方法、言葉かけ等）をみつけ、Aさんが面接を受けた気持ちや印象に違いがあったのかを考えましょう

　この演習は、前述の「8．ロールプレイの例示①②」と「9．グループ作業の例示①」の手順により行います。

　ロールプレイから感じたAさんの相談時の気持ちを、病院での「Cワーカーとの面接時」と、福祉事務所での「面接相談員との面接時」に分けて考えるものです。

　「クライエント役・Cワーカー役・面接相談員役」の3つの役柄の際に感じた印象を受講生がグループで発表し、ソーシャルワーカーの所属機関により面接内容や方法、言葉かけに違いがあったのかをクラス全体で共有することが目的です。

　AさんがY病院のCワーカーに相談したのは、医師から「仕事はやめて自宅療養に専念するように」と言われ、医療費が自費のために「生活費や医療費、どうしよう」と途方にくれてしまい、外来担当の看護師から病院内の地域医療連携室に行くように言われた時です。

　Aさんは医師からの診断結果に戸惑い、これからの生活に不安を抱えたままでの相談ですから、Cワーカーは面接の最初に投げかける言葉を慎重に選ぶ必要があるし、まずはAさんを「受容（受けとめる）」する姿勢が大切です。ロールプレイでそれができていたペア（2人1組）と、すぐに医療費の解決という本題に入ってしまったペアでの、「Aさん役で面接を受けた際の気持ちや印象」の違いをクラス全体で確認します。

　次に、AさんがX市福祉事務所の面接相談員に相談したのは、昨日Cワーカーに相談してアドバイスされた後での来所ですから、面接相談員はCワーカーからある程度の生活状況に関する情報が連絡されていることを前提とした面接になります。

　「Y病院のCワーカーさんから連絡をいただいておりますが、もう少し詳しく聞かせてくださいね」といった言葉かけや、福祉事務所の仕事や生活保護制度の簡単な説明も事前に必要です。これも「Aさん役で面接を受けた際の気持ちや印象」の違いをクラス全体で確認します。

　Cワーカーと面接相談員による面接はともにインテークの段階ですが、演習では「インテークでの面接の留意点」を学ぶと同時に、この2つのインテークのようにクライエントの相談時期や場所等により「最初に投げかける言葉や機関の説明等には違いが必要」なことも学びます。

　なお、岡部卓は「生活保護の受付段階における留意点」として次の5つをあげていま

す。[13]
1) 利用者のおかれている状況を知ること
2) 利用者の不安・緊張の緩和・解消を図ること
3) 利用者が理解できる言葉を使うこと
4) 利用者が訴えていること、望んでいること、福祉事務所にやってもらいたいことを明らかにする。すなわち利用者の主訴を明確にすること
5) 懇切丁寧な生活保護制度の説明と申請意思の確認

3. 事前学習してきた「福祉事務所の組織」についてグループで発表し、地方自治体により組織や名称、業務範囲に違いがあることを確認しましょう

この演習は、前述の「7. 事前学習の課題例①」と「9. グループ作業の例示②」の手順により行います。

なお、「事前学習の課題例①」では受講生に「近隣の市役所に行って調べる」とありますが、実際に事前調査することが困難であれば、「居住地または近隣の市役所（区役所でも可）のホームページを検索し、組織図や条例等から福祉事務所の所管部署（どの部署が福祉事務所の範囲なのか）と、生活保護の相談窓口が設置されている課や係の名称を調べる」でもかまいません。

福祉事務所の組織については、科目「低所得者に対する支援と生活保護制度」や科目「福祉行財政と福祉計画」で受講生は学びますが、この演習を行うには演習担当教員も事前にテキスト等で正確に理解しておくことが必要です。

この演習で最低限確認したい「福祉事務所の組織や業務」は次の事項です。[14]

1) 社会福祉法第14条のとおり、都道府県福祉事務所と市部福祉事務所の業務（所管する法律）には違いがあり、地方自治体の条例に基づいて設置されている。
2) 市部福祉事務所では社会福祉6法以外にも、精神保健福祉法や介護保険法、売春防止法やDV法、民生・児童委員や社会手当の業務も行っている。
3) 社会福祉に関する市役所内の組織（部や課）のいくつかを総称したのが福祉事務所であり、その範囲は条例に規定されている。なお、生活保護法を所管する組織のみを福祉事務所とする自治体もある。
4) 市役所に行っても「福祉事務所」の看板や案内表示を見ることは少なく、単独の建物で設置されていることは少ないので、住民からみれば「福祉事務所に行く」というより、単に「市役所の〇〇課に相談に行く」といった状況である。

---

13 岡部卓「新版福祉事務所ソーシャルワーカー必携」全国社会福祉協議会、pp.49-55、2014年
14 渋谷哲編「低所得者への支援と生活保護制度 第3版」みらい、pp.48-55、2015年

5) 自治体によっては、社会福祉法により市に義務設置の「福祉事務所」と、地域保健法第18条により市町村に任意設置の「保健センター」を統合し、「福祉保健センター」という建物や窓口で相談を受けている。

4. Aさんの抱えている生活課題をアセスメントし、それに対する支援方法をプランニングしましょう

　この演習は、前述の「7．事前学習の課題例②」と「9．グループ作業の例示③」の手順により、「6．事例の記述（ビネット）」の最後の箇所「DワーカーはAさんとの面接、主治医からの病状確認、資力調査や扶養義務者調査から、Aさんの生活課題をアセスメントし、それにもとづいてプランニングした」を行います。

　アセスメントやプランニングを記載するワークシートの書式や書き方はさまざまありますが、次の例を参考にまとめてください。

アセスメント（生活課題の分析）
1) 手持金や預貯金が少なく、生活費や医療費の捻出が困難な状況である。
2) 主治医に確認したところ就労は不可で自宅療養が必要な病状であり、経過によっては手術も必要である。
3) 家賃を6か月間滞納（約24万円）しており、家主からは退去を求められている。
4) 社会手当（児童手当や児童扶養手当）の制度を知らず、申請がされていない。
5) 国民健康保険に未加入のため、医療費は全額自己負担である。
6) 扶養義務者である父親とは3年以上連絡をとっておらず関係はよくない。姉とは連絡を取り合っている関係である。B君の父親は行方不明である。
7) Aさん自身は「病気を治して働きたい、昼間の仕事に就きたいが資格や自動車免許もないので難しい」と思っている。
8) 19歳時に同棲し20歳時に出産したが、同居していた男性が失踪。家族からの援助も期待できない状況で、ここまで3年間スナックでの収入のみで長男のB君を育ててきた。

プランニング

	支援目標	支援計画
短期	①療養中の生活費や医療費、アパート代を捻出する ②適宜主治医に病状確認し把握する ③生活場所を確保する ④社会手当を説明し申請する ⑤医療費の滞納分を支払う ⑥姉に依頼し本世帯の緊急連絡先を確保する ⑦Aさんは療養に専念とする	①生活保護を開始決定する 　［生活扶助・医療扶助・住宅扶助］ ②主治医に病状確認するとともに、Cワーカーに主治医との調整を依頼する ③Aさんが家主に状況を話し、家賃滞納の分割払いと契約継続を依頼する ④次回来所時、申請手続きに同行する ⑤CワーカーにAさんと病院事務担当者との調整を依頼する ⑥姉に生活保護法による扶養依頼を送付し、Aさんへの心理的援助と緊急連絡先を依頼する ⑦週1回の通院を継続し、まずは療養に専念するよう話す

中期	① Aさんが入院となった場合はB君の緊急対応をする ② 父親への連絡と生活保護法による扶養依頼をする	① 入院の予定が決まったら児童相談所に連絡し一時保護の依頼をする ② Aさんの意向を確認・考慮しながら、本人またはワーカーより連絡する

11. さらに学習を進めるための文献
1) 渋谷哲「福祉事務所における相談援助実習の理解と演習」みらい、2013年
2) 澤伊三男編集代表、川松亮、渋谷哲、山下浩紀編「ソーシャルワーク実践事例集」明石書店、2009年
3) 道中隆「ケースワーカーのための面接必携」小林書店、2006年

|11| ホームレス

事例のタイトル
ホームレスに対する自立生活支援

1. 実践レベル
☑ミクロ　　□メゾ　　□マクロ

2. 実践プロセス
☑インテーク　　☑アセスメント　　☑プランニング　　☑支援の実施
□モニタリング　　□効果測定　　□終結とアフターケア

3. 相談援助の概念
社会的包摂　　自立支援　　人権尊重

4. 実践モデル／アプローチ
問題解決アプローチ

5. 学習のポイント
①ホームレスの状態にいたる背景や過程、ホームレスの状態に陥ってしまったクライエントの気持ちを理解させる。
②低所得や貧困に対応する社会資源の１つである、NPO法人や生活困窮者自立支援制度、生活保護制度による支援の方法を理解させる。

6. 事例の記述（ビネット）

(1) 相談に至る経過

　Aさん（45歳）は東北のZ県で出生。中学校を卒業後、地元の自動車部品の製造工場に正社員として就職した。会社の寮にいたが20歳時に退職し、「東京方面に行けば仕事があるだろう」と考え20年間住んでいた地元を離れた。

　以後は東京隣県のY市を拠点に、スポーツ新聞の求人欄から「建設土木・長期・寮（飯場）あり」の仕事を選び日雇として従事した。長期出張からY市に戻ると簡易宿泊所やカプセルホテル、ネットカフェ等ですごし、手持金がなくなると仕事を探す生活であった。アパート等を契約したことはなく、このような生活を40歳位まで行っていた。

　ところが長期出張の求人が減り始め、月の半分程度しか仕事に就けず、食費はなんとか賄えたが、しだいに簡易宿泊所やネットカフェの宿泊料が払えなくなった。そのため野宿生活となったが、仕事仲間の紹介で週に1～2回程度は日雇の仕事を続けていた。

　路上生活を始めて約3か月、その夜もダンボールハウスで寝ていると、ホームレス支援をしているNPO法人の巡回相談員に声をかけられた。これまでの生活について話をしたところ、「私たちの法人が運営している無料低額宿泊施設がY市内にあるので、そこで生活の再建を一緒に考えましょう」と言ってくれた。

　X無料低額宿泊施設（以下、X施設）に行くと、施設のB相談員から入所者の目標やルール等の説明を受け、入所に同意し手持金から1か月分の利用料（宿泊費と食事代）5万円を支払った。今日から食事も3食とれ、布団で眠れることをAさんは喜んだ。

(2) インテーク

　B相談員はAさんと面接して生活状況を確認した。聴取した内容は次のとおりである。

　［生活実態の把握］
　①世帯構成：
　　　世帯主Aさん（45歳）男性　単身世帯　結婚歴はない
　②生活歴：
　　　東北のZ県で次男として出生。10歳時に両親が離婚し以後は母親・兄と生活。中学校の成績は低く、高校進学費用の捻出も難しかったので自動車部品の

製造工場に就職した。しかし給料が安く毎日のように残業があり、仕事もきつかったので5年間働いて退職した。都会への憧れとバブル景気もあり、「東京方面に行けば仕事があるだろう」と東京隣県のY市に来た。以後は前述のとおり。

③家族の状況：

母親は10年前に死亡。Z県を出てから母親が死亡した15年間で4～5回は帰省した。死亡時は兄から連絡があり葬儀には参列。

兄（50歳）はZ県の隣県に居住しており、結婚して2人の子どもがいる。仕事は会社員（営業職）。Aさんは兄を信頼しており、年に数回は電話をかけて近況を話している。

④預貯金の状況：

3か月くらい前、兄に野宿生活を始めたことを連絡したら20万円の援助があった。Aさんは「このお金はできるだけ使わない」と決めていたようで、X施設の利用料として昨日5万円を払ったので、現在の手持金は残りの15万円。

⑤医療の状況：

これまで入院や長期通院を必要とする病気やけがはなし。現在も特に問題ない。なお、国民健康保険は未加入。

⑥今後の生活設計［Aさんの主訴］：

- 25年間も不安定な生活をしてきたので、できれば安定した仕事に就きたいし、アパート等での生活もしてみたい。しかし、これまで仕事はスポーツ新聞の求人広告や仲間の紹介で探してきたので、その他の仕事の探し方を知らない。また、アパートで暮らしたことがないので、自分にできるのか不安である。
- 現在の手持金が15万円しかないため、2～3か月はX施設の利用料を払えるが、仕事が見つからないとその後の生活が困る。
- 兄にはこれまでも迷惑をかけてきたので、正直なところ心配かけたくない。

B相談員はAさんとの面接から、Aさんの生活課題をアセスメントし、それにもとづいてプランニングした。

(3) 支援の実施

翌日、B相談員はAさんに作成した支援計画（プランニング）を提示した。自費負担で可能な施設利用期間の見通しが3か月であることを説明し、当面の支援目標

と計画を確認した。

［1か月目］

　B相談員はAさんとハローワークに行き、求職手続きや求人情報の検索方法等を丁寧に説明した。建築土木関係での求人を探したが、45歳と比較的若い年齢ではあったが見つからなかったので、Aさんと相談しながら職種を広げて探した。45歳であると正社員での採用はなく、全てがパートや期間限定の非正規雇用であった。

　製造・組立関係（生産工程従事）の求人が数件あったので、Aさんは電話で面接についてのお願いを会社にしたが、電話での応対・応答が雑であり、隣で聞いていたB相談員は「電話のかけ方からアドバイスする必要がある」と感じ、電話応対を含めた面接の受け方を練習し、履歴書の書き方をアドバイスした。

［2か月目］

　就労支援を始めて2か月。面接に10件程行ったが採用には至らなかった。B相談員は「X施設での就労支援には限界があるようなので、専門機関への依頼が必要」と判断しAさんにも伝えた。そこでAさんは、X市が生活困窮者自立支援制度の「自立相談支援事業」を委託しているX市社会福祉協議会（以下、X市社協）の相談窓口にB相談員と行き、これまでの報告と今後の生活について相談をした。

　自立相談支援事業のC相談支援員から「年齢も45歳と比較的若いため、就労の疎外となる大きな要因はないようですね。しかし、これまで建築土木関係の仕事しか経験がなく、それ以外の職種に関してのスキルが少ないため、職種の選定には制限がありそうですね。X市の生活困窮者自立支援制度には『就労準備支援事業』や『就労訓練事業』もありますから、この活用を考えませんか」とアドバイスを受け、Aさんも了解した。

　翌日Aさんは、X市が生活困窮者自立支援制度の「就労準備支援事業」を委託しているW障害者支援施設（以下、W施設）の相談窓口に、B相談員・C相談支援員と行き、就労支援担当のD相談員にこれまでの生活や仕事について報告した。

　D相談員からAさんに「就労自立と並行して日常生活や社会生活上の自立も一緒に考えていきましょう。この事業は6か月から1年程度と期間を限定しているので、1つひとつ課題を解決していきましょう」と話があり、B相談員とC相談支援員には「この2か月間のB相談員による就労支援でもわかるように、パートであってもなかなか採用が決まらないのが現実です。Aさんが少なくとも6か

月以上はX施設で継続して生活できるような支援をお願いします」と依頼された。

［3か月目］

AさんがW施設での「就労準備支援事業」を開始して1か月、Aさん同席のもと、B相談員・C相談支援員・D相談員によるカンファレンスを実施した。その結果、当面の支援方針を「手持金も底をついており、45歳・男性という状況から早期の就職は困難な状況である。生活保護を申請し、当面は無料低額宿泊施設を生活拠点として、継続して就労準備支援事業に取組むことにする」とした。

月末Aさんは、X市福祉事務所の生活保護の相談窓口にB相談員と行った。窓口の面接相談員にこれまでの経過を話したところ、生活保護の申請をすすめられ、申請書に署名し提出した。福祉事務所に相談に行ってから3日後、X施設に福祉事務所のEソーシャルワーカー（現業員）が訪問に来て、これまでの生活状況を再確認した、Eワーカーは本人との面接、関係機関（X施設・X社協・W施設）からの情報から生活実態を把握し、生活課題を次のようにアセスメントをした。

(1) 手持金を消費し無料低額宿泊施設の利用料の支払いが困難である
(2) 就労意欲はあるが、年齢等から早期の就労は困難である

アセスメントを踏まえてEワーカーは、次のようにプランニングをした。

［短期的支援計画］

(1) 生活扶助・住宅扶助により無料低額宿泊施設の利用料と求職活動に必要な費用を捻出する
(2) 当面はW施設のD相談員による「就労準備支援事業」を継続する

［中・長期的支援計画］

(3) 施設での生活が安定したらアパートへの転居も検討する
(4) 就労支援については必要に応じて福祉事務所の「被保護者就労支援事業」も検討する

7. 事前学習の課題例

①「ホームレス」という言葉から受ける印象、見かけた経験がある方はどう感じたのか、ホームレスになってしまう理由、その背景や生活問題、もし自分がホームレスになった場合の気持ち等について、ノートに箇条書きで書いてくる。
②事例を読み、Aさんの抱えている生活課題をアセスメントし、それに対する支援方法をプランニングする。

③居住地または学校所在地の市役所・区役所・町村役場に行き、生活困窮者自立支援制度の相談窓口と事業内容を調べる。

8. グループ作業の例示
①事前学習の課題例①は、4人1組のグループをつくり、考えてきた内容を発表してまとめる。または、6～8人1組のグループをつくり、KJ法で考えてきた内容をまとめる。まとめたら担当教員の指示によりクラス全体で共有する。
②事前学習の課題例②は、4人1組のグループをつくり、各自が作成したアセスメントとプランニングを発表してまとめ、担当教員の指示によりクラス全体で共有する。
③事前学習の課題例③は、4人1組のグループをつくり、調べてきた内容を発表してまとめ、担当教員の指示によりクラス全体で共有する。

9. 演習課題の設定と解説
1. ホームレスの状態に至る背景や過程、ホームレスの状態に陥ってしまったクライエントの気持ちを理解しましょう

　この演習は、前述の「8.グループ作業の例示①」の手順により行います。この演習で最低限確認したい「ホームレスの理解」は次の事項です。[15]

　厚生労働省の集計によると2014（平成16）年現在、ホームレスは全国に7508人が確認されています。一般的なホームレスのイメージは、「洗濯もせず、風呂にも入らないので臭い」「仕事もしないでぶらぶらして、うらやましい」「あの人たちは好きで野宿しているのでしょ」といった感じでしょうが、ホームレスの多くは仕事を切に希望しており、いつでも仕事に行けるように洗濯や入浴をして身なりを整えています。そして野宿生活ではないアパート等での生活を望んでおり、ホームレスの61％の方は野宿生活しながらも現在収入のある仕事をしています。

　つまりホームレスの多くは、土木・建築関係の求人数の減少や疾病により失業し、手持金が底をついて住居を失いながらも、野宿生活の中で仕事をしているといえます。土木・建築関係の求人数の増大と、単身者の住居の確保が施策として図られたならホームレスから脱出できるといえるでしょう。

　しかし、なぜ社会保障制度が機能していないのでしょうか。特に生活保護制度は「最終的な安全網（セーフティネット）」と位置づけられていますが、それでも現にホームレスは存在しています。法・制度や実施体制等の問題点が指摘できますが、社会保障制

15　相澤讓治編『六訂　保育士をめざす人の社会福祉』みらい、p.88、2012年を加筆修正

度の限界、生活保護制度の課題、今後の社会保障制度のあり方について考える際に、このホームレスの実態や現実はよい題材となるでしょう。

2. Aさんの抱えている生活課題をアセスメントし、それに対する支援方法をプランニングしましょう

　この演習は、前述の「8．グループ作業の例示②」の手順により、「6．事例の記述（ビネット）」⑵の最後の箇所「B相談員はAさんとの面接から、Aさんの生活課題をアセスメントし、それにもとづいてプランニングした」を行います。

　アセスメントやプランニングを記載するワークシートの書式や書き方は、さまざまありますが、次の例を参考にまとめてください。

アセスメント（生活課題の分析）
1) 手持金が15万円のため、自費でのX施設の利用可能期間は3か月程度である
2) Aさん自身は「安定した仕事に就きたい、アパート等での1人暮らしをしたい」と思っている。
3) 治療が必要な病気等はなく、年齢も45歳と比較的若いため、就労の疎外となる大きな要因はない。ハローワークへの同行といった支援で早期の就労も可能と思われる。
4) しかし、これまで25年間は建築土木関係の仕事しか経験がなく、それ以外の職種に関してのスキルが少ないため、職種の選定には制限があると思われる。
5) アパート等でのひとり暮らしの経験がなく、1人暮らしに必要なスキルを身につける必要がある。
6) 兄は20万円を援助してくれており、比較的兄との関係は良好と思われる。
7) Aさんは「仕事の探し方を知らない。アパートでのひとり暮らしができるのか」と話す通り、自身に必要なスキルを認識している。

プランニング

	支援目標	支援計画
短期	①生活場所と住所地を確保する	①自費負担によるX施設の利用とし、施設をAさんの住所地とする
	②手持金とX施設の利用料から、当面の施設利用可能期間を検討する	②手持金が15万円、施設利用料が月額5万円である。5万円を求職活動等に、10万円を施設利用料に充当すると、自費における施設利用期間は3ケ月程度（今月分の5万円は支払済）
	③就職をめざす	③当面はハローワークへの同行を実施し、併せて履歴書の書き方や面接の受け方などを個別に支援する
	④アパート等での1人暮らしに必要なスキルを習得する	④X施設を退所しアパート等で生活している方に必要なスキルを聞く機会を設け、施設内や外出時に体験できるプログラムを検討する
	⑤緊急連絡先、将来の就職やアパート契約時の保証人を確保する	⑤Aさんから兄に連絡し、施設の緊急連絡先、将来必要となる保証人を依頼する

中期	①X施設による支援で就職が困難な場合は、就労支援の専門機関への依頼を検討する	①Aさんの意向を確認・考慮しながら、生活困窮者自立支援制度の「自立相談支援事業」「就労準備支援事業」による支援を依頼する
	②手持金を消費して施設利用料の捻出ができなくなった場合は、生活保護法による支援を検討する	②Aさんの意向を確認・考慮しながら、X市福祉事務所に依頼する

3. 事前学習してきた「生活困窮者自立支援制度の相談機関」についてグループで発表し、自治体により相談機関の窓口や事業内容に違いがあることを確認しましょう。

　この演習は、前述の「8. グループ作業の例示③」の手順により行います。

　なお、「事前学習の課題例③」では受講生に「役所に行って調べる」とありますが、実際に事前調査することが困難であれば「居住地または学校所在地の役所・役場のホームページを検索して調べる」でも構いません。

　この演習で最低限確認したい「生活困窮者自立支援制度」は次の事項です。[16]

1）　社会的リスクに対しては、最初に社会保険や社会手当の第1のセーフティネット（安全網）がカバーしており、第1のネットの網の目から落ちる人々へは生活保護の第2のネットで最終的にこれまでカバーしてきた。

2）　しかし、非正規雇用やワーキングプアの増大により保護受給者が増えており、生活困窮者への新たな第3のセーフティネットが求められている。例えば、第1のネットではカバーできなかったが、当面の家賃補助を受ければ生活の再構築ができ、生活保護の申請は必要ない場合がある。

3）　このように、生活保護に至る前段階の強化を図るため、第1のネットと第2のネットの間に、もう一つネットを張ることが目的である。

4）　この制度は「生活困窮者に対し自立相談支援事業の実施、住居確保給付金の支給、その他の支援を行なう」ことであり、次の6つの事業からなっている。

　①　自立相談支援事業 － 相談支援、各事業を利用するためのプラン作成等
　②　住居確保給付金の支給 － 離職により住宅を失った方への給付金支給
　③　就労準備支援事業 － 就労に必要な訓練
　④　一時生活支援事業 － 住居のない方に対して宿泊場所や衣食の提供等
　⑤　家計相談支援事業 － 家計管理の指導、生活福祉資金等の貸付の斡旋等
　⑥　学習支援事業 － 生活困窮家庭の子どもへの学習支援

5）　これらの実施主体は「福祉事務所設置自治体」であり、福祉事務所を設置している市町村はその自治体が、福祉事務所を設置していない多くの町村は都道府県（郡部福祉事務所）である。社会福祉法人やNPO法人等への委託も可能なので、地域包

16　一般社団法人日本社会福祉士養成校協会・一般社団法人日本精神保健福祉士養成校協会編　「平成26年度受験対策web講座テキスト」、pp.147-148、2014年

括支援センターと同様に「自治体直営型」と「委託型」が混在している
6) 4)の①②は必須事業、③〜⑥は任意事業である。よって「必須事業は自治体直営型、任意事業は委託型」とか、地域のニーズが少ない場合は任意事業を実施しない等、自治体ごとに実施体制や事業内容に違いがある

10. さらに学習を進めるための文献
1) 自立生活サポートセンター・もやい「貧困問題レクチャーマニュアル」2015年
2) 「生活困窮者自立支援法 自立相談支援事業従事者養成研修テキスト」中央法規出版、2014年

|12| 保健医療

事例タイトル
新人ソーシャルワーカーが医療機関における退院支援を担当する事例

1. 実践レベル
☑ミクロ　　☑メゾ　　□マクロ

2. 実践プロセス
☑インテーク　　☑アセスメント　　☑プランニング　　□支援の実施
□モニタリング　　□効果測定　　□終結とアフターケア

3. 相談援助の理念
利用者本位、尊厳の保持、自立支援

4. 実践モデル／アプローチ
生活モデル、心理社会的アプローチ

5. 学習のポイント
①疾病あるいは後遺症を抱えつつ生きていく個人のニーズを理解させる。
②医療機関から次のレベルのサービスを提供する場所への転院・退院するために整えるべき条件を学ぶとともに、ソーシャルワーカーとしての支援を理解させる。
③福祉施設・機関（福祉サービスの提供が主たる業務）ではない施設・機関（医療機

関）において、所属する施設・機関の理念や機能を理解し、その組織内でのソーシャルワーカーの役割や期待されるものを理解させる。

6. 事例の記述（ビネット）

　Aさんは、68歳の男性、脳出血により救急病院（X病院）に搬送され、治療後1か月で回復期リハビリテーション病院（Y病院）に転院することになりました。X病院退院時のAさんの身体状態は、右片麻痺の後遺症が残り構音障害もみられ、要介護2あるいは要介護3に該当するのではないかと推測されました。

　Aさんの家族構成は、65歳になる妻と2人の子ども、娘（35歳）と息子（33歳）の4人ですが、2人の子どもは結婚し遠方の他県に在住しています。Aさんの妻は、以前から体調が悪く、現在も高血圧と心疾患の治療で通院を継続しています。娘・息子は、Aさん夫婦宅には休暇時に1年数回家族で訪問する程度です。Aさんは自己所有の一戸建住宅に居住していますが、築年数は30年を超えており家屋の設計も古いものです。

　Aさんは大学卒業後会社員として働き、65歳で定年退職後に関連会社で嘱託社員として70歳まで勤務する予定でした。長年営業職として勤め上げ、自他ともに認める「会社人間」としての充分な実績を積み上げてきました。残り少なくなってきた嘱託社員としての任期も、大いにやりがいを感じており、最後まで勤めを全うすることを希望しています。

　Y病院は、回復期リハビリテーション病棟（150床）を基幹として、医療療養病床を50床併設しており、同じ敷地内に介護老人保健施設（80床）も開設しています。X病院では、養成校卒業後就職して2年目のBソーシャルワーカー（社会福祉士）が担当となり、入院時からAさんにかかわることになりました。

　Aさんは、Y病院への入院時に、嘱託社員としての職場復帰への強い意欲を語りました。さらにそのために、たとえ少々つらいリハビリテーションでも、充分に続けていける自信はあるとも述べました。Bソーシャルワーカーは、Aさんのリハビリテーションへの高い動機づけに安心するとともに、理性的に会話を続けるAさんの様子から、麻痺などの障害が残り職場復帰は困難であることも、時間が経てば受け入れてくれるであろうと考えました。また退院後の生活についての話し合いは、Aさんが現実を受け入れるようになってからでよいのではないかと思い、少し先延ばしにすることにしました。

　入院後1か月を過ぎる頃に、Aさんのリハビリテーションへの意欲が急激に低下し、訓練を休む日が目立つようになってきました。またこの時期にBソーシャル

ワーカーは、退院についての話を進めようと試みましたが、退院についてのことになると会話を拒否するようなことがしばしばみられました。そこでBソーシャルワーカーは、Aさんの妻と退院についての話し合いを進めようとしましたが、妻は「いつも夫が何でも決めてきたので、私ではわかりません……」と言って、退院にかかわる話題には終始消極的な態度でした。

　Y病院では、すべての入院患者について、1～2週間に1回は定期的にカンファレンスを開いています。入院後1か月が経過したカンファレンスにおいて、Aさんのリハビリテーションへの意欲低下について話し合われ、この状態が続くのであれば退院もやむなしという結論になりました。さらに、Bソーシャルワーカーによって妻の状況が報告されますと、AさんのADL（日常生活動作能力）の現状を考えると、すぐに自宅への退院は困難であろうと判断され、転院あるいは施設への退院が適当であることが合意されました。Bソーシャルワーカーは、早急に退院先の病院・施設を探すことになりました。

7. 事前学習の課題例

①回復期リハビリテーションについて調べるとともに、医療保険における診療報酬の医療区分、および「医療区分1」の患者が利用できる医療機関を調べてみましょう。
②介護保険の要介護度の内容を調べ、「要介護1～3」の該当者が利用できる介護サービスを調べてみましょう。
③病気になり入院加療を余儀なくされた場合に、入院する前の社会生活で果たしていた役割や機能が、どのように変化するのか調べてみましょう。

8. ロールプレイの例示

「設定例1」
＜場面＞患者であるAさんがY病院に転院後の、Y病院Bソーシャルワーカーとの初回面接（インテーク）。

　Aさんは、X病院の医師から回復期リハビリテーション病院であるY病院のことを聞いています。また、リハビリテーションへの期待を抱いていいます。X病院の医師からどのように聞いたのか、リハビリテーションにどのような期待を抱いているのかを予め設定しておきましょう。Bソーシャルワーカーは、インテーク時に提供すべきである自らの所属する組織（病院）の情報、およびソーシャルワーカーとしての自分の情報を、予め準備しておきましょう。

「設定例2」

＜場面＞Ａさんのリハビリテーションへの意欲の低下が目立ってきた時期に開かれたケースカンファレンス。

　医療スタッフ側（医師、看護師、理学療法士、作業療法士など）は、リハビリテーションへの意欲の低下についての見解を準備しておきましょう。Ｂソーシャルワーカーは、Ａさんの思いに寄り添った情報提供および意見の表明を準備しておきましょう。

9. グループ作業の例示
「グループディスカッションの課題」
　Ｂソーシャルワーカーは、病院側の決定とソーシャルワーカーとしての判断が相容れない場合に、どのようにして折り合いをつけることができるでしょうか。さらに、もしあなたが病院のソーシャルワーカーとして仕事をすることになったら、ソーシャルワーカー本来の業務とそうではない業務（たとえば介護サービスのローテーションに入る）の割合が、どの程度あれば仕事が続けられると思いますか。100％がソーシャルワーカーの業務であるべきか、50％まででもよいのか、10％でもよいのかなど話し合ってみてください。

10. 演習課題の設定と解説
① Ａさんのリハビリテーションへの意欲が低下したのには、どのような理由が考えられるのか推測してみましょう

　まず、ＡさんがＸ病院を退院する際に、後遺障害について主治医からどのような説明を受けたのかを確認することが必要でしょう。ここでは、主治医の説明のパターンをいくつか用意し、それぞれのパターンの説明を聞いた患者が、どのような思いを抱くかを考えてみましょう。疾病や障害の予後についての医師による説明は、患者に過度な期待を抱かせることもありますし、その逆に過度に悲観的な思いを抱かせることもあります

　次に、Ｙ病院入院時にＡさんが抱いていたリハビリテーションの効果への期待が、どの程度であったのかを確認することが必要でしょう。その際、Ａさんの「会社人間」としての生育歴やそこから推測されるパーソナリティが、Ａさんが抱く期待にどのような影響を与えているのか考えてみましょう。

② Ｂソーシャルワーカーは、病院内でのカンファレンスの場において、どのような情報提供を行い、どのような専門的意見を述べたらよいのかを考えてみましょう

　保健医療の現場におけるソーシャルワーカーは、保健医療サービスを提供するチームの一員であり、他のチームメンバーとともに、チームが目指すサービスの提供を促進していかなければなりません。またこの事例のように、現在入院している病院でのサービ

ス提供が終了し、適切かつ速やかに次の段階のサービス提供が受けられる場所に移動するためには、医療チームの一員であるBソーシャルワーカーは、どのような役割・機能を果たし、どのような業務を遂行していくのがよいのかを考えてみましょう。

その一方で、原則としてソーシャルワーカーは、常にクライエント（患者）の立場に立って、クライエントの思いや希望に寄り添うことが求められています。もしもAさんが、現在の病院でリハビリテーションを続けたいと希望されたなら、BさんはソーシャルワーカーはSGQ、そのことをどのように他の医療スタッフに伝えることができるのかを考えてみましょう。

さらにこの事例のように、入院を続けたいというAさんの思いに寄り添うことが、速やかに他の医療機関に転院した方がよいという病院の決定と相容れないときでさえも、Bソーシャルワーカーは常にAさんの希望を代弁することがよいのかどうかを考えてみましょう。その際に、自分の所属する組織・機関の理念や使命と、自らのソーシャルワーカーとしてのアイデンティティとを、どのように折り合いをつけることができるのか考えてみましょう。ソーシャルワーカーは、自分の所属する組織を客観的にアセスメントすることが必要で、そのことによって自らの＜場のポジショニング＞を見出していくことが重要だと指摘されています（奥川、2007）。

③Aさんの退院先をいくつか想定し、どのような条件が整えば（あるいは整わなければ）、それぞれの場所への退院が実現するのか考えてみましょう。また、個々の退院先のメリットとデメリットを考えてみましょう

退院先が、「病院や施設」か「自宅」かによって、その実現には異なる条件をクリアする必要があります（例えば自宅のバリアフリーの状況の程度など）。また、病院や施設といっても、病院（療養型）なのか老人ホームなのか、あるいは自宅の環境に近いグループホームなのかといった施設種別の違いによって、やはり異なる条件を整えることが必要になってきます。さらに自宅が退院先の場合には、自宅である住宅だけでなく、自宅が立地する地域の状況（例えばサービス資源の有無など）も勘案しなければなりません。

11. さらに学習を進めるための文献

1) NPO法人日本医療ソーシャルワーク研究会『医療福祉総合ガイドブック（各年度版）』医学書院
2) 奥川幸子『身体知と言語』中央法規出版、2007年
3) 佐藤俊一・竹内一夫・村上須賀子『新・医療福祉概論』川島書店、2010年

13 スクールソーシャルワーク①

事例タイトル
スクールソーシャルワーカーによる学校内での情報収集

1. 実践レベル
ミクロ、メゾ

2. 実践プロセス
インテーク、アセスメント、プランニング

3. 相談援助の理念
人権尊重、社会正義、利用者本位、尊厳の保持、権利擁護、自立支援、社会的包摂、ノーマライゼーション

4. 実践モデル／アプローチ
多くの実践モデル／アプローチを展開する際に使用

5. 学習のポイント
①子どもたちが日常を過ごす場としての学校の日課や行事を理解させる
②チーム支援の前提となる学校の教職員にどのような役割の人がいるのかを理解させる
③情報取集の視点と方法を学ばせる

6. 事例の記述

　今日は、スクールソーシャルワーカー（以下、SSW）として勤務することになった小学校の初回の勤務日です。SSW は教職員にあいさつをしたあと、校長室で今後の活動内容について校長と教頭と SSW の 3 人で打ち合わせを行うことになりました。その場で、校長から次のような話がありました。
　「本校では、不登校の子どもや学校を休みがちの子どもが何人かいます。教職員もさまざまなアプローチを試みていますが、家庭環境が影響している子どもも中にはいますので、SSW には、6 年生・男児 A の支援について一緒に検討してほしいと考えています。A は、小 5 の終わりから学校を休んでいます。担任は、今年はじ

めてその子の担当になったばかりです。始業式も休みましたが、担任が家庭訪問をすると会えました。明日、担任と養護教諭もまじえて、Aの状況を詳しくお伝えしたいと思います」。

そして翌日、担任、養護教諭、教頭、校長、SSWの5名でAについて情報共有をすることになりました。SSWとして、Aの支援を開始する前にはAのアセスメントが必要となります。そのためSSWは、集まったメンバーにどのような情報を確認する必要があるでしょうか。

7. 事前学習の課題例

事前学習では、ワークシート1を使い、子どもたちがどのような教育活動を受けているのかを時間軸に沿って考えるために、小学校の1年間の学校の行事の理解を行います。また、チーム支援の視点から、ワークシート2を用い、小・中・高のそれぞれの校種にどのような役割の教職員が働いているかを記入します。この課題は、SSW自身がソーシャルワーク活動を展開する「場」への理解のためにも有効です。

ワークシート1：小学校の年間行事を知ろう

4月	5月	6月	7月	8月	9月	10月	11月	12月	1月	2月	3月

春休み・始業式・授業参観・個人懇談・運動会・夏休み・修学旅行・冬休み・卒業式など、学校の行事予定を思い出しながら記入します。学校によって2学期制のところもあります。また、運動会を6月ごろに実施するところもあります。

ワークシート2：教職員の役割を考えよう―どんな役割の教職員がいましたか？

小学校	
中学校	
高校	

記入例

小学校	担任、学年主任、養護教諭、教頭、校長、用務員、事務員、スクールソーシャルワーカー等
中学校	上記に加え、教科担当、生徒指導、クラブ顧問、スクールカウンセラー、等
高校	上記に加え、進路指導、キャリアカウンセラー等

8. グループ作業の例示

事前学習で準備してきたワークシートをみながら、グループメンバー間で報告しあい、校種による教職員の役割の共通点や相違点について話し合ってもらいます。そして、グループごとにそれらを発表し、クラスで共有します。

その後教員より、学生達の発表に対するコメントを行い、チーム体制の中でケース支援を行うことの重要性について説明します。

9. 演習課題の設定と解説

1. 小学生が学校を休み始める理由として、学校で起こる要因にどのようなことが考えられるでしょうか。あらゆる可能性を考えてみてください

　スクールソーシャルワークの視点では、子どもたちが学校生活を送るうえで生じてくる問題とその背景にある環境とがどのように関係しているかを見極めることが重要です。その見極めのためには、子どもたちの日常である学校という場では何が起こりうるのかを知っておくことが重要です。子どもが学校を休み始めるには、必ず理由があるからです。

　病気やけがのほかの理由としてたとえば次のような理由が考えられます。からかわれる・いじめられる・勉強がわからない・友人がいない・先生に叱られた・友人が叱られているのを見て、怖くなった等。年齢や発達段階、校種によって、直接のきっかけとなる出来事はさまざまですが、本人にとっては、学校の中での何らかの居場所機能が低下するという共通点が多くみられます。このとき、教職員と保護者等が早い段階で協力し、子どもへのかかわりをはじめることができれば、子どもにとっての安心・安全な教育環境を整えられる可能性が高まります。

2. Aのアセスメントをするにあたって、確認する必要のある情報はどのようなことでしょうか。特に、Aが学校を休んでいるという視点にたって、Aの行動や気持ちを理解していくうえで必要な視点について考えてみましょう

　この課題は、ソーシャルワーカーが情報収集を行うにあたって、その目的を明確化することの重要性を学ぶための設定です。学校には、子どもにかわかるさまざまな情報がありますが、支援のために整理された資料として保管されているわけではありません。そのため、子どもの支援を開始する前に、教職員が個々に持っている情報を集め、チームメンバーで共有することが、Aのアセスメントをすることにつながります。この課題は、学校現場における「インテーク」とは何かという新たなソーシャルワークの課題にせまる問いかもしれません。以下では、SSWから教職員に対する質問の例を示します。

① 具体的な遅刻・欠席・早退日数を教えてください（事実を把握することの重要性）。
② 学校を休んでいる間、Aはどのように1日を過ごしているのですか。家庭訪問の時の様子などわかる範囲で教えてください。
③ 教職員の理解として、学校を休み始めるきっかけとなった要因はありますか。ある場合はどのようなことですか。また、要因がある場合、その要因は取り除けていますか。
④ 現在、家庭訪問の頻度は誰が、どの程度行っていますか。そのときのAやAの家

族の対応はどのようなものですか。
⑤ 学校で子どもや家庭に配布されるプリント類は、AやAの家族には、誰がどのように届けていますか。
⑥ 上記、③〜⑤について、Aはどのように理解していますか。また、A自身は、どのようにしてほしいと思っていますか。
⑦ 上記、③〜⑤について、Aの保護者はどのように理解していますか。また、保護者は、どのようにしてほしいと思っていますか。

　SSWは、上記の質問を教職員に尋ねるときに、Aの得意なことや好きなことなどのストレングスの視点を持って、質問を組み立てる工夫が重要となります。また、教職員からのエピソード以外にも、SSWが教室で子どもたちの様子を観察したり、昼休みや放課後に子どもたちと一緒に遊んだりするなどの活動をとおして、状況理解を深めることも必要です。いずれにしても、SSWは当事者への直接支援を開始する前にアセスメントを行うことが欠かせません。

10. さらに学習を進めるための文献
1) 浜田寿美男・佐々木賢・小沢牧子編著『学校という場で人はどう生きているのか』北大路書房、2003年
2) 山野則子・半羽利美佳・野田正人編著『よくわかるスクールソーシャルワーク』ミネルヴァ書房、2012年
3) 鳶咲子『子どもの貧困と教育機会の不平等』明石書店、2013年

|14| スクールソーシャルワーク②

事例タイトル
スクールソーシャルワーカーによる不登校の子どもへの支援

1. 実践レベル
☑ミクロ　　☑メゾ　　☐マクロ

2. 実践プロセス
☐インテーク　　☑アセスメント　　☑プランニング　　☑支援の実施
☐モニタリング　　☐効果測定　　☐終結とアフターケア

3. 相談援助の理念
人権尊重、社会正義、利用者本位、尊厳の保持、権利擁護、自立支援、社会的包摂、ノーマライゼーション

4. 実践モデル / アプローチ
多くの実践モデル / アプローチを展開する際に使用

5. 学習のポイント
①ソーシャルワークの価値とは何かという視点から、学生自身が「学校に行く意味・学校を休む意味」について自らの意見をもつ。
②「不登校」の子どもや家族の暮らしを、生活時間の流れを意識して理解する視点を持つ。
③子ども（当事者）本位のプランニングを考える。

6. 事例の記述

　4月上旬、スクールソーシャルワーカー（以下、SSW）は6年生男児Aについて、担任から相談を受けました。Aは小5の3学期から完全に学校を休んでおり、小6の始業式も欠席しました。現在の担任は、この春からAの担任になったため、母に対して「新しい担任としてAについてどのようにかかわっていくことができるか、お母さんと話をしたいので時間をつくっていただけませんか」と提案し、母は仕事を休んで来校してくれることになっていました。その母親との話しあいの場に、SSWも同席することになりました。SSWの同席については、学校内の支援チームでAについての情報とアセスメントを共有した結果に基づいて、母親にSSW同席について希望を尋ね、了解を得るというプロセスをふんでいます。

【家族構成】　母（40歳）　4年前に夫と離婚
　　　　　　　長男X男（19歳、作業所勤務）
　　　　　　　※3月に特別支援学校を卒業したばかり
　　　　　　　本児A男（12歳・小6）、長女Y子（5歳、保育所）

【経過】
　現在の担任が、小5の担任から引き継いだ話によると、「昨年度の3学期に家庭訪問を行っていたときは、Aには会えたが学校の話題になると会話が続かないため、

学校の話はあまりしないようにしていた。時々Y子も家にいることがあり、保育所に行っていないこともあるようだった。昼ごはんは、A男が簡単なものを用意した日は、Y子と一緒に食事をしていたこともある。母から聞いた話では、長男X男は、重度の知的障害があり、時々家で暴れることがある。母は日々の仕事やX男の世話に追われ家事に手が回らない様子であった。母への支援も必要であると感じたが、家庭の事情にどこまでかかわってよいのか、担任としても悩みながら春休みを迎えてしまった」とのことであった。

7. 事前学習の課題例

　事前学習では、子どもが学校に行くことや学校を休むことの意味について、学生自らの考えをレポートしてくるように提示します。SSWは、学校に活動の基盤をおき、子どもの最善の利益を追求し、教育権の保障と自立支援の視点から改善策を考えます。その意味では、不登校の子どもが安心・安全に登校できる学校の環境を整えることが大きな目標の1つになります。また、学校を休んでいる間の教育権の保障や発達保障などの観点にも目を向ける必要があります。これは、ソーシャルワークの価値にかかわる重要な視点です。ソーシャルワーカーがどこに価値を置くのかによって、支援の方向性が大きく変わるからです。

8. ロールプレイの例示

　学生同士で、子どもと保護者、SSW役になり、SSWがはじめて家庭訪問に訪れたときの挨拶の場面を実践してみましょう。そのうえで、気づいたこと、感じたことについて意見交換してみましょう。

　その後教員より、学生たちの気づきに対するコメントを行い、子どもと親への自己紹介の仕方について説明します。このときのコメントは、①SSWの自己紹介（私は、何者か）を簡潔に伝えられているかどうか、②SSWとして、誰に、何のために家庭訪問に来たのか、当事者本位の目的が説明できているかどうか、などがポイントになります。

9. 演習課題の設定と解説

1. SSWとして、母親が置かれている立場をどのように理解し、面接に臨めばよいでしょうか。母親の生活時間の軸に沿って考えてみましょう

　子どもの不登校が長期化し、Aのように学年が変わると、担任が変わることも少なくありません。それに伴ってクラス運営のルールや指導方針が変わることもあるため、保

護者は、毎年変わる担任に、Aの状況説明や配慮願いをすることに疲れている場合が少なくありません。また、同じ学校にきょうだいがいる場合などは、その苦労はさらに増えます。

　この課題は、支援者（担任やSSW）側から保護者に働きかけをして面接が実現したというアウトリーチ型の場面設定です。母親は、Aを支援していくうえでのパートナーであるという認識を持って協力を求める姿勢が重要です。その際、仕事を休んでまで来校してくれたことをねぎらい、母親が面接に応じた意味やその背景にある苦労を想定しながら面接を進めます。例えば、Aが休んでいることで心配なことや困っていることはあるのだろうか、Yの保育所への送迎を誰がしているのだろうか、Xの通院や障害者手帳の更新手続きは1人で行ってきたのだろうか、経済的な心配はないのだろうか、頼れる人はいるのだろうかなど、母親の立場にたった面接を心がけることが大切です。

2. Aの意思を尊重したかかわりとは、どのような方法があるでしょうか。「Aに学校で配布される全てのプリントをどのように届けるのか」という例で考えてみましょう。また、それは、誰が、どのように決めますか

解説例

(1) 学校で配布されるプリントは、すべて、Aや保護者に届けられていますか

　学校では、毎日さまざまなプリントが子どもや保護者向けに配られています。教育保障の観点から考えると、どのような理由であれ、学校を休んでいる子どもたちや保護者にも、そのプリントを受け取る権利があります。そのプリントに目を通すか、通さないかを決めるのは、休んでいる子ども自身が決めてよいのです。子どもの意思を尊重するという視点にたって、学校で配布されるプリント類は、教科のプリントであれ、行事予定のプリントであれ、すべて子どもと保護者に渡すということが重要です。その方法としては、たとえば、Aに届けるプリントを入れる箱を教室や職員室に用意し、子どもや保護者に配布するプリントはすべて、その箱に入れてもらうように教職員に周知します。毎日、届けるということではなく、(2)にある方法でプリントを届ける日に、子ども用と保護者用に整理をして渡します。そうすることで、Aや保護者が必要としている情報は何か、気持ちを知ることにもつながります。

(2) SSWとして、プリントを届ける方法としてどのような提案ができますか

　担任やSSWなど教職員が届ける、クラスの子どもが届けに行く、きょうだいに預ける、保護者が取りに来るなど方法はさまざまです。しかし、最も重要なことは、その方法について、A自身の希望を尋ねるということです。利用者本位、自立支援、尊厳の保

持と関係します。不登校の子どもからよく聞く不満の声として、「毎日、クラスの友だちから、学校のプリントが届けられたけど、だんだん、受け取るのが苦痛になった。でも言えなくて居留守を使った」というような声があります[17]。子どもは、誰かと会う時間や、自分に必要なものを受け取る方法を、いつも誰かに勝手に決められるという体験をしてしまっているのです。

　周囲がよかれと思った方法でも、このように「勝手に決められた」ととらえられてしまう方法では、支援者と子どもの信頼関係を築くことはできません。子どもの希望は、子ども自身に尋ねる。このことが何より重要なのです。そのうえで、返答がない場合は支援者から選択肢を提示します。その選択肢のなかに、「どの方法もいや」や「わからない」というものも含めておきます。そのことで「いや」と言ってもいいということを伝えることもできます。また、子どもの希望どおりにできないときには、丁寧にその理由を伝え対案を提示します。

10. さらに学習を進めるための文献

1) 滝川一廣『学校へ行く意味・休む意味　不登校ってなんだろう？』日本図書センター、2012年
2) 山下英三郎『愛しき人たちの詩　不登校の子どもたちと歩き続けて』黎明書房、1995年
3) 鈴木庸裕編著『震災復興が問いかける子どもたちのしあわせ―地域の再生と学校ソーシャルワーク』ミネルヴァ書房、2013年

|15| 障害者への就労支援

事例タイトル
　会社での人間関係がうまくいかず、出勤意欲が低下している知的障害者への職場復帰への支援

1. 実践レベル
☑ミクロ　　☑メゾ　　□マクロ

17　金澤ますみ「つながりを探して③　わからないから尋ねる」『月間生徒指導　2011年6月号』学事出版、pp.74-75、2011年

2. 実践プロセス
アセスメント、インターベンション

3. 相談援助の理念
ノーマライゼーション、権利擁護、社会的包摂

4. 実践モデル・アプローチ
システム理論、エコロジカルモデル、ストレングスモデル、エンパワメントアプローチ

5. 学びのポイント
①ノーマライゼーションや当事者の権利擁護の理念に基づく、就労支援のあり方を学ばせる。
②知的障害者の就業上の課題、また障害者の雇用促進に関する法制度や就労支援機関とその役割について学ばせる。
③システム理論やエコロジカルモデルの視点から、当事者と職場との関係で何が起こっているかを把握するとともに、職場（当事者を取り巻く環境）へ働きかける就労支援の実際について学ばせる。

6. 事例の提示

軽度の知的障害があるAさん（30歳、男性）は、母親（60歳）と2人暮らしである。障害者就業・生活支援センターのB相談員（社会福祉士）の支援を受けて、1年ほど前にビルなどの清掃を請け負う会社に一般就職した。順調に仕事を続けていたAさんだったが、最近、「体がだるい」と言って会社を休むことが時々あり、母親も心配していた。また以前は、帰宅すると母親に仕事のことや会社の様子などを話してくれていたが、今では黙ってテレビを見ていることが多くなった。母親が会社のことを聞いても、「疲れた」と言って自分の部屋に閉じこもってしまう毎日である。母親は、会社で何かあったのかと思い、社長に連絡して会社での様子を尋ねるが、「時に気になることはない」とのことであった。

ある日、朝食を食べているときに、Aさんが急に「会社を辞めたい」と言って泣き出した。母親はとりあえず会社に事情を伝えて、その後B相談員に電話をした。B相談員はAさん宅を訪問して、Aさんに事情を聞いた。

「最近、職場で誰も話しかけてくれない。誰からも相手にされていない。話し相

手がいない。昼食も1人で食べている」とのことであった。また、Aさんの就職時から、Aさんのことを気にかけてくれていた上司が、少し前に定年で退職したことも影響しているようである。もともと自分から人に話しかけたりすることが苦手なAさんにとって、いろいろと話しかけてくれるこの上司の存在は精神的な支えになっていた。さらに、心配をかけたくないという思いから、母親には言えなかったとのことであった。B相談員が、Aさんに仕事を続けたいかどうかを尋ねると、Aさんは、「自分が掃除した場所がきれいになるのは嬉しい。だから清掃の仕事は続けたい。でも今の会社には自分の居場所がない」と伝えた。B相談員は「自分が会社の責任者と話をするから、まだ今の会社をあきらめないで欲しい」と伝えた。

　その後B相談員は、会社を訪問して、社長にAさんの事情を伝えた。社長は、「仕事はきちんとやっているので、気にすることはなかったが、そう言われれば最近元気がないような感じだった」とのこと。また、B相談員は、Aさんがいつも一緒に仕事をしている同僚の社員にも話を聞いた。同僚からは、「定年退職した上司がいつもAさんに声をかけていたので、その上司がいなくなってから、誰かがAさんに話しかけることがあまりなくなった。また、仕事の指示をしても、ときどきAさんが理解していないようなこともあって、どのように接したらよいのか分からず、Aさん抜きで仕事を進めることもあった」とのことであった。

　B相談員は、社長と同僚に、「清掃の仕事は好きだから続けたい」というAさんの気持ちを伝えたうえで、「確かにAさんには知的障害があり、一度で指示を覚えることや理解することは難しいかもしれません。でも、ゆっくり繰り返し説明してもらえれば、多少難しいことでも理解できます」と伝えた。また、Aさんは自分から人に話しかけることは苦手だが、優しい性格で、人のために役にたつことや、人に喜んでもらうことがとても好きな人であることを伝えた。B相談員の話を聞いた社長と同僚は、Aさんも含めて、社員間の相互理解のための交流の機会を持つことにした。またAさんにも、何か会社のなかで役割を持ってもらうことを検討することにした。

7. 事前学習の課題例

[課題1] 障害者雇用促進に関する法制度に関する理解
①「障害者の雇用の促進に関する法律」の概要を知る。
②法律に基づいて実施されている、事業主に対する措置や障害者本人への支援の内容について知る。
(参考：学習方法としては、法律の条文を読むこと、また厚生労働省のホームページの

閲覧等が挙げられる。)

[課題2] 障害者の就労支援を行う機関と役割に関する理解
①ハローワークの役割および支援の実際について知る。
②地域障害者職業センターの役割および支援の実際について知る。
③障害者就業・生活支援センターの役割および支援の実際について知る。
④関係機関で働く社会福祉士の役割および他職種との連携や協働について知る。
(参考：学習方法としては、厚生労働省や各自治体のホームページの閲覧、また実際に近くの就労支援機関に直接足を運んで、チャンスがあれば、パンフレットをもらう、あるいは職員の方に話を聞いてみるのもよい。)

8. ロールプレイの例示
[場面設定と課題]
　事例にあるように、障害者就業・生活支援センターのB相談員は、Aさんに会って話を聞き、その後Aさんが働く会社の社長と同僚に会いました。意欲を無くしたAさんに対しては、その気持ちにより添った支持的な面接が求められます。また、会社の社長や同僚との面接では、Aさんへの理解を促し、会社側の不安や戸惑いにも理解を示しつつ、Aさんが働きやすい職場環境づくりへの協力を求める働きかけが求められます。この2つの場面を想定して、面接のロールプレイングをやってみましょう。終了後は、お互いに感想を発表し合って、振り返ってみましょう。
[役割分担の例として]
①2人1組になって、Aさん役とB相談員役に分かれてやってみよう。
②3人1組になって、B相談員役と会社の社長および同僚役に分かれてやってみよう。

9. グループ作業の例示
[課題の例示]
①グループディスカッションを行う
(グループディスカッション・テーマ例)
・何らかの障害を抱える人が就労する際に、どのようなことが課題となるか。ノーマライゼーションや働く権利という観点から話し合ってみよう。
・障害者本人の希望や思い、強み(ストレングス)を活かした就労支援のあり方について話し合ってみよう
・どのような職場環境(職場の人々の理解や設備、仕事の役割分担のあり方など)であ

れば、障害のある人々も安心して働くことができるかについて話し合ってみよう。

②フィールドワークを行う
- 障害者就業・生活支援センターの職員の方へ、直接のヒアリングやインタビューを行い、毎日の仕事の内容や就労支援のソーシャルワークの実際について学ぶ。
- ハローワークや障害者就業・生活支援センターなどの関係機関への訪問や関係者へのヒアリングを行い、地域での関係機関のネットワークや連携による就労支援の実際について学ぶ。
- 就労している当事者の方へのインタビューを行い、毎日の仕事の内容ややりがい、また仕事を続けるうえでの課題などについて、当事者の声から学ぶ。

10. 演習課題の設定と解説

【課題１】
　ノーマライゼーションや社会的包摂の理念について、その内容を自分の言葉で説明できるようにしましょう。それらの理念を踏まえたうえで、障害を抱える人々の就労や社会参加の権利が保障されるために必要なことについて考えてみましょう。

【課題１の解説】
　ノーマライゼーションは日本語で「正常化」と訳されます。障害がある人でも、そうでない人と同様に、就学や就労の機会があるなど、さまざまな社会参加の機会が保障されている社会こそが当たり前であるという考え方です。そして、何らかの生活困難を抱える人たちが、社会的に排除されることのないようにとする考え方が社会的包摂（ソーシャルインクルージョン）です。何らかの障害がある人でも、その障害の状況に応じた環境を整備することで、働くことが可能になります。すなわち、その人が働く環境（職場）を「働きやすく、仕事がしやすく（ノーマルに）」改善することで、職場の一員、社会の一員としてその人が「包摂」されるということです。Ａさんへの支援でＢ相談員が行ったように、「職場やその他周囲の人々の理解を含めて、当事者が働きやすい環境を整備する」という視点は、就労支援のソーシャルワークにおいて、とても重要な視点と働きかけです。

【課題２】
　今の会社への出勤意欲を失っているＡさんの状況について、システム理論やエコロジカルモデルの視点から、Ａさんと会社との関係で何が起こっているかを把握しましょう。また、Ａさんの意思やストレングス（強さ）は何かを確認し、ＡさんとＡさんの職

場に対してどのような働きかけが求められるのかについて、事例を参考に考えてみましょう。

【課題2の解説】

　Aさんは、職場の人間関係から居場所のなさを感じて、会社に行きたくないと言い出しました。それまでAさんをいろいろと支えてきた上司が定年退職したことにより、話し相手や心理的な支えを失った状態にあると考えられます。ただ、Aさんは、それでも出勤時は真面目に仕事をし、清掃の仕事自体は好きだと言っています。また母親に心配をかけたくないという優しさもあります。支援者は、このようなAさんのストレングスを認めて、尊重しないといけません。Aさんに自信をもってもらうことが大切です。また、Aさん自身は、決して仕事が嫌ということを訴えているわけではありません。本人の意向を踏まえての対応が必要です。本人の困難状況は、仕事自体ではなく、会社での人間関係であることを把握することが大切です。介入の焦点は、会社（社長や同僚の人々）との関係です。B相談員が行ったように、会社に対して、Aさんの気持ちを伝えるとともに、Aさんへの理解を促し、「この仕事が好きだ」というAさんがこれからも働き続けられる環境整備への協力を促すことが求められます。

【課題3】

　地域における障害者の就労と生活を支援するために、関係する機関にはどのようなものがあるか、また関係機関相互の連携はどうあるべきなど、就労と生活の一体的な支援のあり方について考えてみましょう。

【課題3の解説】

　障害者の就労を支援する機関としては、ハローワークや、事例に出てきた障害者就業・生活支援センターが代表的な機関です。事例のAさんの場合は、母親と2人暮らしであり、現在は、食事等の生活面については安定している状況にあると考えられます。しかし、今後母親が高齢になり、たとえば病気や介護が必要となることも考えられ、さまざまな事情でAさんや母親の生活状況の変化も予想されます。将来のこの母子家庭への支援を考えたときには、障害者福祉と高齢者福祉の分野横断的な支援や、福祉施設や事業所との連携も視野に入れることが必要になることでしょう。働くことと生活することは不可分の関係にあります。日々の生活の安定は就労の安定を支えます。また安定した就労は日々の生活の安定に寄与します。地域における生活支援と就労支援が一体的に行われることが求められます。

11. さらに学習を進めるための文献

- 御前由美子『ソーシャルワークによる精神障害者の就労支援―参加と協働の地域生活支援―』明石書店、2011年
- 日本社会福祉士会編『ソーシャルワーク視点に基づく就労支援実践ハンドブック』中央法規出版、2011年
- 山崎順子・六波羅詩朗編『地域でささえる障害者の就労支援―事例をとおしてみる職業生活支援のプロセス―』中央法規出版、2009年

|16| アウトリーチ

事例タイトル
地域住民に対するアウトリーチとニーズ把握

1. 実践レベル
全て

2. 実践プロセス
☑インテーク　☑アセスメント　☑プランニング　☑支援の実施
☐モニタリング　☐効果測定　☐終結とアフターケア

3. 相談援助の理念
人権擁護、社会正義、権利擁護、社会的包摂

4. 実践モデル／アプローチ
エコロジカルモデル、エンパワメントアプローチ、地域組織化アプローチ、ソーシャルアクションアプローチ

5. 学習のポイント
①日本に暮らす外国籍住民の現状について理解させる。
②外国籍高齢者の抱える福祉的課題について学ばせる。
③地域活動の場づくりについて考えさせる。

6. 事例の記述（ビネット）

　A市B区は人口約10万人で、そのうち外国籍住民の比率が20％を超えている外国籍住民の集住地域です。また、B区の外国籍住民の高齢化率は日本人の高齢化率と近似値をとっています。

　B区のある地域の民生委員Cさんは、地域の1人暮らし高齢者のご自宅へ見守り活動として定期的に訪問しています。Cさんは、外国籍住民のDさん（75歳・女性）の自宅にも何度か訪問しました。

　DさんはCさんの訪問に対して初めは警戒していましたが、少しずつ関係性がつくられるようになりました。あるとき、CさんはDさんに生活の中で困りごとはないかどうかについてたずねました。

　Dさんは次のように話されました。

「10歳で両親に連れられて朝鮮半島から日本にきました。日本での生活は苦しく、子どもの頃から家の仕事を手伝ってきました。同じ朝鮮半島出身者同士で結婚してからは、自営の仕事で忙しくしてきました。子どもも育てましたが、仕事が大変でご近所との付き合いもあまりしてきませんでした。

　1人で暮らす今は食事をつくるのが大変だと思うことがあります。外出の機会もあまりありません。整骨院の先生から地域の皆さんが集まって食事をするような場所があるから、行ってみてはどうかとすすめられましたが、民族のことで大変な思いをしたことがあるので日本人の人ばかりの集まりの中に参加することにためらいがあります」

　また、次のようにも話されました。

「最近は健康に不安を感じることがあります。介護保険料は支払っていますが、もしも将来、介護が必要になったときにサービスを利用できるのでしょうか。年金も低額なので、費用のことも不安です。それから何か手続きをするときに字を書くことが苦手です」

　Cさんは、Dさんの話が気になり、Dさんに地域の相談窓口と情報共有をしてもよいか確認をとったうえで地域包括支援センターのソーシャルワーカー（以下、SW）に連絡をとってみることにしました。

　地域包括支援センターのSWは、Dさん宅へ在宅支援サービスや地域活動への参加、また介護保険制度に関する情報提供活動に出かけることにしました。

　A市では在宅支援サービスとして、1人暮らし高齢者に対して会食型の食事サービスが実施されています。会食型の食事サービスの利用者数は他のサービスに比べて利用される方が最も多くなっています。B区でも15カ所で会食型の食事サービ

スが実施されており、利用者は、食事と地域の人たちとの交流を楽しまれています。

7. 事前学習の課題例

事前学習では、地域住民の地域活動への参加の機会にはどのようなものがあるかについて調べてくる課題を出します。

また、それぞれの地域活動の場が持つ機能についても考えてきてもらうようにします。例えば、会食型の食事サービスは、栄養のバランスのよい食事を食べることができる、外出のきっかけをつくる、地域住民との交流の場となる、見守り支援の場にもなっている、というようなことです。

8. ロールプレイの例示

地域包括支援センターのSWがDさん宅に訪問する際に、どのように自己紹介をさせてもらうか、また訪問の目的についてどのように話をさせていただくかを考えてみましょう。

初回訪問時に、Dさんと話をする場面を想定し、SW役、Dさん役、観察役を決めてロールプレイをしてみましょう。

学生同士で役割を交代しながら、それぞれ気づいたことについて意見交換をしましょう。その後教員より学生たちの気づきに対するコメントを行い、初回訪問時の自己紹介、また訪問の目的についてどのように話すのかについて説明します。

9. グループ作業の例示

作業1

SWが初回訪問でDさんと話をするときに、外国籍高齢者の地域での暮らしの背景についてどのような理解が必要になるのかグループで話し合ってもらいます。

日本で生活されている外国籍住民の人たちは、さまざまな背景を持っていらっしゃいます。日本生まれの外国籍住民の方もいます。

日本での生活歴が長くても生活のために学校で学ぶ機会がなかった人たちもいます。識字に困難を抱えることに自尊感情を低くする人たちもいます。外国籍住民への差別や偏見もいまだ払拭されているとはいえません。

作業2

SWがDさん宅に訪問するまでに、どのような社会資源情報を提供することができる

のかについてグループで話し合ってもらいます。グループごとにそれらを発表し、クラスで共有します。

　Dさんは、地域活動に興味をもっているということ、また介護保険サービスの利用について不安をもっていること、また識字の困難性についても話されています。

　そのようなニーズに着目した場合SWがどのような社会資源を提供することができるのかについて教員から説明します。

10. 演習課題の設定と解説

1. 日本に暮らす外国籍住民の現状について統計データを調べてみましょう

　日本に在住する外国籍住民は、戦前から日本で生活している、主に韓国、朝鮮、中国籍のいわゆる「オールドカマー」と呼ばれる層と、主に1990年代頃より経済界の要請で、法務省が在留資格の緩和を行ったことによって来日した「ニューカマー」と呼ばれる層があります[18]。また、外国籍住民の集住地域が都市部を中心として存在します。

　在留外国人統計によると、日本に暮らす在留外国人の数は、212万1831人となっています（2014年12月末現在）。国籍別に一番多いのは中国籍で65万人を超え、次に多いのが韓国・朝鮮籍で50万人を超えています[19]。

　オールドカマーは、日本が初めて経験する外国籍住民の高齢者となります。そのなかには、日本の植民地政策の背景があり日本へ渡航してきた人たちがいます。日本で暮らす外国籍住民は日本社会の偏見や差別などで辛い経験をしている人たちもいます。

　外国籍住民の方々が日本で暮らす背景はさまざまです。

2. 外国籍高齢者が地域活動や社会福祉サービスに関して情報を入手するにはどのような課題があるのか、またどのような方法があるのか考えてみましょう

　外国籍高齢者にとって、日本での生活歴は長くても、教育を受ける権利が保障されていなかったために、識字に困難を抱える人がいます。日常生活の言語コミュニケーションに不自由はなくても、難しい言葉の理解や、文字の読み書きが難しい場合があります。そのため、文字媒体による情報ツールがあまり意味をなさないことがあります。

　また、仮に、地域活動への参加の機会があったとしてもそのハードルが高い場合があります。民族のことで辛い思いをしたことがある場合や、文化的背景に配慮されていない行事であれば、参加する気持ちになりません。

18　社団法人日本社会福祉士会編『滞日外国人支援の実践事例から学ぶ多文化ソーシャルワーク』中央法規出版、2012年
19　法務省入国管理局「在留外国人統計（旧登録外国人統計）統計表（2014年12月末現在）」http://www.moj.go.jp/nyuukokukanri/kouhou/nyuukokukanri04_00050.html

介護保険制度の利用に関する不安には、制度的な問題もあります。外国籍住民が国民年金に加入できるようになったのは、年金制度の難民条約批准に伴う国籍要件が撤廃された1986（昭和61）年のことです。

　就職差別などもあり自営業を営むオールドカマーにとって、国民年金への制度加入ができるようになったことは大きな意味をもちますが、外国籍高齢者のなかには、年金に加入するための一時金を支払うことができずに無年金となった人、また低額の年金しか受給できていない人たちがいます。

　介護保険制度は3か月以上の在留資格がある外国籍住民も被保険者となります。外国籍高齢者も介護保険制度に加入しますが、65歳以上の第1号被保険者の保険料の支払いは年金から天引きされることになっています。年金から天引きができない場合は納付書等を用いて保険料を納めることとなります。

　外国籍高齢者は、日本の社会保障制度の権利が日本人と同じように保障されてきたわけではないために保険料は納めていても、制度の理解が不足している場合が少なくありません。介護保険制度のことは一例で、生活保護制度に関しても外国籍住民は準用扱いとなっており、不服申立ての権利がありません。法制度の整備にはいまだ課題があるのが現状です。

　情報伝達の方法として最も有効だと考えられるのは、人から直接説明を聞くことです。そのため、地域包括支援センターなどのSWなどが地域へ出向いて情報提供活動をすることは、有効な方法となります。外国籍高齢者には、必要なサービスにアクセスすることができる福祉アクセシビリティの向上への働きかけも重要となります。

3. 外国籍住民のニーズ把握、また文化的背景に配慮した地域活動の場づくりについて考えてみましょう

　2012（平成24）年に出入国管理及び難民認定法等改正により在留外国人の外国人住民票が市区町村で作成されることとなりました。2012（平成24）年以前に地域住民の声を聞く際、住民基本台帳をベースとした地域での生活に関するニーズ調査などでは、外国籍住民の声が十分に反映されたものではなかったことが考えられます。

　自治会などの組織への参加に関しては、外国籍住民の場合、その地域での居住歴が長くても自治会の役員になる前例がない場合もあります。また、外国籍住民の場合民生委員の委嘱を受けることもできません。身近な基礎自治体である地方参政権も確立されていません。これらは一例ですが、このような背景は外国籍住民が主体性をもって地域活動への参加をすることが難しいということの一因と考えることができます。

　例えば、外国籍高齢者の生活に関するニーズ把握をするのであれば、アウトリーチ活

動などによる訪問面接調査の方法があります。あとは外国籍住民による自助組織である民族団体や外国籍住民の文化的背景に配慮をしている外国籍住民により展開されている介護サービス事業所などとの意見交換の場を設定する方法があります。

　CBPR（Community Based Participatory Research）という方法は、リサーチのすべてのプロセスで当事者と協働し、コミュニティのエンパワメントを目的とします[20]。

　ニーズ把握により明らかになった課題、例えば外国籍高齢者も気軽に集える地域での場がないのであれば、そのような場づくりを考えていくことも大切です。その際、地域活動の場づくりに関しても当事者の方々との協働が重要となります。

　外国籍住民と協働しながら地域の課題を考えていくことは、多民族多文化化が進展すると考えられる今後の日本社会において、不可欠な視点だといえます。

11. さらに学習を進めるための文献
1) 社団法人日本社会福祉士会編『滞日外国人支援の実践事例から学ぶ多文化ソーシャルワーク』中央法規出版、2012年
2) 武田丈『参加型アクションリサーチ（CBPR）の理論と実践――社会変革のための研究方法論』世界思想社、2015年
3) 木下麗子「在日コリアン高齢者の福祉アクセシビリティ――地域包括支援センターによる夜間中学校へのアウトリーチ実践から」『ソーシャルワーク学会誌』vol.28・29、1-15、2014年

|17| 地域福祉の計画

事例のタイトル
住民参加・職員参加の環境づくりと課題の見える化に取り組む地域福祉計画の策定

1. 実践レベル
□ミクロ　　☑メゾ　　☑マクロ

2. 実践プロセス
□インテーク　　□アセスメント　　☑プランニング　　□支援の実施
□モニタリング　　□効果測定　　□終結とアフターケア

20　武田丈『参加型アクションリサーチ（CBPR）の理論と実践――社会変革のための研究方法論』世界思想社、2015年

3. 相談援助の理念
自立支援、社会的包摂、権利擁護

4. 実践モデル／アプローチ
ストレングスモデル、地域組織化アプローチ、ソーシャルプランニング・アプローチ、ソーシャルアクション・アプローチ

5. 学習のポイント
①地域福祉計画は、その策定過程自体が地域福祉活動であるという認識が必要である。行政のみで策定されるのではなく、当事者や地域住民、福祉専門職等が幅広く参加した策定委員会や作業部会を組織して策定される地域組織化アプローチの視点を理解させる。

②利用者の個別課題について、同じ課題を抱えた人はいないか「課題の普遍化」を行い、地域全体の課題としてとらえていく視点を身につけます。地域の強みと課題をどのように把握し（ストレングス視点）、それらを踏まえたプランニングをどのように行うのか、計画策定の視点と進行管理の必要性を理解させる。

③地域福祉計画の策定を通じて、住民参加や当事者参加の仕組みづくり、新たなサービスの創設や支援体制のシステムづくりといった社会資源開発、ソーシャルアクションの視点を理解させる。

6. 事例の記述（ビネット）

　A市役所地域福祉課職員のBさん（社会福祉士）は、地域福祉計画の担当です。第1次地域福祉計画の最終年度が来年度のため、地域福祉計画の見直しを行い、第2次地域福祉計画を策定することになりました。第1次計画では、シンクタンクに依頼して調査実施や計画原案を作成して進めたため、住民参加が不十分で地域福祉に関する市民の意識も低いと考えていました。そのため、地域福祉課では、第2次計画では住民参加や職員参加によって計画づくりを行いたいと考えていました。

　まず、地域福祉計画を策定するための横断的な事務局体制をつくるために、市役所内の福祉関係部署（高齢者福祉課、障害者福祉課、児童福祉課、健康推進課等）に声をかけ、地域福祉計画策定プロジェクトチームを市役所内に創設しました。次に、このプロジェクトチームに市社会福祉協議会、市内社会福祉施設職員等も加わってもらえるよう話をして回りました。このようにして、市役所内の職員と市内の福祉専門職が一緒に計画づくりを行う環境が整いました。

次に、地域福祉計画策定委員会を設置するために、民生委員や老人クラブ、町内会・自治会、障害者団体、医療・保健・福祉・教育・司法等の専門職などと連絡を取り、策定委員になってもらえるよう交渉をしました。また、ボランティアグループのリーダーやNPOにも策定委員になってもらえるよう声をかけて回りました。また、市民からも公募委員を募るため、市の広報紙やホームページで募集を行いました。そして、事務局と一緒に全体をまとめて計画策定を進めてもらう学識経験者の大学の先生にも依頼をしました。このようにして、地域福祉計画策定委員会が多くの住民参加によって組織されました。さらに、より住民参加や職員参加を進めるためにいくつかの作業部会を作り多くの人々に参加してもらうことにしました。こうして策定委員会と作業部会が組織され計画策定を進めていく環境がさらに整いました。

　Bさんは、市内の町内会・自治会単位で社会福祉協議会と連携して住民懇談会を開催し、KJ法やブレインストーミングを活用して、地域住民が地域課題を学び知る機会をつくりながら地域住民の声を集めました。さらに、ニーズを表現することが難しい多くの当事者や市民の声を集めるために、作業部会を中心としてフォーカスグループインタビューを行いたいと考えました。作業部会のメンバーを中心にグループインタビューを行うチームをつくり、さまざまな団体のところに出かけて行きフォーカスグループインタビューを行いました。

　このようにして集まってきたさまざまな個別課題のニーズを作業部会で分析し、地域での共通課題を見いだす「課題の普遍化」を行い、地域の強みや課題と結びつけて検討を行いました。その結果、策定委員会での決定により、第2次計画では、行政と住民が役割分担をし、協働しながらパートナーシップで取り組んでいくいくつかの重点施策となるプロジェクトを構想することになりました。そのプロジェクトは、ゴミ屋敷解決プロジェクト、認知症高齢者徘徊支援プロジェクト、ひきこもりの若者支援プロジェクト、災害地域支援プロジェクト、総合相談・権利擁護支援プロジェクト、子育て福祉教育推進プロジェクト、生活困窮者支援プロジェクト、地域人材育成プロジェクトなどでした。

　制度の狭間で埋もれていた問題を中心として取り上げ、社会的包摂の視点から地域福祉に取り組んでいくことになりました。事務局を組織していた市役所と専門職で構成されていた地域福祉計画プロジェクトチームもこれらのプロジェクトにかかわることとなり、横断的な取り組みが可能となりました。こうして原案ができた第2次地域福祉計画は、市民からのパブリックコメントをもらって修正を加え、完成しました。

計画策定後は、第2次計画が適切に実施されているか住民参加によってチェックをしていく進行管理のための委員会も策定委員会が継続して行うこととなりました。市役所地域福祉課のBさんは、今回の地域福祉計画の策定をとおして、A市住民の地域福祉への関心が高まり、市役所と多くの人々が協働する地域福祉活動の展開が始まったと感じています。

7. 事前学習の課題例

①地域福祉計画の策定に、どのような人々が社会資源としてかかわるとよいかが重要な視点となります。地域福祉活動では、どのような人がどのような活動をしているか事前学習として考えてみましょう。

②なぜ市役所内に横断的なプロジェクトチームをつくる必要があったのでしょう。市役所の組織の特徴について考えてみましょう。

③障害者や介護者など声を上げにくい人々のニーズをどのように集めたらよいか考えてみましょう。

8. ロールプレイの例示

職員B：市内の町内会・自治会単位に住民懇談会を開催して、住民のニーズを集めたいと思っています。

委員A：どのような方法で住民懇談会を行うのですか？

職員B：KJ法というカードに記入してもらう方法で行います。模造紙にカードを貼っていきながら課題を整理するので、作業のまとめを発表するなかで住民のみなさんにその地域の課題を知ってもらう機会にもなります。

委員C：住民のみなさんにとって、よい学習の機会になりますね。でも、住民懇談会に来られない人の声はどのように把握するのですか？

職員B：そうですね。大切な視点ですね。フォーカスグループインタビューという、グループのところにこちらから出かけて行ってインタビューする方法があります。みなさんでやってみませんか。

委員C：そんな方法があるのですね。

委員A：やってみましょう。声を上げにくい人のニーズを大切にしましょう。

9. グループ作業の例示

<自治体の地域福祉計画を資料として活用したグループ作業>

①グループに分かれて、インターネットで身近な自治体の地域福祉計画をみつけて、1

つ選び印刷します。
② その計画の策定委員会がどのように組織され、開催されているか住民参加の視点から調べます。
③ 住民のニーズをどのような方法で把握しているかを調べます（アンケート調査、住民懇談会など）。
④ 住民のニーズが計画のどの部分に反映されているかグループで話し合います。
⑤ 計画の進行管理の委員会が計画に盛り込まれているか確認します。
⑥ 演習クラス全体でグループ発表し、各計画の違いや学生間の視点の違いを共有します。

10. 演習課題の設定と解説

＜演習課題＞
① あなたが地域福祉計画の担当者だったら、どのような人々と一緒に計画を策定するとよい計画ができると思いますか。
② 住民参加の方法は、どのような方法があると思いますか。
③ 職員参加は、なぜ必要だと思いますか。
④ 地域住民のニーズを把握する方法としてはどのような方法が考えられますか。その際、どのような配慮が必要ですか。
⑤ 個別課題から地域共通の課題としてとらえるためには、どのようなことが必要ですか。
⑥ 地域福祉計画に盛り込む新しい仕組みやシステムをつくることは、社会資源開発につながります。なぜ、新しい仕組みづくりが必要なのですか。

＜解説＞
　地域福祉計画を策定していく際には、住民主体の視点が重要です。その地域で暮らしている住民こそが主体的に地域福祉活動に参加できるような取組みが求められます。住民参加が重要なのはこのような理由からです。また、地域福祉の計画策定は、その策定過程自体が地域福祉活動であるという認識が必要です。そこには、住民参加のみではなく職員参加が重要です。計画の策定過程においてさまざまな組織や団体、人々を結びつけていく「地域組織化アプローチ」の視点が求められます。その結果、職員が参加していることによって、職員の専門職から気づく視点が計画に反映され、計画策定後も職員が計画を実践していくことにつながります。
　さらに、地域のニーズを把握していくためには、地域特性を踏まえた地域アセスメントが不可欠です。この地域アセスメントを行う際には、地域の強みと課題の両方を適切

にアセスメントすることができるかが重要であり、「ストレングスモデル」の視点が求められます。認知症高齢者の徘徊や権利擁護の支援等、個別課題が地域共通の課題につながるものがあります。その個別課題を地域の課題として普遍化していくためには、その地域自体が抱えている課題とそれらを解決するためにも地域の強みを結びつけることが重要となります。このようなストレングスモデルの視点も地域福祉計画の策定には不可欠です。

そして、計画策定においては「ソーシャルプランニング」のスキルが求められます。ここでは、メゾ及びマクロのプランニングを指しますが、5年先、10年先の地域社会の変化や人々の変化を予測しながら計画を進めていかなければなりません。また、このような課題に対応するためには、既存のサービスを結びつけていくだけでは解決できない課題が多くあります。そのためには、新たなシステムづくりが求められ社会資源開発やソーシャルアクションが地域福祉計画の策定において求められることになるのです。

制度の狭間にいる人、なかなか声を上げることができない人のような声なき声を、いかに地域福祉計画に盛り込み計画的にソーシャルワークを展開できる仕組みを整えていくか。地域においてソーシャルワークを実践していくうえでは、この権利擁護の視点は不可欠であり、自立支援を展開していくうえで重要な視点となるのです。

11. さらに学習を進めるための文献

1) 岩間伸之・原田正樹「地域福祉援助をつかむ」有斐閣、2012年
2) 日本地域福祉研究所監、中島修・菱沼幹男共編「コミュニティソーシャルワークの理論と実践」中央法規出版、2015年
3) 「多様化する学習主体に対応した『地域福祉教育』の場・教材の開発研究報告書（2011〜2014年度科学研究費補助金（基盤研究B）研究成果報告書）【研究課題番号：23330185】（研究代表者　原田正樹）」地域福祉教育研究会、2015年

18 ネットワーキング

事例のタイトル
利用者支援にいかすネットワークづくり

1. 実践レベル
☑ミクロ　☑メゾ　□マクロ

2. 実践プロセス

☑インテーク　☑アセスメント　☑プランニング　☑支援の実施
☐モニタリング　☐効果測定　☐終結とアフターケア

3. 相談援助の理念：

人権尊重、権利擁護、社会的包摂

4. 実践モデル／アプローチ：

パーソン・センタード・アプローチ、地域組織化アプローチ、ソーシャルプランニングアプローチ

5. 学習のポイント：

①支援を必要としていない人へのアプローチについて考えさせる。
②地域の社会資源の活用について考えさせる。
③ネットワーキングのあり方について考えさせる。

6. 事例の記述（ビネット）

　Aさん（女性・80歳）は1人暮らしをしています。息子が1人いますが、所帯を持ち遠方で暮らしています。Aさんは長年会社勤めをしてきて、月々の年金で生活費は十分にあり、貯金と仕送りもあり、経済的に困ることはなく生活してきました。

　Aさんの趣味は家庭菜園で、季節の野菜を育てては、1人では食べきれない分を近隣住民の方々に配っていました。花を育てるのも好きで、玄関先には手入れの行き届いた花がいつも咲いていました。

　あるとき、近隣住民Bさんから、最近のAさんの様子が気になるとのことで社会福祉協議会の福祉活動専門員（コミュニティワーカー）へ連絡が入りました。Bさんは「1か月程前、Aさん宅で火の不始末が原因でボヤ騒ぎがありました。あまり近所では見かけない人が頻繁にAさん宅に出入りをしているみたいです。お買い物でよく外出されていますが、庭の手入れもされなくなっているようです」と話されました。

　社会福祉協議会のコミュニティワーカーは、社会福祉協議会が委託を受けている地域包括支援センターの主任介護支援専門員と共にAさん宅へ訪問することにしました。

Aさん宅に伺うと、玄関先の植木鉢の花は枯れ、庭は荒れ、またポストには数日分の新聞がたまっていました。
　コミュニティワーカーが「地域生活で何かお困りごとはありませんか」とお聞きすると丁寧な対応をして下さりお部屋に通してくれました。
　Aさんは「大丈夫です。ありがとうございます。最近は、必要なものを自宅に届けに来てくれる人がいてとても助かっています」と話されました。部屋には所せましと防災グッズ、健康器具などが並べられていました。
　また、台所の壁には黒く焦げた所が残っていました。食事についてお聞きすると「火の不始末が原因でボヤ騒ぎを起こしてしまい、息子が自宅を訪れた際、かなりきつく怒られてしまいました。それ以来、好きだった料理はほとんどしなくなりました。昔からよく利用しているお総菜屋さんが近くにあるので、いつもそちらに買いに行っています。料理をしなくなったのでお野菜もつくらなくなってお庭が荒れてしまいましたが、住み慣れたこの地域でのくらしが気に入っています」と話されました。
　コミュニティワーカーと主任介護支援専門員はお総菜屋さんにも話を聞きにいくことにしました。
　お惣菜屋さんは「Aさんはここでお買い物をされるときに、銀行の封筒からお支払されることがありますが、銀行に行くと、毎回かなりのお金を下していらっしゃるようです。それから、最近はお1人で食べきれないのではないかと思うくらいの量を買おうとされるので、こんなにたくさん大丈夫ですか、とお聞きすることもしばしばです」と話されました。
　また「いつも身なりを整えていらっしゃる印象をもっていますが、最近は服装や髪が少し乱れたままお越しになります」とも話されました。
　コミュニティワーカーと地域包括支援センターの主任介護支援専門員は地域ケア会議を開くことにしました。

7. 事前学習の課題例

　事前学習では、Aさんの状況でどのようなことが気になるのかをアセスメントする課題を出します。可能であれば、Aさんのニーズ、キーパーソンや活用できる社会資源についても整理してきてもらうようにします。

8. ロールプレイの例示

　コミュニティワーカーと主任介護支援専門員が地域ケア会議を開く前に、それぞれど

のようなことに着目して、Aさんの状況についてアセスメントをするかについて、ロールプレイをしてみましょう。

　コミュニティワーカー役、主任介護支援専門員役、観察役を決めてロールプレイをしてみましょう。学生同士で役割を交代しながら、それぞれ気づいたことについて意見交換をしましょう。その後教員より学生たちの気づきに対するコメントを行い、アセスメントの視点について説明します。

9. グループ作業の例示

作業1

　グループに分かれてAさんを取り巻く環境についてエコマップを用いて整理をしてもらいます。またAさんの人物像についてもグループで話し合いをし、今回の事例に関してどのようなことがポイントになるのかについて発表してもらいます。

　教員はキーパーソンや活用できる社会資源について説明します。Aさんが信頼している人がAさんに不要なものを売りつけている可能性があること、権利擁護の必要性があることについても説明します。

作業2

　Aさんが趣味としている家庭菜園や花の手入れ、また料理について、Aさんがそれらに取り組む際にはどのような社会資源やネットワークが活用できるかについてグループで話し合ってもらいます。

　教員はフォーマルネットワーク、インフォーマルネットワークについて説明し、Aさんの地域生活の支援についてそれらを複合的に組み合わせるネットワーク構築について説明します。

10. 演習課題の設定と解説

1.支援の必要性を感じていないAさんへのアプローチについて考えてみましょう

　本ビネットでは、Aさんは「困りごとがない」と言っています。一方で、業者から不要なものを購入している可能性があり、権利擁護について支援を開始する必要性があります。本人の不利益が考えられるため社会福祉協議会のコミュニティワーカーは、福祉サービス利用援助事業（地域福祉権利擁護事業）による金銭管理、もしくは判断能力の低下による成年後見制度の利用について検討します。

　悪徳業者からの購入に関しては消費生活センターとも連携する必要があります。近所の方が見慣れない業者が出入りしていることに気づいていることからも、民生委員や見

守りネットワークの強化についても検討していく必要があります。

　さらに、認知症の初期症状が疑われることから、早期の専門医への受診が望まれますが、受診の促しには支援者の介入が必要になります。受診や介護保険サービス利用の検討に関しては、キーパーソンである息子さんに最近のAさんの状況について事情を説明しておく必要があります。

　本人が支援を必要としていない場合であっても、本人の権利が侵害されていると考えられる場合には、専門職として積極的な働きかけが重要となります。

2. 地域ケア会議を開催する目的について考えてみましょう

　地域ケア会議とは支援困難事例を検討し、その解決を図ると同時に、地域社会全体でのニーズを明らかにする会議です。[21]

　Aさんには認知症の初期症状が疑われます。地域ケア会議では、Aさんの権利擁護のための支援をどのように展開していくかについて検討するとともに、会議の回を重ねながら、地域社会全体において、認知症高齢者に限らず悪徳業者の被害を受けないようにするために、地域における啓発活動についても検討するようにします。

　さらに、地域社会において認知症について学ぶことのできる機会をつくるなど、認知症の普及啓発活動への取り組みについても取り上げるようにします。

　また、家族との関係性をつくり、Aさんが進行性の認知症であった場合に、長期的なケアの方向性について家族を交えて検討をする必要があります。

　地域ケア会議には、専門職以外の者が参加することもありますので、守秘義務に関しての重要性を説明します。

3. 本ビネットに関するネットワーク構築のあり方について考えてみましょう

　Aさんを支援するネットワークについて検討していく際は、フォーマルなサポートだけではなく、インフォーマルなサポートも活用していくソーシャルサポートネットワークについて検討していく視点を考えるようにします。

　インフォーマルなサポートに関しては、早急にネットワーキングを働きかけていくことのできるキーパーソンとして、Aさんを気にかけてくれている近隣住民であるBさんの存在、お総菜屋さんや銀行の窓口係の人、新聞配達員があげられます。

　気になることがあれば連絡してもらう体制をつくるように働きかけをしていくように情報ネットワークをつくります。

21　白澤政和『地域のネットワークづくりの方法――地域包括ケアの具体的な展開』中央法規出版、p.32、2013年

また、民生委員による見守り活動の強化や自治会などへの悪徳業者に対する啓発活動の実施も検討できます。
　さらに、Aさんが利用できるフォーマルなサービスとつなげていくこともネットワーク構築の1つです。介護保険サービスの申請について検討すること、また介護保険サービスを利用しない場合であっても、在宅福祉サービスの利用について検討することができます。例えば食事に関しては、介護保険サービスを利用する場合は、ホームヘルプサービスの利用を考えることができますし、在宅福祉サービスを利用する場合は、配食サービスなどを利用することも1つの方法だといえます。家庭菜園に関しては、ボランティアの活用を考えることもできます。
　Aさんが表明しているニーズとして「住み慣れた地域で暮らしていきたい」ということを考えるにあたっては、Aさんの意思を尊重するパーソン・センタード・アプローチによる支援のあり方を考えるようにします。
　Aさんの支援についてネットワークを考えていくことは、地域の支え合いネットワークにつながることでもあります。既存の資源をつないでいくことだけではなく、新たなネットワーク構築についても働きかけをしていくことが地域組織化の視点として重要となります。認知症高齢者の生活を地域で支えるための仕組みづくりには、Aさんだけの支援を考えるのではなく、認知症高齢者への理解促進を含め、地域全体の課題としてネットワーク構築のあり方を考えていくことが大切な視点となるでしょう。

11. さらに学習を進めるための文献

1) 白澤政和『地域のネットワークづくりの方法──地域包括ケアの具体的な展開』中央法規、2013年
2) 太田貞司編集代表　太田貞司・森本佳樹編著『地域包括ケアシステム──その考え方と課題』2011年、光生館
3) 厚生労働省「地域ケア会議について」
　http://www.mhlw.go.jp/file/05-Shingikai-12301000-Roukenkyoku-Soumuka/02_2.pdf

19 社会資源の活用・調整・開発

事例のタイトル
地域の生活課題への取り組みに必要な社会資源の活用・調整・開発

1. 実践レベル
☑ミクロ　☑メゾ　☑マクロ

2. 実践プロセス
☑インテーク　☑アセスメント　☑プランニング　☑支援の実施
☐モニタリング　☐効果測定　☐終結とアフターケア

3. 相談援助の理念
社会的包摂、自立支援、利用者本位

4. 実践モデル／アプローチ
地域組織化アプローチ

5. 学習のポイント
①ボランティアコーディネーションの機能について理解させる。
②社会資源の活用・調整における組織間連携について学ばせる。
③社会資源の開発について学ばせる。

6. 事例の記述（ビネット）
　社会福祉協議会に勤めるボランティアセンターのボランティアコーディネーター（以下、Ａワーカー）に、特別支援学級に通う障害児の登下校に関してボランティアの方に支援を求めたいという相談の電話が入りました。
　軽度の知的障害があるＢさん（10歳）の母親のＣさんからの相談内容は次のようなものでした。
「子どもの小学校の登下校に関して、いつもは送迎をしていますが、パート勤務の関係で送迎が難しいときがあります。Ｂは、知らない人であっても話しかけられるとすぐについていってしまうと思います。それに、自分の興味のあることがあれば、夢中になっ

て周りがみえなくなり、道路の横断が危ないときや、寄り道をして帰りが遅くなるときがあります。何度か１人で帰らせることもありましたが心配です。以前、私が体調を崩したときは、Ｂに学校を休ませたことがありました。通学に関する支援がお願いできればと思っています」

　ＡワーカーがＰＴＡなどの登下校の見守りの体制についてお聞きすると、登下校の見守りは当番制で実施されているとのことでした。ただ、地域での見守りの場所や時間帯が限られているため、限界を感じているとのことでした。Ａワーカーはボランティア募集に関するお知らせを社会福祉協議会の掲示板と、広報誌に掲載することを伝えました。

　掲載から１か月が経ったころ、地域の高齢者合唱団のサークルから、団体で応募がありました。また他にも高齢者の方々数名から応募がありました。

　Ａワーカーは、今回の募集で集まった人たちと、ＰＴＡの見守り活動と、連携していくのはどうかという提案をしました。

　ボランティア募集で集まった高齢者の方々は「Ｃさんのニーズに加えて、地域の子どもたちの安全と安心のために登下校の見守りボランティアとして貢献したい」という思いから「登下校見守り隊」として小学校の登下校の見守りネットワークに向けてその準備に取り組むことにしました。

　ＡワーカーはＰＴＡの役員会が開催されるときにＣさんのニーズと「登下校見守り隊」の活動とＰＴＡの見守り活動の連携について提案するために小学校に出向きました。

　役員会では、学校の先生方や保護者の方々に、社会福祉協議会、またボランティアセンターの機能について説明し、今後の見守り体制の連携について提案する機会を得ることができました。役員会には「登下校見守り隊」のメンバーがまとめた活動可能な週間スケジュールを一覧にして提出しました。

　保護者の方々からは「社会福祉協議会やボランティアセンターの役割についてもう少し知った上で連携するのがよいのではないか」「役員会と交通見守り隊との話し合いのセッティングが難しいので、今までどおりＰＴＡとしての取り組みで対応したい」との意見があがりました。「ぜひ連携していきたい」という声もありましたが、連携については引き続き話し合っていくことになりました。

　一方「登下校見守り隊」では、小学校の登下校に関してどのようなところで見守りをするのがよいのかについて、地域アセスメントを行いました。また障害児の移動支援に関して学習会を開くことにしました。学習会ではガイドヘルパーの講座についても情報を共有しました。

　Ａワーカーによると、小学校の福祉教育は社会福祉協議会のコーディネートの下、地

域の障害者の支援団体がかかわっていました。障害者の支援団体はガイドヘルパーの移動支援事業所でもあることが分かりました。「登下校見守り隊」のメンバーのなかからは、ガイドヘルパー養成研修を受講し、移動支援事業所に登録する人も出てきました。

その後、Aワーカーが障害児の通学支援に関して、他の自治体について情報収集をしてみると、通学支援を就労の場として見守りネットワークを構築している所や自治体独自のサービスを展開している所もあることが分かりました。

7. 事前学習の課題例

社会福祉協議会のボランティアセンターの機能、ボランティアコーディネーターの役割について調べてくる課題を出します。また自分が住む地域のボランティア情報にはどのようなものがあるのかについてそれぞれ発表してもらいましょう。

8. ロールプレイの例示

小学校で行われるPTAの役員会で、Aワーカーによる社会福祉協議会、ボランティアセンターの紹介、また「登下校見守り隊」の人たちの思いをどのように代弁するのかについて、Aワーカー役、保護者役、先生役になりロールプレイをしてみましょう。

そのうえで気づいたことについて意見交換してみましょう。その後教員より学生たちの気づきに対するコメントを行い、社会福祉協議会、またボランティアセンターの機能について紹介する際にどのような視点が必要となるかについて説明します。

9. グループ作業の例示

作業1

本ビネットに活用できると考えられるフォーマルな社会資源とインフォーマルな社会資源についてグループごとに発表してもらい、クラスで共有します。

作業2

「登下校見守り隊」による地域アセスメントはどのような視点が必要になるのかについてグループごとで話し合ってもらいます。また、アセスメントの方法についても話し合ってもらい、発表してクラスで共有します。

10. 演習課題の設定と解説

1. 社会福祉協議会の取り組みやボランティアセンターの機能について、学校に理解を促す方法としてどのようなことがあるのかを考えてみましょう

社会資源を活用する際、それぞれの連携があることで、活用の幅は広がります。本ビネットにおいては、PTAや学校の先生方が、社会福祉協議会の取り組みやボランティアセンターの機能について知る必要があるという声が出ています。

　それらについて知ってもらう方法としては、AワーカーはPTAの役員会だけで説明の機会を得るのではなく、例えば、広報誌やお知らせを学校に掲示してもらうことや、生徒の皆さまに配布してもらうことをとおして社会福祉協議会の役割やボランティアセンターの機能について知ってもらう機会をつくることの働きかけがあります。

　また、社会福祉協議会がコーディネートしている福祉教育に関して、障害者団体の福祉教育の場に、社会福祉協議会の取り組みについて知ってもらうことのできる内容を盛り込む方法もあります。

　子どもたちに自分たちで調べたことを発表してもらう形式で福祉教育を実施する場合は、社会福祉協議会の取り組みやボランティアセンターの機能について調べてもらうことを提案することも一案です。

2. 地域の子どもの安全を守るという地域課題について、社会資源を活用・調整する場合にPTAの見守り活動と「登下校見守り隊」の活動との連携がどのような効果をもたらすかについて考えてみましょう

　社会資源にはフォーマルな社会資源と、インフォーマルな社会資源があります。フォーマルな社会資源は法律や制度に基づいており、継続性や安定性があるものの活用が限定的な場合があります。インフォーマルな社会資源は柔軟性や即応性があるものの、継続性や安定性に欠ける場合があります。

　社会資源の内容の分類としては「①施設、②サービス、③マンパワー（人材）、④組織・団体、⑤財源、⑥情報、⑦拠点、⑧ネットワーク」があります。[22]

　PTAの見守り活動と「登下校見守り隊」の活動の連携は、地域の子どもの安全を守るという地域の課題に取り組むことであり、地域のネットワークづくりを推進することになります。地域のネットワークづくりの推進はコミュニティをエンパワメントすることにつながります。またAワーカーにはPTAの見守り活動と「登下校見守り隊」との連携に関して、会議を設定するなど、ファシリテーションを行う役割があるといえます。

3. 本ビネットにおいて社会資源の開発を行っていく場合はどのような取り組みがあるのか考えてみましょう

22　社会福祉士養成講座編集委員会『新社会福祉士養成講座 9 地域福祉の理論と方法（第3版）』2015年、pp.215-216、中央法規出版、2015年

法律の運用に関しては自治体によってそれぞれの場合があります。Cさんのケースに関しては、放課後等デイサービスの利用を検討することも社会資源の活用として考えることができます。ただし、事業所が近隣にない場合などは、社会資源の開発への取り組みが重要な視点となります。既存のサービスだけではニーズに対応できない場合にも社会資源の開発に取り組んでいきます。また、社会資源の開発はフォーマルな社会資源の開発だけではなく、インフォーマルな社会資源の開発についても検討するようにします。

　社会資源はそれぞれの地域で多様性があります。質や量にも地域差があります。社会資源の開発に取り組む際、他地域で先駆的なサービスが実施されている場合は、その背景等ついて情報収集することも大切です。当該の地域だけの現状をリサーチするだけではなく、他地域の取り組みに関しても情報収集することが必要となります。

　行政への働きかけには、地域における調査活動等をとおして地域のニーズを明らかにすることが有効です。社会資源の開発には、住民が主体的にかかわっていくこと、地域の生活課題に取り組む力を育むコミュニティをエンパワメントする視点が重要となります。

11. さらに学習を進めるための文献

1）岩間伸之・原田正樹『地域福祉援助をつかむ』有斐閣、2012年
2）社会福祉士養成講座編集委員会『新・社会福祉士養成講座 9 地域福祉の理論と方法（第3版）』中央法規出版、2015年
3）安梅勅江編著『コミュニティ・エンパワメントの技法──当事者主体の新しいシステムづくり』医歯薬出版、2005年

20 サービス評価

事例のタイトル
地域福祉におけるサービス評価

1. 実践レベル
☐ミクロ　　☑メゾ　　☑マクロ

2. 実践プロセス
☐インテーク　　☐アセスメント　　☐プランニング　　☐支援の実施
☑モニタリング　　☑効果測定　　☐終結とアフターケア

3. 相談援助の理念
・利用者本位　・自立支援　・権利擁護

4. 実践モデル／アプローチ
ストレングスモデル、エンパワメントアプローチ、地域組織化アプローチ、ソーシャルプランニング・アプローチ、ソーシャルアクション・アプローチ

5. 学習のポイント
①介護保険制度の導入と社会福祉基礎構造改革の実施によって、措置制度から利用者と事業者の契約に基づきサービスを利用する契約制度へと転換しました。さらには、規制緩和により、営利企業やNPO法人等の多様な事業者の参入がすすんだことによって、サービス評価の必要性が高まったことを学ばせる。

②どのような場面でどのようなサービス評価が求められるのでしょうか。近年、多く用いられているPDCAサイクルを学びながら、サービス評価において必要な視点と具体的な方法を理解させる。

③ソーシャルワークの実践には、サービス評価の難しいものもあります。サービス評価における課題点を学ばせる。

6. 事例の記述（ビネット）

　A市社会福祉協議会職員のBさん（社会福祉士）は、社会福祉協議会（以下、社協という）と地域住民の協働、行政や社会福祉関係者の協力によって策定した地域福祉活動計画の進行管理の方法について考えていました。昨年度、地域福祉活動計画の策定を終え、今年度はその計画を踏まえて社協発展強化計画の策定も考えているところでした。

　Bさんは、まず地域福祉活動計画の進行管理の方法として、計画策定時に構想していた評価方法に基づき、それまで計画策定を行っていた策定委員会を「地域福祉活動推進委員会」として計画の評価を行う委員会とし、計画の評価方法としてPlan（計画）－Do（実行）－Check（確認）－Action（改善）のPDCAサイクルで評価を行うことにしました。その際に、計画策定時にベンチマーク方式を導入し、標準的な数値目標を設定していたため、そのベンチマーク（標準値）が達成できているか基本指標、結果指標、成果指標、コスト指標の4つの指標分類で計画の進捗状況を評価していくことにしました。

　しかし、地域福祉の評価は、第1に、結果を数量的に測定しにくい点。第2に、サービス提供と結果の因果関係を証明することが難しい点。第3に、期待される結果は長期的なものである、という困難性があります。そのため、地域福祉の評価において重要な3つの視点を評価の視点とすることにしました。第1はタスクゴールで、獲得目標や目標値を前提に、実践の成果や達成度から評価する方法です。第2にプロセスゴールで、地域福祉実践の過程で利用者・住民がどのように意識を変化させてきたか、実践活動や計画づくりをとおしてネットワークがどの程度強まってきたのかなど過程自体を重視する評価方法です。第3に、リレーションシップゴールで、実践をとおして生まれた行政と利用者の力関係の変化や、ステークホルダー関係、地域の権力構造など福祉を取り巻く政治力学およびパートナーシップやコラボレーションの視点から見た変化度を見る評価方法です。Bさんは、以上のような評価方法で地域福祉活動計画の進行管理を進めていくことにしました。

　次に、Bさんは社協発展強化計画に取り組むこととしました。地域福祉活動計画を踏まえ、地域福祉活動の推進に社協がどのような役割を果たすのか。また、その役割を果たすためにどのように社協を発展させ、強化していくかを考えるための計画です。Bさんは、バランス・スコアカードというマネジメント手法のなかで「SWOT分析」という方法を用いることにしました。社協の強みと弱みを自己分析して評価し、今後の社協事業の展開の根拠とするためでした。SWOT分析は、組織の現状把握のための自己分析に用いられ、①強み、②弱み、③機会、④脅威の4

つのマトリックスによるクロス分析の手法です。これまで社協でさまざまな事業を検討する場合、社協内の課題を抽出して議論することが一般的でした。しかし、社協が持っているストレングス（強み）を適切に評価したうえで、社協の課題点や社協に期待されている機会や関係組織との厳しい環境など外部環境について分析していくことにしました。このような分析をとおして、社協の自己分析を適切に行うことができ、社協のストレングスを踏まえた社協発展強化計画を策定することができました。

　また、その社協発展強化計画のなかで、社協として「福祉サービス第三者評価事業」を行っていくことも盛り込まれました。福祉サービス事業者が提供するサービスの質を、事業者・利用者以外の第三者機関が専門的・客観的な立場で評価することにより、サービスの質の向上をめざす事業者の取り組みを支援するとともに、事業者選択にあたって利用者が活用可能な情報を提供することを、社協として目指していくことになりました。

　Bさんは、今回の評価分析を通じて、実践を実施したままにせずモニタリングや効果測定を行うことの重要性を改めて認識する機会となりました。今後は、地域福祉活動推進委員会において進行管理を行い、適切に評価を行っていきたいと考えています。

7. 事前学習の課題例

①サービス評価の視点として、福祉サービスの質は、（1）サービス提供の根拠となる制度の質、（2）サービス提供に伴う経営の質、（3）サービスの質（職種が提供する「知識」「技術」「倫理観」の総体）という3段階があります。サービス評価がなぜ必要なのか、事前学習として考えてみましょう。

②地域福祉活動計画の評価視点として、ベンチマーク（標準値）が重視されています。なぜ数値目標が必要なのか考えてみましょう。

③社協発展強化計画の策定に当たり、社協の自己分析として、なぜストレングス（強み）が盛り込まれているのか考えてみましょう。

8. ロールプレイの例示

＜地域福祉活動推進委員会での評価方法に関する意見交換の場面＞

　委員A：地域福祉活動計画の進行管理は、どのような評価方法によって行うのですか。

　職員B：PDCAサイクルで評価を行います。計画通りに実施されているかモニタリングを行い、評価し、改善していきます。その際、ベンチマーク方式に基づい

　　　　て行う予定です。
委員C：ベンチマーク方式とはどのような方法ですか。
職員B：地域福祉活動計画に盛り込んだベンチマーク（標準値）がどの程度達成できたかを見ながら評価していく方法です。
委員A：社協発展強化計画を策定するとのことですが、社協の現状をどのような方法で分析しようと考えているのですか。
職員B：SWOT分析という方法を用いて、社協の現状分析を行いたいと考えています。
委員C：どんな意味があるのですか。難しそうですね。
職員B：社協の強みと弱み、社協の外部環境の機会と脅威の4つの視点からクロス分析する方法です。特に、社協の強みをしっかり見つめることが、社協のストレングス（強み）を明らかにする点で大切であると考えています。
委員C：社協の強みがわかる自己分析の方法なのですね。わかりました。

9. グループ作業の例示

＜社協が実施している事業を評価しPDCAサイクルを学ぶグループ作業＞
①グループに分かれて、社協ホームページや図書館資料等を活用して、身近な社協の地域福祉活動計画とその社協が行っている事業（ボランティア講座やふれあいきいきサロン等）を1つ選び印刷します。
②その事業が実施計画通りに行われているか進捗状況を点検します（モニタリング）。
③その事業が目標に対して成果を上げているか点検します（計画や事業の有効性を点検します）。
④事業の評価を受けて、再アセスメント（新しいニーズの発見）を行います。
⑤事業内容や計画の見直し・修正点について話し合います。
⑥新しい事業をグループで考えてつくってみましょう。
⑦住民意識がこれらの事業でどのように啓発されるかについても話し合ってみましょう。

10. 演習課題の設定と解説

＜演習課題＞
①サービス評価は、（1）利用者評価、（2）サービス提供をする組織の自己評価、（3）利用者や組織の利害に影響を受けない第三者評価、の3つの側面があります。なぜ、この3つの評価の立場を理解することが必要なのでしょうか。

②サービス評価が必要とされた背景はどのようなことだったか思い出してみましょう。
③PDCAサイクルとは、一連のプロセスでどのようなことを行うのでしょうか。
④サービス評価は、取り組んできたソーシャルワーク実践を見直すことになりますが、担当者1人で行うことが可能な取り組みでしょうか。
⑤地域福祉の評価には、難しい点があります。どのようなことだったでしょうか。
⑥タスクゴール、プロセスゴール、リレーションシップゴールには、どのような評価の意味があったでしょうか。

＜解説＞
　事前学習の課題として、介護保険制度の導入と社会福祉基礎構造改革の実施によって、措置制度から利用者と事業者の契約に基づきサービスを利用する契約制度へと転換したことにより、規制緩和がすすみ営利企業やNPO法人等の多様な事業者の参入がすすんだことによって、サービス評価の必要性が高まったことを指摘しました。福祉サービス第三者評価事業について事例の後半で触れましたが、ますます重要になってきています。
　今回の事例では、社協が地域福祉活動計画を策定し、その後の進行管理と社協発展強化計画の策定を通じて、社協自体の現状分析を行っていくことを評価の留意点として位置づけました。これは、社協も多様な事業者の参入や地域環境の変化のなかで、求められる役割も変化し、その取り組むべき方向性もしっかりと分析評価をすることが厳しく問われていることを示しています。いわば、サービス評価をいかに適切に行うかが問われていることであり、他の社会福祉法人やNPO法人、営利企業等におけるソーシャルワーク実践においても同様のことが言えるでしょう。
　サービス評価は、メゾ及びマクロのレベルとして今回は取り上げましたが、全体を見てお気づきのように、利用者本位が不可欠であることからもミクロ視点も重要であることは言うまでもありません。エンパワメントアプローチやストレングスモデルの視点によるサービス評価が重要です。演習課題において、サービス評価は、(1)利用者評価、(2)サービス提供をする組織の自己評価、(3)利用者や組織の利害に影響を受けない第三者評価、の3つの側面が必要であるとしました。利用者評価は、利用者の満足度を測るうえで重要な指標です。また、サービス提供をする組織の自己評価は、サービス提供組織の責務とされており、地域社会、利用者に対する説明責任の観点からも基本的な機能として社会福祉法にも規定されています。しかし、この二者は主観的な評価として位置づけられるため、利用者や組織の利害に影響を受けない第三者評価が重要となって

きているのです。

　次に、Plan（計画）－ Do（実行）－ Check（確認）－ Action（改善）の PDCA サイクルで評価することは、一連のプロセスのなかでソーシャルワーク実践をモニタリングし、確認・点検をしながら、実践の見直しを行っていくプロセスです。利用者や家族、地域の状況は常に変化していくものであり、適切な点検・評価と実践の改善が求められます。

　それから、サービス評価は、担当者1人で行うものではありません。事例のように、地域福祉活動推進委員会を組織して進行管理を行う場合や、SWOT 分析を行う場合においても、多くのメンバーの意見や視点を盛り込みながら分析を行っていくことが不可欠であり、チームで評価分析を行っていく視点を忘れてはならないでしょう。このような実践には、地域組織化アプローチやソーシャルプランニング・アプローチが求められます。さらに、事業やサービスの改善を行っていく際には、ソーシャルアクション・アプローチの視点も不可欠となるでしょう。

　また、地域福祉の実践は、評価が難しいことを事例のなかで指摘しました。結果を数値化しにくいことや実践と結果の因果関係を整理しにくいこと、結果が長期的に見るものである点を指摘しました。ソーシャルワーク実践は、地域包括ケアシステムに象徴されるように、今後ますます地域において展開されるようになり、その評価分析も難しい要素を多数含むことが予想されます。そのため、実践のプロセスを評価するプロセスゴールや実践者間の関係性に着目したリレーションシップゴールがタスクゴールと合わせて、より重視されることが求められます。組織間の関係性がどのように向上したのか。住民の福祉意識が高まったのか。行政と住民のパートナーシップが進展したのかなど多様な視点からの評価が求められています。一方、数値化が難しい中においても、ベンチマーク方式による標準値の設定とその数値に基づく進行管理は、不可欠なものとなっています。数値化による実証的な評価分析と質的な評価を合わせた多面的なサービス評価が求められています。

11. さらに学習を進めるための文献

1) 日本地域福祉研究所監、中島修・菱沼幹男共編『コミュニティソーシャルワークの理論と実践』中央法規出版、2015 年
2) 全国社会福祉協議会『社会福祉学習双書』編集委員会編「社会福祉学習双書 2015 地域福祉論－地域福祉の理論と方法－」全国社会福祉協議会、2015 年
3) 新社会福祉士養成講座編集委員会編「新・社会福祉士養成講座 10　福祉行財政と福祉計画（第4版）」中央法規出版、2014 年

第4節 成績評価方法の理解と実際

1 明確、公平な成績評価の重要性

　本節では、学生の評価（成績）を行う際に教員が留意すべき事項について具体的に説明を行います。後にも触れますが、我が国の社会福祉士養成課程における学生の成績評価基準の設定については各々の養成校に委ねられており、教員は所属するその機関が定めるガイドラインに沿って学生の成績を評価を行なっているのが現状であるといえます。欧米で先駆的に導入されたGPA（Grade Point Average）制度はわが国の教育機関においても極めて一般的になり、GPAをゼミ選択や実習施設配属時の参考とする養成校は多いのではないでしょうか。

　GPAとは、科目ごとの成績がポイント（GP）に換算され、その平均で数値化するシステムです。具体例をあげましょう。GPA制度を導入しているT大学では、A評価では4点、B＋評価では3点、B評価では2点、C評価では1点、F評価の場合は0点とGPが設定されています。在学生のKさんは、心理学、ソーシャルワーク演習Ⅰ、ソーシャルワーク総論を履修し評価がそれぞれA、B、Cでした。GPが4＋2＋1＝7ポイントとなり、それを3科目で割り、GPAが2.33となるのです。

　GPA制度を導入していない教育機関においても、成績評価はその学生の就職活動および採用状況に大きな影響を与えるといっても過言ではありません。そのような観点からも学生一人ひとりが納得する成績評価を行う必要があることをこの場で強調したいと思います。

2 現在の相談援助演習における成績評価の現状について

　学生たちは入学後、まず講義を通じて専門職として必要な知識や理論の習得を行います。そして、現場実習に出る前に、教室レベルにおいて、それまで学んできたものを実践する「演習」の授業を履修することになります。

　講義で学んだ専門職としての価値、知識、理論等を実際の現場での実践に結びつける「演習」という科目は、社会福祉士養成課程において重要な位置づけをされています。しかしながら、学生に対する成績評価の方法や基準については今まで明確なガイドラインが提示されてはいませんでした。従来のシラバスにおける、相談援助の理論と方法、

社会保障論といった講義における成績評価においては、試験の実施等により、学生の成績評価の数値化が比較的可能となります。しかしながら、現在、我が国の大学、短大、専門学校などにおいて、演習の授業で試験を実施している機関は稀であるといえます。多くの大学において学生の成績評価は出席状況や授業中への積極的参加度、レポート等を基準につけられているのが現状ではないでしょうか。また、シラバスによっては成績評価基準として、【出席状況：成績全体の40％、発表：成績全体の30％、レポート：成績全体の30％】といったように、全体の成績においてそれぞれが占める割合が明記されているシラバスから、【授業に対する主体的な行動や参加度により総合的評価を行う】、と明記しているシラバスまで、多種多様なシラバスによって現在の社会福祉士養成教育における演習の授業が展開されているといえます。また、前出の発表、レポート、総合的評価といった一連の評価における成績評価基準の設定は教員に委ねられており、学生間において、"S先生のレポートはたくさん書けばAがもらえる""B先生は出席管理がルーズだから遅刻しても大丈夫"といった噂が学生間で飛び交っている現状は、筆者が所属する大学だけに限ったことではないでしょう。この現状を打破するために、教員はどのような考えでシラバス、および成績評価を実施していく必要があるでしょうか。

3 | 学生との契約としてのシラバス作成および成績評価という考え方

　私たち教員の主となる臨床実践の場は教育現場あり、教育というサービスを提供する先、つまり私たちのクライエントは学生であるといえます。学生は学費を納入することで教育というサービスを受ける権利を得るのです。そこで重要視すべきことは"二重の契約"という概念ではないでしょうか。学生は学費を納付することで、対機関と契約を結びます。この契約によりその学生は○○大学の学生としてそこで開講される授業を受講することはもとより、それに付随する、例えば、保健管理センターや図書館の利用といった諸サービスを受ける権利を得ます。これが一重目の契約です。そして、各授業を受けるにあたり、その授業を展開する教員と受講生である学生との間に、その授業に関しての契約を結ばなければなりません。その契約を明確に示しているのがシラバスであるといえます。シラバス作成の実際については、すでにほかの章で述べられていますので、これ以上の説明は省略しますが、そのシラバスの中にある"成績評価"についての項目の記述はこれまでの議論からも明らかなように、教員が特に注意を払うべき項目であると考えなければなりません。契約としての成績評価のポイントは、公平性と根拠に

基づいた数値化を基盤とした評価をいかにして行っていくか、というところにあると考えます。

ソーシャルワーク実践の領域でも契約という言葉が重要視されているように、教育の現場において、大学と学生の契約を健全に結ぶためにも基準が明確な成績評価が実施されるべきであるでしょう。では、教員学生の成績評価をどのようなポイントに焦点をあてて行っていくべきでしょうか。

4 相談援助演習における成績評価のポイント

①欠席の許容回数：何回までの欠席が単位認定の許容回数と定めるか

筆者の所属する養成校は授業の3分の2、全出席回数の3分の2以上出席し、試験等に合格と認められた場合に所定の単位が認定される、と規定しております。筆者はここであえて"欠席許容回数"という言葉を使用しました。この"欠席許容回数"という言葉をもし学生に伝えたとしたら、その言葉に対し学生はどのような解釈を一般的にするでしょうか。ある学生は、"3回まで休んでいいんだな"と考えるかもしれません。また"4回欠席してもほかの授業でもそうだったようにレポートか何かで補充してくれるはず"と考える学生もいるでしょう。学生たちのこのような欠席に関する考えに対して、教員授業開始にともなって（多くの場合授業初日）出欠の考え方について以下の項目を学生に伝える必要があると考えます。

1）3分の2以上の出席率の維持、とは5回休んでもよい、という学生の休む権利を保障することではありません、2）教員は15回の授業を1つのプログラムとして組み立てていますので、1回でも欠席すると、その演習の授業効果を100％得ることが困難になる可能性があります、3）したがって授業へは原則皆出席で臨んでください。

②遅刻の取り扱い方法

出席状況を判断するうえで遅刻の取り扱いについても学生に明確に示す必要があると考えます。

その議論をする前に、果たして教員は遅刻を認めるか否かという議論からはじめる必要があると思います。演習、実習という教育課程を経て学生は臨床の現場へ向かいます。実習での遅刻や欠勤は実習中止に直接つながる要因であり、まして現場で働く専門職として職場へのい遅刻や欠勤はご法度の行為です。そのような視点で考えると、"遅刻は欠席と同等に扱う"という考え方も許容されるかもしれません。この点に関しては、さらなる議論が必要となるでしょうし、教員間のコンセンサス、もしくは、養成校とし

てどの基準を採用するのか、の議論にもなるかと思います。

　遅刻を欠席として取り扱わず別の規定を設ける場合、遅刻の定義を明確化しなければなりません。授業開始後何分までの入室を遅刻扱いとし、何分からの入室が欠席としてカウントされるのか、そして、何回の遅刻をもって欠席とするかについて明確に学生に示す必要があります。もしそれらに関する規定があれば、その規定に則して説明すればよいのです。このことはシラバスに明記し、オリエンテーション時に文章と口頭で説明をしていますし、時間経過のために欠席となったとしても、このことは授業への出席を教員が拒否していることではなく、むしろ積極的に入室してほしい旨を明確に示しています。繰り返しますが、重要なことは授業開始時に明確に学生に伝えることだと考えます。

③公欠・病欠等の取り扱い方法

　社会福祉を専攻する学生であっても、社会福祉士以外の資格（例えば精神保健福祉士や、教職免許状）取得を目指して勉強をしている学生は多く存在しています。教育機関のカリキュラム次第では、それら資格取得のために通常授業期間に実習に出なければならない学生もいるでしょう。もしくは4年次において就職活動のために授業を欠席しなければならない学生もいます。多くの場合、これらの理由による欠席は公欠として処理されます。では、公欠をどのように成績評価に反映させていけばよいでしょうか。公欠の取り扱い方についても明確なガイドラインは存在していないのが現状ですし、今後の課題となるでしょう。しかしながら教員も学生も、公欠は出席ではないということを共通に認識すべきであると考えます。

5　提出物等を基準とした成績評価

　相談援助演習は、理論、方法、技術、価値体系と実践体系との相互連鎖現象の実証作業であると定義づけられています。この定義を筆者なりに解釈すると、理論、技術系の授業で知識として学んだ理論や方法、技術、価値等を、教室レベルでプレ的に実践にあてはめて実証していく過程であると理解できます。演習の授業一コマ一コマに学生の達成すべき課題が設定されており、演習の授業をとおして学生たちはさまざまな角度からソーシャルワーク実践、相談援助という専門的援助実践を検証し、ほかの学生たちとその成果を共有することが期待されるでしょう。学生の演習における達成度を評価するうえで、授業目標を反映した課題提示は必要であり、その提出物の内容をもとに成績評価を行うことが考えられます。社団法人日本社会福祉士養成校協会社会福祉援助技術教育

に関する委員会理論・演習部会では平成21年度から実施される相談援助演習（75コマ、150時間）に対応するべく多面的に授業計画案を検討、報告しました。ここで報告された演習授業案の一部を使い、提出物を基準とした成績評価のプロセスを参考例としてあげることにします。

演習のテーマ：面接の基本技法を学ぶ

例1
　相談援助面接の基礎を習得することを目的としたこの段階おける課題は、実際の体験を通じて何を学んだかに焦点づけ、それをもとにレポート作成を指示する方法があげられます。
例：事例を設定し、5分ほどのロールプレイを行います。クライエント役、ソーシャルワーカー役を演じて感じたことをレポートA4二枚にまとめるよう指示します。この際、単なる感想（難しかった、楽しかった）で終わるようなレポートにならないようレポート作成のポイントを、教員は明確に学生に指示する必要があるでしょう。

例2
　相談援助の展開とその過程におけるソーシャルワーカーの機能の理解および面接技法の習得を目的とした場合、面接において交わされた言葉や、その内容に焦点をつけて分析することを学生に求めます。このような演習では、面接の基本技法に関する視覚教材の導入などを考慮するとよいでしょう。面接場面を再現したビデオやDVDを観察し、その内容に基づく考察をレポートとして提出することを義務づける方法です。

例3
　この段階では課外の時間を利用して、自分独自のシナリオをもとにしたロールプレイを行い、その成果物の提出を課題とする方法です。この課題は筆者が実際にソーシャルワークの学部教育を受けた、テネシー州立大学マーティン校（The University of Tennessee, Martin 以下UTM）で提示された課題です。
　読者の多くはすでにご存知のことかとは思いますが、米国大学教育における科目には、それぞれ100番台から400番台までの3桁の番号がつけられています。一般的に100番台の科目は心理学や社会学といった、我が国における一般教養的科

目を表しており、200番台以上が専門的内容を含んだ科目を表しています。それら科目に、SW310 INTERVIEWING AND RECORDING という科目がありました。この科目で学生たちは援助関係形成における基本的面接、コミュニケーション、記録技法を学びます。学生は面接のテーマとクライエント役を設定して、課外時間を利用してインテークからターミネーションまでの援助の展開過程をビデオテープに録画し、面接記録とともに提出することを課題として指示されました。回収されたテープと記録はほかの学生によって評価（ここで教員から、批評ではなく良かった点についての評価をすると指示がありました）された後、教員によるチェックがなされ提出した学生に返却され、一連の作業の終結を迎えました。

6 我が国における成績評価の今後

現在の相談援助演習を始めとする科目において、成績評価に関する明確なガイドラインが存在していない以上、評価の基準を担当教員が設定することは避けられないと思います。しかしながら、その際に必要な視点は、いかに成績評価の公平性と明瞭性を維持するかという点です。学生から成績について説明を求められた場合、常にその成績についての根拠を示すことができる成績評価を行うことが必要となります。そのような根拠に基づく成績評価をすべての教育が実施することによって、今後、統一化された成績評価のガイドラインを作成につながるかもしれません。

第3章 グループを活用した効果的な演習教育

第1節 学習のねらい

　「グループワークを学生たちにどのように教授するのか？」という命題を深めることが、この学習のねらいです。もちろん教授法にはさまざまなスタイルがありますが、ここでは「学生たちがグループワークの体験、特に、グループダイナミクスを体感することで、理論や実践スキルを学ぶ」ことを主眼としています。

　グループダイナミクスとは、メンバー同士の相互作用から生まれる特別な力です。この力を意図的に用いることができれば、効果的な演習教育ができるだけでなく、グループを活用したさまざまな支援を行うことができます。

表3-1　学習内容と教授のポイント

学習内容	教授のポイント
1. グループワークとは何か	グループワークの全体像を把握できるようにする。グループ体験を振り返り、分かち合うことで「グループワークとは何か」を理解できるようにする。
2. グループワークの理論	専門的な支援方法を教える。 　(1) 展開過程を意識してグループワークを行う。 　(2) メンバーの生活課題やニーズに焦点をあてる。 　(3) 目標を意識する。 　(4) 達成課題と役割を重視する。 　(5) グループダイナミクスを効果的に用いる。 グループワーカーの資質と役割を教える。
3. グループワークを活用した演習の進め方	実際にグループワークの擬似体験をさせながら、それぞれの時期(準備期、開始期、作業期、終結期)における専門スキルを教える。
4. 演習展開における課題	実際の演習で教員がどのような点に配慮するべきかを考察する。

第2節 グループワークとは何か

1 グループワークの全体像を把握させる

　「まず高い山に登り、広い土地の全体を見渡し、それから降りていって、自分に与えられた小さな場所を耕せ」という言葉が示すように、何かを教えるときは、まず全体像をつかませることが重要です。このことは、グループワークを教えるときも同様です。
　学生たちにグループワークの全体像を把握させるには、さまざまな方法が選択できます。例えば、楽しめる方法に映画があります。筆者は、以前、スピルバーグ氏が製作したアニメーション映画「リトルフット」を活用したことがありました。この作品はさまざまな違いや個性を持つ恐竜の子供たちが、皆で協力したり、争ったりしながらも、緑の谷を目指して進んでいく物語です。恐竜の子供たちの「出会い」「関係作り」「協働」「争い」「目標」「達成」、さらに「リーダーシップ」「役割」などを観察するとき、グループワークの全体像が感動的に理解できました。また少し古い映画ですが、「十二人の怒れる男」では、グループの開始から終了までのダイナミクスが興味深く観察できます。もちろん、映画に限らず小説などの物語やソーシャルワーク領域に関するグループワーク事例を用いることもできます。
　グループワークの全体像を把握することで、学生たちは、グループワークには出発点があること、また、メンバーたちは、困難な局面を通り過ぎながらも、終着点に向かって成熟していくことなどを心に刻みます。実際にグループワークを行う過程では、時折、迷路に入り込み、行き詰って、次に向かうべき方向がわからなくなります。そのようなとき、最初に把握した全体像を思い出すことで、自分たちの位置を確かめ、次のステップに進むことができるようになります。

2 自身のグループ体験を振り返り、分かち合う

　学生たちは、これまで何らかの組織に所属し、さまざまなグループ体験をしてきています。彼らが、家族、友人、学校のクラス、部活、大学のサークルなどの体験を各々振り返り、「グループ体験から学んだことは？」「成長に役立ったことは？」などの質問をとおして考え、それらを分かち合うとき、「協力と一致」「仲間意識」「グループアイデンティティ」「リーダーシップ」「役割」「規範」「目標」「課題」「達成」など、グループ

ワークの理論に関する多くの要素を自身の経験のなかに発見していきます。このような振り返りと分かち合いをとおして学生たちは、「グループワークが特別なものではなく、これまでに自分たちが体験してきたことのなかにある」という気づきを得ることができるのです。

③ グループ体験とグループワークの違いに気づく

学生たちが自身のグループ体験を振り返り、分かち合うとき、グループ体験の目的が、最終的には、「人間の成長を助け、人格を築くこと」であると気づきます。しかし同時に、期待された目的が充分に達成されずに終わるグループ体験もあったことを思い出すでしょう。「それは一体、なぜか？」と質問し、一緒に話し合うとき、学生たちは、次第にグループ体験とグループワークの違いに気づいていくことでしょう。

話し合いの後、教員は、成功したグループ体験には、良い体験を作り出せた「方法」とその方法を熟知する「支援者」の存在があったことを強調します。単なるグループ体験と専門的なグループワークの分岐点を決めるものこそ、専門的な支援の「方法」、そして「支援者」なのです。

④ グループワークとは何か――「方法」と「支援者」

グループ体験は、私たちにさまざまな成長の機会を与えてくれます。しかし、それがグループワークとして成立するには、さらにグループを期待どおりに導く専門的な「方法」とその役割を担うべく「支援者」の存在が不可欠です。このことを教員は、以下のような簡単な文章で整理して伝えることで、学生たちの心に銘記することができます。

> 「グループワークとは、訓練を受けた**支援者**が、メンバー同士の相互作用的な力を意図的に用いながら、人々に効果的な**方法**で働きかける支援の方法である。またグループワークの目標は、人々の基本的なニーズを満たし、彼らの成長、発達に必要な資質をもたらすことにある」

「方法」と「支援者」という2つのキーワードを印象づけながらグループワークを説明することで、学生たちは、今後、グループワーク理論から学ぶとき、また、実際にグループワーク演習に参加するとき、度々心のなかで、「専門的な方法とは何だろう？」「どのような支援者であるべきだろう？」と自問することになります。

第3節 グループワークの理論

1 専門的な支援方法を教える

　グループワーク理論から、特に、専門的な支援方法と支援者の資質、役割について取り上げます。グループワークの全体像を把握するために、映画、物語、事例から学んだ場合、その場面と関連づけて話し合うことで、より理解が深まります。あるいは、この後に述べる〈第4節　グループワークを活用した演習の進め方〉において、先に学生たちの体験を優先させた後、この項目に戻り、各自の体験を振り返らせ、関連づけながら教えることもできます。

　グループを意図的に、また期待されたとおりに導くための専門的な支援方法から、以下の5項目を取り上げます。

1. 展開過程を意識してグループワークを行う

　グループワークは、準備期、開始期、作業期、終結期という4つの局面を経て進んでいきます。そして、それぞれの時期において、メンバーは独特の様子を見せます。この展開過程ごとの様子を充分に理解しておくなら、適切に対応するスキルを思い起こすことができます。

表3-2　グループワークの展開過程におけるメンバーの様子

準備期	開始期	作業期	終結期
グループ活動のための計画と準備を行う時期。	メンバーの期待、不安、緊張、恐れなどを互いに受容できるような雰囲気を作り、仲間意識やグループアイデンティティを高める時期。	グループ規範とメンバーの役割が確立する―対立・摩擦・争いをメンバーの協働により乗り越え、目標に向けて互いの連帯、絆を深め合う時期。	これまでの出来事、思い出、目標の達成状況を振り返り、評価するとともに、メンバー間の複雑な感情を分かち合う時期。
メンバーは、グループワーカーから予備的な接触を受け、グループに参加するかどうかの迷いを感じる。	メンバーは、グループへの期待・不安の入り混じった感情を持ち込む。また互いの興味によってサブグループができる。	メンバーが自分の役割を持てる場合、信頼、相互支援へと向かい発展、成熟する。役割を持てない場合、孤立、排除が起こる。目標達成に向けてグループの一致と絆が深まる。	メンバーは、達成感や喜び、喪失感、怒り等、終結に伴うさまざまな感情を表出する。またグループでの作業の振り返りを通して自己成長を経験する。

2. メンバーの生活課題やニーズに焦点をあてる

グループワークでは、「生きがいを失っている」「自立を望んでいる」等の生活課題に焦点をあてながら、効果的に問題解決を図ろうとします。生活課題やニーズには、メンバー個別のものとグループ全体のものが存在します。グループワークにおいて、支援の対象がグループ全体であり、また個別でもあるという原則は、学生たちにとっては理解し難いことのひとつです。そのため何度も繰り返し例をあげて教える必要があります。

3. 目標を意識する

グループワークの掲げる目標には「表と裏」が存在します。園芸グループなど、草花を育てるグループを例にあげると、表の目標は、「素敵な花を育てよう！」ということになりますが、裏の目標は、「そうした活動をとおして得られる人々の成長」です。

表の目標は目に見えやすいもので、それを意識することは、グループ全体の動機づけにつながります。しかし過度に追い求めすぎると、能力の高い限られたメンバーだけが役割を担うことになり、ほかの者が排除されやすくなります。これら2つの目標は、どちらも大切でありバランスが重要になることを教えるべきです。

4. 達成課題と役割を重視する

目標は一気に達成できないため、幾つかに分けた達成課題が生まれます。その達成課題をメンバー全員で分担し、協力して行おうとするとき、そこに明確な役割が生まれます。グループワークにおいて、目に見えるはっきりとした目標、達成課題、役割を提供しなければ、メンバーは互いに集まる意義も理由も見失ってしまいます。

5. グループダイナミクスを効果的に用いる

メンバーが、目標を達成しようと動き出すとき、ぶつかり合いを含めた相互作用が激しくなり、それが独特なグループダイナミクスを作り出します。この力を理解し、上手に用い、メンバーが互いに協力し合い、学び合える方法で目標を達成するならば、大きな達成感と人間的な成長が得られます。

2 グループワーカーの資質と役割を教える

1. 資質

グループワークを担うべき支援者は、ソーシャルワーカーの倫理綱領に明文化されているような人物を目指すべきです。特に、「人間の尊厳」「社会正義」を尊ぶべきです。

またグループにあっては、メンバーのもつ「個性」「多様性」、そして「可能性」を尊び、彼らを「ありのまま受け入れ、理解できる」人になるべきです。また可能な限り、参加者が「自分で決める」ことを尊重するべきです。さらにグループ内での「プライバシーを尊重」し、話し合った「秘密を保持する」べきです。

2.役割

グループワークを行う支援者は、リーダーシップを担いながら、メンバー1人ひとりの相談援助を行います。そしてメンバーとメンバー、あるいはメンバーと資源、情報を結びつける役割を持ちます。さらにメンバーの主体性と権利を擁護し、エンパワメントを行う役割があります。

以上の資質や役割は、知識レベルで教える場合、どうしても限界があります。そのため、この後、学生が実際のグループワークを体験していくなかで、何度も思い返すように促すことが必要です。教員がタイミングを逃さず、学生に対して「グループを導くために、皆さんはどのような資質を伸ばすべきでしょう？」あるいは、「どのような役割を大切にするべきでしょう？」と質問を投げかけるなら、学生たちは、ここで学んだことを思い返すことができるでしょう。

学生は、教員の教える知識より、教員の人間性と模範からより多くのことを学びます。そのため教員は、支援者の一人として、教えるべき資質をまず自分自身が身につけておくべきなのです。

第4節 グループワークを活用した演習の進め方

1 グループワークの疑似体験を行う

　学生たちは、これから実際に、自分たちで何らかの生活課題のある人々の立場になり、グループワークを疑似体験します。この体験を通して、具体的に役割を持ち、目標を設定し、達成していくことを学びます。今後、彼らは自分たちのグループワークから、メンバー同士の協力、一致、連帯、あるいは孤立など、グループダイナミクスの現実を体感することになります。

　グループワークの疑似体験については、教員の自由な発想で行いますが、以下、参考としてオリエンテーションを含めたいくつかの提案を記しておきます。

学生全体へのオリエンテーション
　①グループワークを疑似体験することの主旨説明を行う。
　②学生全体を5～6名ずつのグループに振り分け、メンバー全員にリーダー、サブリーダーを含めた何らかの役割を割り当てる（書記、出席係など）。
　③グループ活動の成果を、プレゼンテーションで発表する機会を与える。
　④まず、プレゼンテーションの日程を決定し、グループワークに費やすことのできる日数、時間をクラス全体で確認する。
　⑤その他、さまざまなアイデアを盛り込むことができる。

プレゼンテーションの説明
　①プレゼンテーションでは、すべての参加者が何らかの役割を担う。
　②各グループの発表時間は20～30分程度とする。
　③各グループは、レジュメを準備する。
　④プレゼンテーションの際、それまでのグループワークでの活動や作業の様子をロールプレイなどで実演してもよい。
　⑤視聴覚教材（OHP、パワーポイント、ビデオ、DVDなど）を効果的に用いる。
　⑥プレゼンテーション終了後、グループ同士、互いに評価、フィードバックを行う。
　⑦プレゼンテーションの様子を録画し、後に鑑賞する機会を設けてもよい。

グループワークの観察方法

グループワークを疑似体験しながら演習を進めるには、主観的かつ客観的でなければなりません。それは一方の眼で主観的に何かを感じながらも、もう一方の眼で客観的に、それを観察、分析することを意味します。

図3-1　グループワークの観察方法（主観的視点と客観的視点）

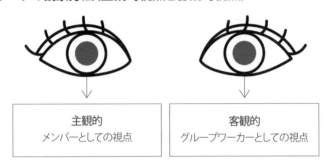

メンバーたちは、これからグループワークの準備期、開始期、作業期、終結期を経験します。つまり、グループの中に入りつつも、2つの視点で観察することになります。1つは―メンバーとしての視点―これを経験することにより、さまざまなことを経験していくメンバーの気持ちに配慮します。2つ目は、グループワーカーとしての視点―これは自分の役割に限らず、現在、グループはどのような経験をしているのか？　メンバー個々の状況はどうか、次にどのような経験が必要なのか？　なぜ摩擦があるのか？　その摩擦をどう切り抜けるのか？　などグループを客観的な視点で観察、評価します。

以下はグループワークの様子を観察するために活用できる〈グループワーク観察シー

表3-3　グループワーク観察シート

グループワークの目標・達成課題は？	今後、どのような方法で達成するか？	グループの人間模様（マップ）
	→	
課題達成のためのメンバーの役割は？	今後、どのように支援できるか？	マップの解説（サブグループ）
	→	↓
現在のメンバーの目標・ニーズ・感情	今後、どのような方向へ変化させるか？	今後、どのように働きかけるか？
	→	

ト〉の例です。

　このシートを活用することで、グループワークの展開に伴い、変化する目標、達成課題、役割、人間模様が観察できます。さらにグループダイナミクスへの理解も深まります。またメンバー間の関係性や凝集性を実感しながら、それに対する自分の気持ちを記録するとともに、自分から見たほかのメンバーの動きや感情なども観察できます。

　〈グループワークにおける指示〉
　効果的なグループワークを経験できるように、以下のことを指示します。
　①リーダーを含めて、全員が何らかの明確な役割を担う。
　②一致して達成するべき目標を設定する。
　③目標を達成するための具体的な課題を共有する。
　④課題に取り組んでいくための期間、具体的な参加者の役割を明記したロードマップを作成する。
　⑤プレゼンテーションの後、自分たちの目標達成までの過程を評価する時間を取る。

2 準備期の体験

準備期	開始期	作業期	終結期

　準備期とは、利用者の問題やニーズを見出した支援者が、グループワークの計画と準備に取りかかる時期です。この準備期に学習するべきスキルと演習は以下のとおりです。

スキル

　　　　　　利用者のニーズに気づく

演習の進め方

【演習1】新聞記事を用いた話し合い
　①社会福祉関連の新聞記事を複数読み、そこに登場する人々がどんなニーズを抱えているのかを話し合う。
　②選んだ記事の問題、人々に対して、グループワークを行うとしたら、どんな目的、種類のものが望ましいかを話し合う。
　　例）一人暮らしの高齢者が増加しているという問題　⇔　地域での趣味のグループ

不登校児童の問題　⇔　絵画グループ

【演習2】グループワークの選択とメンバーのプロフィール作成
①演習1を参考に、今後、自分たちが解決に取り組みたい諸問題（人々）、そのためのグループワークを絞り込み、最終的に1つだけ選択する。ここで選択したグループワークを実際に行い、最終的にプレゼンテーションすることになる。

②その後、学生たちは、選択したグループ内の当事者として、自分自身が演じようとする「メンバーのプロフィール創作」を行う（氏名、年齢、職業、生活歴、生活課題、ニーズ、グループワークへの目標、興味、関心、心配事など）。

スキル

　　グループの主旨、目的、プログラム活動の内容を計画し、メンバーを募る

【演習3】グループの主旨、目的、プログラム活動の計画
①各々が選択し、これから取り組もうとするグループワークにおいて、その主旨、目的、具体的なプログラム活動の内容を計画する。

図3-2　記入例

認知症高齢者のための演劇グループ

| 主旨 | 孤立しがちな認知症の高齢者の親睦を行い、社会的な孤立を防ぐ。 |
| プログラム活動 | 自己紹介、シナリオ作り、配役、台詞練習、大・小道具製作 |

スキル

　　　　　　　　メンバーと予備面接し、
　彼らの生活課題、ニーズ、目標、興味、関心、心配事について理解する。
　　また今後、グループで起こりそうな出来事を予測する。

【演習4】予備面接の体験
①各グループ内で、2人1組（あるいは3人1組）になり、互いの生活課題、ニーズ、目標、興味、関心、心配事について聞き取り合う。
②最初、プロフィール上の人物に成りきって活動を行う。
③その後、自分たち自身の立場についても話す。
④話し合った内容を記録し、メンバー間で閲覧する。

スキル

記録用紙を準備する

【演習5】記録用紙の作成
　グループ内で使用する記録用紙を考案し、準備する（グループ名簿、出席表、フェイスシート、議事録、グループ活動の記録など）。

【グループワーク観察シートへの記入】
①準備期を体験しながら、気づいたこと、観察したことを記入する（今後、各時期に同じように記入していく）。
②特に、グループ内の人間模様を詳しく観察し、以下のようにマップ化することを強調する。これはグループダイナミクスを観察するために役立つ。
③記入したシートをコピーして、それを教員に提出する。

図3-3　グループの人間模様（マップ）例

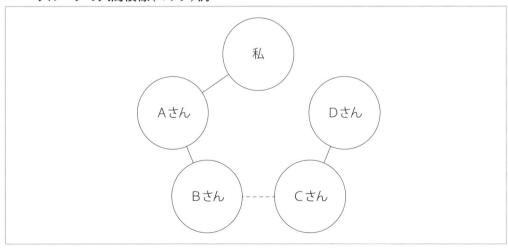

私はAさん、Bさんとの関係ができてきた。CさんとDさんも関係ができている。CさんとBさんは、少しだけ言葉を交わす。DさんはCさんとしか話さない。

3 開始期の体験

| 準備期 | 開始期 | 作業期 | 終結期 |

開始期を体験する

　開始期とは、それぞれのメンバーたちが出会い、グループとして動き出すまでを指します。この時期、メンバーは、互いのありのままを受け入れ、信頼関係を築きながら、グループのなかで成長と目標達成を目指して歩き出すことになります。

> スキル
> 　メンバーの不安、緊張、恐れを軽減し、互いに受容できる雰囲気を作る

【演習6】アイスブレイク活動

　教員のアイデアにより、さまざまなアイスブレイク活動を行います。ゲーム、レクリエーションなど多くの活動を自由に盛り込むことができます。グループが互いに、体を使った競い合うゲームを行うことで、よりグループ内の結束を感じることができます。

【演習7】グループの力を感じる（ロープを使った活動）

①太めのロープ（直径4〜5㎝）1本の端同士を結び、円形を作る。ロープの長さは、メンバー全員が両手に持ったまま輪になれる程度にする。
②メンバー全員が同間隔で輪になり、ロープを両手に持って立つ。
③その際、両手に持ったロープの固さが、自由に曲げられる程度であることを確認する。
④立ったまま、ロープが少し張るように、メンバー全員がほんの少し後に下がる。
⑤メンバー全員が20㎝程度、前進した後、全員で号令をかけ合いながら、ロープを持ったままで、自分の後ろ側に体重をかける。その時、足の位置は動かさない。
⑥全員が上手に体重を後にかけバランスを取るならば、手に持っているロープが固く張っていくのが感じられる。
⑦号令とともに、もとの体制に戻る。
⑧その後、現在の位置から、さらに10㎝程度、前進し、同じように、全員で体重を

かけると、さらにロープが張り詰めていくのが両手に感じられる（可能な限度まで これを繰り返す）。

⑨教員は、ロープが張った状態のとき、以下のことを指摘する。

「最初、手に持ったロープは簡単に折り曲げることができましたが、今、張り詰めた状態のロープは固く、強く、曲げることができません。グループが一致したとき、これと同じ状態になります。これから行うグループが一致するならば、こうした強さを創りだすことができます」

教員はこのようなアイスブレイク活動により、互いの間にある恐れや緊張感を取り去ると同時に、グループが一致するときの力について教えることができます。

スキル

受容、傾聴、共感によってメンバーの不安を和らげ、信頼関係を築く

【演習8】自己紹介

①2人1組（あるいは3人1組）となり、自己紹介を行う。
②最初、「参加者のプロフィール創作」を参考に、架空の人物について語る。
③その後、自分自身の紹介をする。

方式は、ゲームやレクリエーションと組み合わせても考えられるので、グループごとに自由に相談させます。

スキル

メンバー同士のかかわりを促進し、互いの間に仲間意識と信頼関係を築く

【演習9】グループ名、旗の製作

①各自のグループで、オリジナルなグループ名を考えてみる。
②その後、その名前に合った旗を製作する。
③完成したら、名前の由来、旗の意味などについて発表し合う。

【演習10】「信頼すること、されること」を感じる活動

この活動は2つのグループが合同で行うと良い。
①椅子を準備し、その椅子が動かないように2～3名で支える。

②ひとりが椅子の上に後ろ向きに立ち、そのまま体をまっすぐにして、背中から後方に倒れることになる（そのことを説明する）。
③落ちてくる人を残りのメンバー7～8名が安全に支える。

後ろ向きに倒れる人は、ほかのメンバーに全幅の信頼を置くという気持ちを体験できるし、それを支える側は、信頼されるという気持ちを体験できる。

☆教員の目の届くところで、安全に十分に配慮しながら行う。

【プログラム活動を開始する】

グループとして取り組むことに決めた活動（例、認知症高齢者のための演劇グループ）を本格的に開始します。どのような活動プログラムにするのか、誰が何をするのかなどを話し合いながら、決めていくことで、互いの間に、仲間意識、信頼関係を築くことができます。

スキル

　　　　　グループの具体的な活動プランやルールについて話し合う

【活動プランとルールの話し合い】

プログラム活動の話し合いを進めながら、具体的な活動プラン、ルールなどについて決めます。

図3-4　活動プランとルール

グループの目標	_____
達成方法	_____
役割	_____
スケジュール	_____
ルール	_____

スキル

　　　　　　　　二重の目標について意識する

【グループワーク観察シートへの記入】

　グループにおける二重の目標について意識するには、まず〈グループワーク観察シート〉に記入し、それをもとに、メンバー個々、またグループ全体の目標への取り組みを分析する必要があります。

　今後、この観察シートへの記入は、それぞれの時期を見計らって、定期的に行い、提出させます。

4 作業期の体験

| 準備期 | 開始期 | **作業期** | 終結期 |

作業期を体験する

　作業期とは、メンバーが一致・協力してそれぞれの達成課題に取り組み、それによってグループがしだいに発展・成熟していく時期です。作業期に入ると、しだいにグループの中でのメンバーの役割がはっきりしてきます。また、ほかのメンバーと一緒に活動することが楽しく感じられます。支援者は、メンバーに互いに行う作業の経験を意図的に創り出し、それをメンバーの成長と目標達成につなげていきます。

【プログラム活動に積極的に取り組む】

　作業期は、各グループが選んだプログラム（認知症高齢者の演劇グループ、不登校児童のための絵画グループなど）の活動プランに沿って、積極的に取り組む時期です。各グループには、プレゼンテーションでの発表を成功させるという目に見えやすい目標が掲げられています。それを達成するためにやるべき課題もあります。この時期、各々のメンバーは、そうした目標、課題、そして互いの役割を意識しながら、協力し合って作業を進めることになります。

　この時期のほとんどの時間、グループは、プログラム活動に取り組み、同時に、プレゼンテーションのための準備を行いますが、この時期、支援者に必要なスキルをより意識できるように、いくつかの演習を組み入れても効果があります。それぞれのスキルに応じた演習の例を以下にあげておきます。

スキル

　　メンバーが自主的に、役割をもって、また互いに協力し合いながら、
　　　　　自分たちの課題に取り組めるように支援する

【演習 11】役割を意識する活動

①教員は、1つのグループに対して、これから行う活動への協力を依頼する。

②教員は、そのグループをクラスの真ん中に集める。ほかのグループには、これから行う活動を観察するように指示する。

③教員は、真ん中に集めたグループにおいて、リーダーを除く、メンバー全員に役割を指示する。ただし、本人だけに内密に指示する。もちろんリーダー、観察者は何も知らない。

④役割は、例えば以下のリストから選んで指示する（リストは誰にも見せない）。
- どんな意見でも冗談で笑い飛ばす。
- どんな意見でもほめちぎる。
- どんな意見でも直接、反対する。
- どんな意見でもすぐに賛成する。
- どんな意見でも否定的な理由をつけて反対する。
- どんな意見でも最もな理由をつけて賛成する。
- どんな意見でも関心がないので聞いていない。
- どんな意見でも考え込んでしまい悩む。
- どんな意見でも自信がないので、誰かに助けを求める。
- どんな意見でも自分の意見が正しいことの同意を求める。
- どんな意見でも適当に決めてしまい早く帰りたい。
- その他（自由に創作する）

⑤これからメンバーは、それぞれの役割を最大限、意識しながら話し合いに参加する。話し合いのテーマは自由である（例、大学の学食の新しいメニューを5品決定する等）。

⑥リーダーは、話し合いを展開するが、誰が、どのような役割を指示されているのかを考えながら進める（この時点で、リーダーも観察者も指示事項については全く想像できない）。

⑦メンバーは、あまりすぐに、自分の役割が知られないように努力する。同時に、メンバーは、自分以外の者がどのような「役割」を演じているのかを考えながら話し合いに参加する。

⑧ほかのグループは、行われている話し合いを観察しながら、それぞれのメンバーが指示されている「役割」を考える。

⑨話し合いがほぼ終了したら、リーダー、あるいはメンバーが、自分以外の「役割」を当てる（観察者が当ててもよい）。

⑩その後、活動に参加したメンバー全員が「役割」を意識して参加してみた感想を述べる。また、全体でこの活動から何を学べるかを話し合う。
⑪最後に、教員は、グループのメンバー1人ひとりには、人間的な個性という意味で「役割」があること、その役割がグループ全体のムードにも影響を与えることを指摘する。

> スキル
> 　メンバー同士の対立、摩擦、争いへの対応、否定感情への理解と受容

【演習12】ラベル討論会

　この演習は、肯定的、否定的なラベルを貼られた者の気持ちを疑似体験するものです。そのため、講師はこの活動が学生に及ぼす効果の肯定的、否定的な面の両方を見極めたうえで行うことが重要です。この活動は、メンバー同士の信頼関係が非常に強いグループを選んで行うべきです。

①あらかじめ以下のようなラベルをメンバー分準備する。
- 私は偉い人です。私の存在を崇めてください。
- 私は危険人物です。私を恐れ、避けてください。
- 私は物知りです。私の意見に驚いてください。
- 私は冗談好きです。私の意見は全部冗談ですから、笑い飛ばしてください。
- 私は嫌われ者です。私の意見に反対してください。
- 私は有能ではありません。私の意見は聞き流してください。

②ラベルのついた帽子を準備して、それを各メンバーにかぶらせる。ただし、ラベルに書かれた内容は、帽子をかぶっている本人には見えない。
③メンバー全員が向かい合うとき、自分以外のメンバーの帽子に貼られたラベルが見えるが、自分に何のラベルが貼られたのかは分からない。
④これからこのメンバー同士で討論会を行うが、メンバーは、相手のラベルに書かれた指示どおりに、相手に対応することになる。
⑤討論会のテーマは自由（例、学食の新しいメニュー5品を決める等）。
⑥話し合いながら、メンバーは、自分のラベルにどのような指示が書かれてあるのかを次第に感じることになる。
⑦話し合いの後、自分に貼り付けられたラベルを当てる。
⑧最後に、話し合いながら、相手に対して、また自分に対して感じた気持ちを分かち

合う。
⑨教員は、必要があれば、グループ内では、意識的に、あるいは無意識に、相手にラベルを貼っていること、そのことがメンバー同士の対立や争いにつながることなどを指摘する。
☆演習11、12の学習効果は高いですが、メンバーの人選には十分に配慮してください。

> スキル
> グループに入っていけないメンバーが自由に自己表現できるように支援する

【演習13】スクラム

①グループ内で、1人を除いたメンバーが、互いにスクラムを組んで輪を作る。輪は内側を向いても、外側を向いても構わない。
②輪に入れなかった1人（チャレンジャー）は、これから合図とともに、スクラムの中に入ろうと努力する。ただし危険な方法は用いない（どのような方法が適当かはクラス内で決めておくことができる。例、交渉する。じゃんけんする。くすぐるなど）。
③スクラムを組んだメンバーは、団結して、チャレンジャーを輪の中に入れないようにする。
④1～2分間の活動を行い、チャレンジャーがスクラムに入れた場合でも、入れなかった場合でも、代わりのメンバー1人と役を交代して、この活動を続ける。
⑤全員がチャレンジャーとしての役目が終えたら活動を止め、スクラムに入ろうとして、入れた時の気持ち、入れなかった時の気持ちを自由に話し合う。

> スキル
> メンバー間のコミュニケーションと相互協力をさらに高め、
> メンバー主導のグループへ移行する

【演習14】ブラインドスクエア（ロープを使った活動）

①アイマスクをメンバー全員分、準備する。
②太さ（4～5cm）のロープが輪になるように端同士を結ぶ。メンバー全員が両手に

持って楽に立てるくらいの長さとする。
③メンバーはアイマスクをかけた後、立ったまま、その場で回る（自分の位置が不確かになる程度）。
④メンバーの集まっているほぼ中央にロープを投げ入れる。
⑤教員は、メンバーに以下の指示を与える。
「これから皆さんでロープを拾い上げ、協力して、完全な四角形を形作ってください」
⑥周りで観察している人々は、活動中のメンバーたちに何の指示も出してはならない。
⑦しばらくの間、自由に活動させ、メンバー全員が「ほぼ大丈夫」という判断になった頃、完成したロープを床に置かせ、アイマスクを外してみるように指示する。
⑧教員は、メンバーに活動中の感想を分かち合うように促す。その後、正しくコミュニケーションを取ることの重要性や思うようにコミュニケーションできないときのストレスなどについて話し合う。最後に、グループが一致するためのコミュニケーションの重要性を伝える。

【プレゼンテーションの準備と実施】
　各々のグループには、選択したプログラム活動があり、成果をプレゼンテーションのなかで発表することになっています。プレゼンテーションが近づいてきたら、教員はリーダーを集め、各グループでの準備状況を確認するとともに、実施に向けてサポートします（例、レジュメの印刷、パワーポイントの機器の準備、評価シートの作成など）。
　プレゼンテーションの準備を担当する委員を各グループから出してもらって協力して準備することもできます。

【プレゼンテーション当日】
　プレゼンテーション当日が、グループワークにおいて最も成熟した時期となります。そのため、これまでのメンバーの作業の成果が、充分にプレゼンテーションに盛り込まれる必要があります。教員は、入念な準備を行いながら、すべてのグループが目標を達成できるようサポートします。
　プレゼンテーションの様子を録画しておくことで、後に、グループでの活動を振り返るとともに、さまざまな学習の機会にも用いることもできます。

【グループワーク観察シートへの記入】
　適宜、記入させ、提出させます。

5 終結期の体験

| 準備期 | 開始期 | 作業期 | **終結期** |

終結期を体験する

　終結期とは、グループでの経験をソーシャルワーカーとメンバーが一緒に振り返り、グループワークを終える時期です。学生たちは、この時期を経験することで、自分の達成、成長、変化を感じることができます。そのような経験をとおして、グループワークの終結の大切さを学習できます。

スキル

　　　　　　　終結に伴うメンバー間の感情を分かち合う

【演習15】プレゼンテーションを振り返る

　プレゼンテーションを終えたグループに対して、すぐにクラス全員からの評価が得られるようにします。

① あらかじめ達成度を評価する記入シートを準備しておく。
② 評価は記名式とし、批判ではなく可能な限り、良かった点や達成できた点を書かせるようにするとよい。
③ 書き終えた評価シートを回収し、発表したグループに渡す。
④ 次のグループの発表準備が整うまでの間、メンバーは、自分たちの発表に対するコメントを回覧する。
⑤ その後、メンバー全員で、プレゼンテーションの準備から発表までの感想を話し合う。
⑥ プレゼンテーションの成功を目標と考えた場合、その目標がどのくらい達成されたかを振り返る。

スキル

　　　　　　　　　　グループワークを振り返る

【演習16】グループワークを振り返る

グループワークの準備から終結までのすべての過程を振り返る機会を設けます。最初に学んだグループワークのプロセスを参考に、準備期、開始期、作業期、終結期、それぞれにおいて、どのような感情の動き、また学びがあったかを、まずグループ内で、メンバー全員で自由に話し合います。その後、クラス全体で発表し合います。

最後に、これでグループワークが終わりますが、そのことについての気持ちも分かち合うようにします。

【グループワーク観察シートへの記入】

これまで学生は、それぞれのプロセスごとの観察シートを記入してきました。ここでグループの最終的な状態を記入し、これまでの自分たちの目標、達成課題、役割、人間模様などのすべての変化（ダイナミクス）を振り返ってみます。また、そこから何が学べたのかをレポートに書いて、教員に提出させます。

第5節 演習展開における課題

選択するべきグループワークの種類

　模擬的なグループワークにおいては、内省的なもの、治療的なもの、精神的なものに立ち入ることは避けて、まずは目標を中心におき、それを達成することで生じるグループダイナミクスを経験することが望ましいでしょう。例えば、課題中心アプローチ的なグループワークを選び、期間を限定して、目標を選定し、課題を設定します。そして、その達成を行う過程のなかで、協働、一致ということをメンバーが経験することで、成長を感じられるように配慮します。

教授スタイル

　演習においては、教員がすべての学習項目を一方的に講義して理解させることは避けなければなりません。大切なことは、学生たちに、学習項目に見合った適切な体験をさせること、そして、その体験を他者と分かち合う機会を与えることです。そのような教授法を用いるなら、学生たちは、自らの体験のなかに、ソーシャルワークにおける支援の原則を見出すでしょう。主体的な学習とは、こうした学習です。これはグループワークを活用した演習でも同様です。適切な体験から学ぶ意味を学生に理解させるなら、学生たちが将来、利用者と出会うとき、同じように、適切な体験を用いた効果的なグループワーク実践ができるでしょう。

　具体的には、90分の授業の中での教員の講義時間を、15分から20分程度に設定することを提案したいと思います。それ以外のすべての時間を学生たちが自分たちで活動を行い、分かち合い、そして大切な原則を見出すための時間とするのがよいでしょう。

教員の介入

　講義をしない場合でも、教員は、演習を行う学生の傍にいて、同じ体験を共有しなくてはなりません。学生は、同じ体験を共有した教員から専門的な教授を受けたいと願っています。例えば、教員は、授業中、各々のグループを歩き回り、メンバー1人ひとりを励ましたり、関心を示し、賞賛したりできます。必要なときには、ファシリテーターのような存在として、学生とは違った形で一緒に活動できる機会をつくることもできます。またリーダーを集めて、スーパービジョンを行うこともできます。

　しかしながら、教員の介入は、最小、最低限なもので十分です。可能な限りグループ

でメンバー同士が楽しく、自由な雰囲気で、またグループごとのペースで活動に参加させることが大切です。あるグループは一気に決定し、また、あるグループはじっくりと判断するかもしれません。学生それぞれのリーダーシップスタイルを尊重し、見守ることが重要です。

　教員が各々のグループに対して行うスタイルは、学生1人ひとりに深い影響を与えます。そして、いつしか、教員が行う演習全体こそがグループワークそのものであることに気づいていくのです。

すべての経験から学べることを強調する

　学生はさまざまな経験をしますが、すべての経験から学べることを強調するべきです。学生たちは、肯定的な経験、否定的な経験の両方をしますが、それは自然なことであり、大切なことは、そこから何を学ぶかです。「どのような学びも失敗はない」ということを様々な例を用いて繰り返し強調してください。

　またグループワークを体験することの効果は、短期的な効果と長期的な効果があります。学生たちは、時々、「失敗してしまった」と否定的に考えることがありますが、そのような体験でも、長期的にみると多くの学びがあります。こうしたことを理解すれば、教員は、少しの摩擦であれば、すぐには介入せずに、リーダーシップを担う学生やグループの力を信頼して、多くのことを任せることができます。

　文中でも触れましたが、学生たちは演習によっては、否定的な役割を演じる際、傷ついた気持ちになることもあります。しかしそうした気持ちに心を奪われるのではなく、そこから積極的に学ぶべきことを教えてください。しかしながら、学生のなかには、自分の過去の否定的な経験が強すぎて精神的に問題を抱える者もあるかもしれません。そのような場合、グループでの衝突がトラウマになる場合もありますので、教員はメンバーの様子をリーダーから適宜報告を受けつつ、可能な限り、グループでの経験が個人の成長の機会につながるよう配慮しなければなりません。

全体像と展開過程を思い起こさせる

　グループワーク演習では、何度も「全体像」と「展開過程」を思い起こさせる必要があります。学生たちがグループワークを体験する場合も、自分が今、いったいどの時期を通過しているのか分からなくなります。そのようなとき、あらかじめイメージしていた全体像、そして展開過程ごとのメンバーの様子を思い起こさせ、自分の位置を確認させることが大切です。

目標・達成課題、役割

　グループ演習が本格化すると、学生たちは、どうしても目に見えやすい表の目標に走ります。その場合、教員は、適宜、助言を与え、表と裏の目標のバランスを見極めることこそ大切なスキルであると理解させる必要があります。

　目標はあるものの、時々、学生たちは互いに遠慮して、明確な課題や役割を作れず、また共有できない場合があります。そうした状況に陥ると、1人か2人のメンバーで多くの仕事をこなすことになり、一方では不公平感に対する怒り、またもう一方では、役割がないことへの不満がぶつかり合います。そうした状態になる前に、教員はグループの中に入り、メンバー1人ひとりに確実な課題と役割が割り当てられるようリーダーをサポートする必要があります。

グループダイナミクスの体験

　学生たちが本格的に、期日までに目標を達成しようと真剣に努力するとき、大きなグループダイナミクスを体験します。それは非常に貴重な場面です。時にはぶつかりもありますが、このようなときこそ、学生1人ひとりとグループの力を信頼して、最低限の介入に留めるほうが彼らにとって利益があります。

グループ観察シートの活用

　教員は、グループ観察シートをとおして、グループの中の関係性や衝突の具合、一致の状態を知ることができますが、それが成績とは全く関係のないことを伝えておかないと学生は本当のことを書きません。教員は学生1人ひとりと信頼関係を築いて、一人ひとりが真摯に自分の現実の体験と向き合い、そこから学習できるよう支援してください。

　グループワークの体験が進むと、どうしても学生たちは、その経験のなかに浸かり、主観的に考えますが、グループ観察シートを分析させることで、客観的な視点をも同時に持てるように促すことができます。

　学生は観察シートの記入を後回しにすることも多いですが、このシートの記入は、後でまとめて書くものではないことを理解させ、「いま、ここで」の気持ちや考えを書き、後になって書き直さないことを伝えておくとよいでしょう。

　また、観察シートへの記入がともすると表面的な内容に偏ることもあります。その場合、早い段階で、もう少し互いの関係性を観察し、奥深い内容を記述するよう指導してください。

プレゼンテーションにおける評価方法

　プレゼンテーションにおいては、ほかのグループと相互に評価する機会を与えます。評価はきちんと記名式として、否定的な面より、達成したものに焦点を向けるほうが学ぶことは多いでしょう。学生たちにとって、プレゼンテーションは、目に見える目標であることを伝えてください。

グループワーカーの資質を模範によって教える

　最後になりますが、グループワーカーの資質を教えるうえで最も重要なことは、教員が教えたいと考える資質を、模範によって示すことです。教員こそがクラス全体のグループを導く支援者なのです。もしグループの中で、メンバー1人ひとりを尊重することを教えたいならば、教員は学生1人ひとりを尊重しなくてはならないのです。

第4章 さまざまな教材を活用した演習教育

第1節 演習教材の概要

1 演習教育の要所

　さまざまな「事例」や「ビネット」、学生が自己理解を深めるための「ワークシート」、面接場面を振り返りスキルの向上をはかる「プロセスレコード」、新聞記事やDVD等々、演習の展開にあたっては、担当教員の創意工夫により、実に多種多様な「教材」が活用されます。その多種多様さは専ら、相談援助演習科目のねらいや目的、到達目標、厚生労働省が定める「教育に含むべき事項」といった教育内容を基に、所期の目的を達成するための教育方法との関連に因ります。そこで、相談援助演習における「教材」を考えるうえで、演習のもつ意義や目的等、その要所について、改めてふれることにします。

　日本社会福祉士養成校協会演習教育委員会『相談援助演習のための教育ガイドライン』では、相談援助演習の目的と意義を、次の3点から明示しています。それらは、

　①科目の枠を超え課題や実践について概念化し体系的に理解できることを目標にした総合的・包括的理解
　②専門職としての業務遂行のために、ソーシャルワークの価値、知識、技術について、統合して実践に応用できるスキル獲得を目標とした専門的な実践力の習得
　③相談援助実習・実習指導との相乗作用による教育効果

です。相談援助演習は、厚生労働省が示す「教育内容」(ねらいと教育に含むべき事項)に沿い、上記3点の目的や意義を達成するよう展開されなければなりません。

そのうえで相談援助演習では、「人が人を支援する」ための大前提になる「ソーシャルワーカー・アイデンティティ」の形成へと結びつけることが中心的な視点として肝要です。それは、社会福祉・社会保障にかかる制度改革が進行するなか、ソーシャルワーク実践の内容や方法が変化し、時間をかけた直接的な対人援助活動の軽視、サービス提供に伴う文書作成事務の増大、支援過程でのアセスメントとモニタリングの業務分割がみられる等、ソーシャルワーカーの役割が切り分けられ、専門職としての自律性が弱められている状況下にあるからに他なりません(石川、2009)。「ソーシャルワークの分断化」が進行しているといっても過言ではない実状において、ソーシャルワークの価値をふまえた「ソーシャルワーカー・アイデンティティ」の形成が問われているといえるでしょう。

ところで、日本学術会議社会学委員会社会福祉分野の参照基準検討分科会が、度重なる審議や公開シンポジウム等を経て、『報告　大学教育の分野別質保障のための教育課程編成上の参照基準　社会福祉学分野』(以下、参照基準)を2015年6月に公表しました。この参照基準は、社会福祉学分野に関連する教育課程を開設している大学等での利用を期待し、専門職養成のみならず、広く社会福祉学を学ぶすべての学生が身につけるべき基本的能力を同定し、まとめられたものですが、社会福祉士という専門職業人養成においても注視しなければならないものといえます。詳細は参照基準を確認していただくこととし、相談援助演習の展開を考えるうえで、いくつかの点について、ふれておくことにします。

参照基準では、社会福祉学を学ぶ学生が身につけるべき基本的素養を「福祉マインド」として表現し、それを「個人と社会の幸福を追求し、それらが相互に連関していることを理解し、個人の問題解決と社会の連帯をどのように実現するかを俯瞰的に捉えること」であり、「そのことを説明できる力」であると定義しています。また、社会福祉学の学びを通じて獲得すべき基本的な能力として、「社会福祉学に固有の能力」と「ジェネリックスキル」をあげています。前者としては、

　　①個人の尊厳を重視し支援する能力
　　②生活問題を発見し、普遍化する能力
　　③社会資源を調整・開発する能力
　　④社会福祉の運営に貢献する能力
　　⑤権利を擁護する能力

⑥個人の力を高め社会を開発する能力

の6つを示しています。さらにここでは詳細を割愛しますが、後者の「ジェネリックスキル」のうち、社会で生活していくうえで一般的・汎用的な有用性をもつ能力として、「社会で暮らす一人ひとりの生活を重視し、多様な価値観を受容することができる」等、6つの能力から表現しています。

社会福祉士という専門職養成教育、その専門課程における相談援助演習では、社会福祉士（ソーシャルワーカー）として、価値、理論、方法や技術の諸体系と実践の諸相とを結びつけ総合的・包括的な理解を促進し、社会福祉士としてその役割を十全に果たせるよう実践力を習得することが一大目標となるわけですが、上述した参照基準にみられる「福祉マインド」の涵養が基盤におかれなければなりません。

これに関連し石川は、リベラル・アーツ教育によって、ソーシャルワーカーに求められる能力を呼び覚ますことが期待されていることを強調し、そこで養成される能力を、

①感受力
②柔軟力
③発見力
④批判力
⑤発想力
⑥関係力

の6つから整理しています（石川、2009）。

また少し欲張りかもしれませんが、2006（平成18）年2月、経済産業省は「職場や地域社会で多様な人々と仕事をしていくために必要な基礎的な能力」、いわゆる「社会人基礎力」を3つの能力（12の能力要素）から定義づけました。それらは、

①前に踏み出す力（アクション）：主体性、働きかける力、実行力
②考え抜く力（シンキング）：課題発見力、計画力、想像力
③チームで働く力（チームワーク）：発信力、傾聴力、柔軟性、情況把握力、規律性、ストレスコントロール力

としてまとめられています。

繰り返しになりますが、本項は演習教育の目的や意義等の要所について改めて確認す

ることを意図しています。指定科目としての「相談援助演習」には、社会福祉士（ソーシャルワーカー）として備えるべき能力を身につけるという中心的なねらいがあります。限られた時間数のなかでの制約も少なくありません。そのようななか、「参照基準」や「社会人基礎力」等についてふれた理由は、社会福祉士として身につけるべき能力が、独立し成り立っているわけではないことを強調したいということにあります。演習の目的を明示し、展開内容や方法を考え、そして教材を準備するうえにおいて、上述した内容についても考慮に加える必要があると考えられます。

　そのうえで「演習」が、「相談援助の基盤と専門職」や「相談援助の理論と方法」「地域福祉の理論と方法」といった講義科目、「相談援助実習指導」や「相談援助実習」との間で、一連のつながりをもったものとして、具体的には、実習前において、価値や理論、技術やスキルを統合的に理解することと、実践に適用するための準備、実習後においては、経験・体験した内容を再構成し、理論と実践の統合化を促進させることに細心の注意を払い、展開内容や方法、そして教材を準備することが肝要であることは言うまでもありません。

2　演習教材とは何か

　ここでは、「教材」とは何か、「教材研究」の議論を参照し、演習教材について考えてみることにします。なおここで参照する議論は、初等・中等教育分野の「教育方法学」による知見です。医学や看護学においては、いくらかみられるものの、ソーシャルワーカー養成教育における「教材」をめぐる議論は、皆無に等しいといっても過言ではなく、今後の研究が必要とされている一分野といえるかもしれません。

　教育方法学の立場から山根は、「教材」を、

　　①教育目標：「何をどこまで教え学ばせるか」（その内容的側面が教育内容）
　　②教材（教具含む）：「何（どのような素材）で教え学ばせるか」
　　③指導過程（学習形態）：「どのように教え学ばせるか」
　　④教育評価：「何をどこまで教え得たのか（何が学ばれたのか）」

からなる4つの構成要素のうちの1つであり、教育目標と指導過程をつなぎ、教育評価によってつくり変えられ、その価値を高めていくものととらえ、教育目標と教材を、目的－手段関係として位置づけています（山根、2011）。

　この視点を演習教育にあてはめてみると、演習教材は、「社会福祉士に係る知識と技

術について実践的に習得すること」や「専門的援助技術として概念化し理論化し体系立てていくことができる能力を涵養すること」といった「ねらい」（演習教育目標）、厚生労働省による指針で示されている「教育に含むべき事項」（演習教育内容）と、演習展開方法（指導過程や学習形態）をつなぐものであり、演習教育目標（目的）との間において、目標達成のための手段として重要な位置づけをもっているといえます。また、演習教育での到達度（教育評価）によって、演習教材は、見直され、つくり変えられつつ、教育目標の達成にとって、よりよいものとして洗練されていくといえるでしょう。

　もう1つ、演習教材を考えるうえで参考になるのは、次のような「教材づくり」の観点です。山根は教材づくりの手続きについて、教育目標から出発する場合と、指導過程から出発する場合とに分け説明を加えています（山根、2011）。図4－1は山根による教材と目標・指導過程の関係図を、演習教育に援用し作成したものです。「教材づくり」とは、教育目標と指導過程に関連づけて、そのよさを吟味しながら行われるものです。演習教育においては、上述したような「ねらい」（教育目標）の達成を考え、各単元（コマ）において何を行うのか、また、その内容や方法とともに単元ごとの「ねらい」や「目標」も設定されることでしょう。その際、「教育に含むべき事項」が参照されることはいうまでもありません。そのうえで、「何で、どのような素材で」展開するとよいのか、教材が選択・開発されることになります。これが、教育目標から出発する場合にあたります。一方で、各単元の展開において、どのような教材を用いると効果的か出発して、教材の選択・開発、「教材づくり」をおこなうのが後者にあたります。単元ごとのねらい、目標があり展開過程があるなかで、最適な教材を活用し、目標が達成されていきます。当然のことながら、各単元による到達の積み重ねが演習教育一連の展開過程を形成し、結果として、演習教育全体の目標が達成することになるわけです。

図4-1　演習教材と教育目標、展開過程・方法との関係

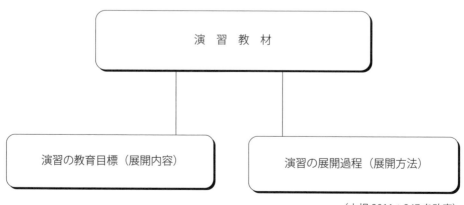

（山根 2011：247 を改変）

しかしながら、前者と後者はいずれも、演習の教育目標達成と展開過程、内容と方法をつなぐものとして「教材」を位置づけており、その違いは、出発点のみの違いであると考えることもできます。ただし、後者つまり、演習の展開過程から教材を考える場合、実際には、受講生や学生の実状、集団の力動や雰囲気等を考慮して教材の選択や開発を行うことも稀ではありません。その意味から、ある教育目標の達成、そのための展開過程や方法における「教材」は、常に、点検と修正の必要性があり、かつ多種多様な「素材」として用意されていることが重要といえます。

3 演習教材の選択と活用

ところで、いま一度、厚生労働省が示す「相談援助演習」の「教育内容」を確認してみます。その「ねらい」は、「……社会福祉士に求められる相談援助に係る知識と技術について、次に掲げる方法を用いて、実践的に習得するとともに専門的援助技術として概念化し理論化し体系立てていくことができる能力を涵養する」（傍点筆者）ことがあげられています。

「方法」としては、①「……具体的な相談事例を体系的にとりあげること」（傍点筆者）、②「……具体的な援助場面を想定した実技指導（ロールプレイング等）を中心とする演習形態により行うこと」（傍点筆者）が示されています。それゆえに「教材」としては、①では「教育に含むべき事項」に示されている課題別の相談援助事例、たとえば、「虐待」事例を選択したり、開発したりすることになりますし、②としては、社会福祉士によるインテーク面接の初期局面の会話文を準備するかもしれません。

そこでは、教材の選択と活用が具体的課題となります。そこで次に、演習における教材の選択と活用についてふれておくことにします。選択と活用について、詳細に検討してみるならば、以下のような循環過程をなしているといえるでしょう（図4−2）。

まず(1)分析ですが、教育目的に照らして、あるいは演習展開を考慮して、ある教材が適切なのかどうかについて、文字どおり、分析をする段階です。既存の教材、たとえばテキストや事例集、DVD等、予め用意されているものは数多くあります。しかしながらそれらは「素材」に過ぎず、「教材」としての価値は持ち得ていない段階といえます。担当教員による主体的な解釈や分析を通じて、「素材」は「教材」となり得ます。このような考え方を教育方法学では「教材解釈」ととらえており（山根、2011）、演習教材の選択や開発を行うために、極めて重要な段階であるといえます。

次に(2)選択と(3)開発の段階があります。実際の演習展開において活用する教材を選び（厳密には、「素材」を選ぶことになるでしょうか）、作成するステップです。この過程

図4-2　演習教材をめぐる循環過程

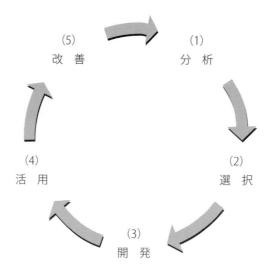

　で強調したいのは、選ぶ行為とつくる行為を切り分けているということです。仮に、アセスメント技術について理解し、身につけることが目標になっており、活用する教材として、「アセスメント用紙」と「事例」を準備することを想定してみます。既存の事例集に適切であると思われる事例を見つけ、分析の結果、それを採用することにします。このステップをここでは「選択」と考えています。そのうえで、よもや、その事例を複写し、そのまま学生に配布するということにはならないでしょう。当然のことながら、演習展開の方法や具体的進め方、時間を考慮し、適切に加工したものを「教材」として準備することになります。このステップが「開発」です。もちろん開発には、新たに作成していくことも含まれています。報道された出来事（事件）から着想を得て、オリジナルな「事例」を作成していくこともめずらしくありません。つまりここでは、「素材」の選択と「教材」の開発という流れがあることを理解しておくことが肝要です。

　準備された教材は、いよいよ、実際の演習のなかで、(4)活用されます。シラバス、演習展開案に沿い、演習内容に準じて用意された適切な方法のなかで活用されます。ただし、あくまでも準備は準備に過ぎませんので、その日、その時間、その場面の状況によっては、その場で（in vivo）、「教材」に修正を加える必要が生じることもあり得ることです。

　そして、教材をめぐる循環過程の最後の局面ですが、教材の(5)改善をはかることになります。目標や達成課題、内容や展開方法といった複数の観点から活用した「教材」を事後評価し、見直し、必要に応じて修正を加えるステップです。このように改善がはかられた「教材」は、その価値を増し、次回に活用される際には、改めて、(1)分析が実施

され、図4-2で示したような循環過程を辿ることになります。イメージではありますが、このような一連の作業を通じ、「教材の抽斗」が整理され、豊かなものとして整備されていくことが重要です。

ところで、石川は「教材づくりのための原則」について、Newble, D と Cannon, R による医学教員のためのハンドブックを参照し5点からまとめています（石川2009）。演習教材の選択や開発にとって重要ですので、以下にその概要を列挙しておきます。

①関連性：授業で取り上げる内容との関連性を十分に配慮した教材であること
②連関性：学生が学んできた内容と連関していること
③単純性：簡明な教材内容であること
④強　調：学生が関心をもって注目できるようなサインが工夫されていること
⑤形　式：教材提示に用いる形式が固定されていること

本項の最後に、教材の選択や開発にあたり留意しておくべきことを述べておきます。それは選択や開発の結果、演習において活用される教材に担当教員像が浮かび上がるという点です。どのような素材を選択し教材を作成するのか、選択したあるいは開発した教材がどのようなものなのか、そこには教員の価値志向が現れる場合があると言ってもよいかもしれません。教員には専門分野・領域があります。また得意／不得意、得手／不得手があっても不思議ではありません。しかしながら「教材」は、教員側の「やりやすさ」という観点のみで、選択し開発するわけにはいきません。あくまでも、教育目標や教育内容、展開過程や展開方法といった複数の観点から吟味されたうえで、「素材」が選択され、「教材」として開発されなければなりません。

4 演習教材の種類

ここまで、演習教育の要所、演習教材とは何か、演習教材の選択と開発について、その概要を記してきましたが、最後に演習教材の種類（例示）についてふれ、次節における教材の具体的活用例につなげることにしたいと思います。

演習教材は、演習の教育目標と展開過程、演習内容と演習方法をつなぐ、重要な要素であることはすでに述べました。より具体的に教材は、到達目標に基づいた演習内容が設定され、その内容を展開するための方法が選択され、その方法で進めるために不可欠かつ効果的なものとして選択され開発されます。たとえば、「基本的な面接技術を習得する」という教育目標に対し、たとえば「マイクロ技法のかかわり行動と基本的傾聴の

連鎖について学ぶ」という内容を設定したと仮定します。その際、方法として「技法の解説」と「ロールプレイング」が選択されることでしょう。その上で、用意される教材は、解説に用いる「マイクロ技法一覧」、ロールプレイングの場面設定としての「ビネット」「観察記録シート」等になるわけです。

　そこで以下に、教材として活用でき得る「素材」について列挙しておくことにします。

　　　○事例、ビネット：既存の事例／新たに作成された事例、展開過程や面接場面、あるいは実践分野や領域等の設定がある事例、「価値」等、教育目標に照らし作成された事例　等
　　　○面接内容の逐語記録
　　　○各種記録用紙：インテークやアセスメント等、支援展開で使用される様式、演習内容を記録する際に使用される用紙　等
　　　○演習用に作成された視聴覚教材：面接場面、アセスメント場面　等
　　　○演習で活用できる各種ツール、ワークシート：「ジョハリの窓」、「プロセスレコード」、「各種評価ツール」等
　　　○ IT 技術を活用したコンピュータ支援ツール
　　　○各種 e-learning 教材
　　　○映画、ドラマ、ドキュメンタリー番組等の視聴覚素材
　　　○手記、闘病記等の書誌素材
　　　○施設・機関等の活動記録
　　　○新聞や雑誌等の記事
　　　○ WEB 上の各種情報やツール
　　　○各種統計資料

　上記は、あくまでも種類の例示に過ぎません。担当する教員の関心、注目により多種多様な「素材」が、創意工夫のうえ、価値ある「教材」に生まれ変わるといえます。
　ところで、日本教材学会が編集した『教材事典』において小笠原は、①内容面、②教材の送出方法、③学習方法の3つから、教材の分類法を提示しています（日本教材学会 2013）。表4－1はそれらをまとめたものです。初等・中等教育における一般的な教材の分類を示したものではありますが、相談援助演習で活用する教材を吟味する際の1つの参考になるのではないかと思います。

表4-1 **教材の分類法**

内容面からの分類法	内容を担う記号次元での分類法	言語記号教材
		映像・音像記号教材
		実物記号教材
	教科の課題との関係による分類法	課題教材
		道具教材
		資料教材
	それ自体の習熟内容をもった道具（教具）による分類法	感覚教材
		技能習熟教材
		技能開発補助教材
教材の送出方法による分類法		印刷教材
		パック・キット教材
		放送・ネット教材
学習方法による分類法		ドリル教材
		実験・実習教材
		調べ学習教材

（小笠原　2013：26-27 を基に筆者作成）

　いずれにしても演習教育にとっての「教材」は、これまでも述べてきたように、その展開と目標達成にとって、重要な要素であることはいうまでもありません。次節に示された具体例や、一部ではありますが、265 頁に示したテキスト等を参考にしつつ、より適切で効果的な「教材」の選択と開発、活用と改善に対し、不断の努力が求められているといえます。

第2節　さまざまな教材の活用例

1　研究領域の1つになりうるソーシャルワーク演習

　2007（平成19）年の「社会福祉及び介護福祉士法」の改正では、①総合的かつ包括的な相談援助の理念と方法に関する知識と技術、②地域福祉の基礎や開発に関する知識と技術、③就労支援サービス、更正保護と権利擁護、保険医療サービスの科目の増設、④「相談援助」（含演習・実習）者の設置と大学や養成機関の演習担当教員・実習担当教員の資格要件、が変更になりました。それによって、演習・実習は、更なる質の向上が求められています。

　現状をみれば、現場の実習指導者の質は、かなり向上してきたと実感しています。しかし一方で、演習は、いまだ個々の演習担当教員の努力に任されている感が否めません。なぜなら、教員は①マニュアルや教本がないこと、②双方向のコミュニケーションに慣れていないこと、③幅広い視野からの展開ができないこと、④大学・養成機関の事情でやらされている感をもっていること、そして何よりも、⑤この演習科目に専門性や科学性が担保できるのかという疑問があること、などの理由により、演習に不安感や不信感、さらには負担感を感じているように思うからです。そのため教員は、改正後、増えた演習時間をこなすのみで精いっぱいになっています。

　しかし社会福祉の教育研究は、ドナルド・ショーンが「研究者は基礎科学と応用科学を提供することを期待され、それらの基礎科学と応用科学から実践の問題を診断し解決する技術が生まれるとみなされている。」[1]と指摘するように、理論と演習・実習の相互作用で深化していくものです。そしてなかでも演習は、応用科学の部分に当たると考えられます。また彼によると、技術的合理性（technical rationality）モデルは「技術的な問題解決を行う専門家の実践のみが専門分化した科学的知識にもとづいている」[2]のであり、その専門家の活動の一つに社会福祉実践も含められます。

　このことに依拠すれば、ソーシャルワーク演習は十分、専門的科学性を担保できる科目であり、担当する教員の専門を問わず、研究領域の1つになりえるものです。そこで本節では、そのことを前提に進めていきたいと考えています。

1　ドナルド・ショーン、佐藤学・秋田喜代美訳『専門家の知恵』ゆみる出版、p.29、2001年
2　同書、p.19

2 多様な教材活用の意味

　厚生労働省の提示したシラバスを意識しながら、150時間でプログラムや教材を作成し、演習することは至難の業です。また、そう多くはない教科書をそのまま使うことも、それぞれの大学や養成機関の事情があり難しいと思います。さらにソーシャルワークの演習では、①カタカナ用語の多さとその理解の難しさ、②専門用語の説明やそのイメージの困難さ、③概念や理論を実践や実習に結びつける応用の難しさ[3]、などによって、そのまま説明しても学生に伝わりにくくなっています。この根底には、ソーシャルワークが利用者の生活問題支援であることが、そこにある固有性や複雑性とあいまってよりわかりにくくさせていると思います。

　そのため演習教育では、広く発見力・発想力・想像力・創造力・応用力などという受講生の基本的力を引き出し、伸ばしていくことから始める必要があります。教材活用の中心である事例研究は、こうしたすべての力の発揮に効果があります。ゆえに他の章ではたくさん活用例が示されています。そこでここでは、それ以外の教材を提案してみたいと思っています。

　はじめに教材活用における基盤となる考えを示したいと思います。筆者の演習プログラムは、表4―2の4要素を意識して作成・展開しています。

表4-2　演習プログラムづくりの4要素[4]

＜A．演習を受ける人＞	＜B．演習を教える人＞
① 学生・社会人・市民 ② 教育年数・経験年数・生活年齢 ③ 演習を受けるにあたっての基礎（意欲・能力・姿勢・意欲・受けてきた教育・生きてきた経験）　など	① 教育基盤 ② 研究の専門 ③ 経験年数 ④ 教育時の方法の特徴 ⑤ 演習時のフィードバック評価　など
＜C．演習内容＞	＜D．演習をとりまく環境＞
① 概念・定義・用語 ② 生活理解や生活支援の意味 ③ 方法・アプローチ ④ コミュニケーションなどの技術や受容のような技法 ⑤ 制度・政策と今日的動向の導入 ⑥ 創造力・想像力・応用力・発想力等、学習を生かす能力など	① 企画内容の趣旨や意向 ② 演習プログラム立案までの過程（目的・人数・時間など） ③ 演習に参加の機会（地域や回数） ④ 費用 ⑤ 演習を活かす場・空間 ⑥ フィードバック（アンケート）　など

3　拙稿「ソーシャルワークにおける演習教育の課題」『ソーシャルワーク研究』Vol.36 No.2、7-11、2010年
4　同論文、p.13の表3を修正したもの

特にここで紹介する活用教材は、この4要素を基礎に、既存のものから選ぶ・アレンジする・オリジナルで作成していきました。例えば、＜B演習を教える人＞が地域福祉の講師で、＜A演習を受ける人＞が実習に行く前の2回生だったら、＜C演習内容＞は専門である地域を教材の軸において、＜D演習をとりまく環境＞の内容をも含めて教材を作成していきます。このようにオリジナルな教材や既存のもののアレンジは、演習教員自身が興味を持って教えられることで学ぶ人への学習効果があがると思います。

　特にアレンジも含めてオリジナルな教材にこだわるのには、①演習教員が自分でシミュレーションできること（教育目標が明確）、②受講生の固有でユニークな解答にも柔軟に対応できること（修正が可能）、③現場のソーシャルワーカーとの協働で現状設定が可能なこと（リアリティな状況が可能）、④既存事例の正当理由に振り回されないこと（自分なりの解答モデルが可能）、という理由からです。またそのような教材をいくつかプログラムに入れ込むことで、プログラムの蓄積と受講生も演習教員も飽きずに演習を行っていくことができます。

3 演習教育プロセスからの提案

　いままで述べてきたことをふまえて、ここでは具体的な教材活用を提案します。いろいろな考え方がありますが、ここでは導入（自己理解・他者理解）、実習前（技術の獲得）、実習後（省察・振り返り）、という教育プロセスを意識したモデルを提案してみたいと思います。また教材は、①既存のものからアイディアを得る、②学生の嗜好・ニードや日常からヒントを得る、③簡単なことから始める、を頭において作成しました。

　さらに重要なことは、教える側のコメント力です。演習はやりっぱなしにしないで、必ずコメントすることが学習効果をもたらすと考えています。具体的には、受講生に自信・意欲・潜在的な力を導き出すようにしていきます。そしてこの行為の繰り返しは、教える側のコメント力を鍛えます。

　しかし、どんなコメントでもいいとは思っていません。コメントで筆者が意識していることは、①**まず、よいところを見つけて評価する・褒める**、②次に「解答に対してさらにこうすればもっとよくなる」**ところの課題を指摘する**、ことです。問題の指摘は簡単です。しかし演習の場合、受講生は当てられることや順番であっても、みなの前で勇気を出して発表するのです。その姿勢や気持ちに寄り添うことは演習教育に必要な要素です。つまりコメントの出来次第では、受講生が興味を持って演習を継続していく力になると思います。では、早速はじめていきましょう。

1）導入期（自己理解・他者理解など）
「価値の序列」[5]

　まず、実習前の受講生には、具体的な知識や技術を習得する以前に自己理解や他者理解を行うことが重要です。この「価値の序列」では、自分がどんなことにこだわって生活しているのかを確認すると同時に、他者のこだわりがみな違っていることを理解します。

【教材活用例（20分）】
　①グループ、もしくは2人1組で作業をします。
　②自分の価値の順位を必ず1位〜8位になるようにつけます。
　③グループのメンバーの順位を書き写し、8位までの順位が違うことを確認します。
　④この時、教員はみんなのこだわっていることや価値観の違うことに対してコメントします。またこのことから、支援者が価値を押しつけた支援を行わないようにすることを指摘します。

価値の序列

名前	愛	健康	正義	楽しみ	富	奉仕	名声	自己実現
私								

「相手の立場に立った考えをとってみよう」[6]

　ここでは、他者の行動を理解することに主眼をおきます。特に日常のなかで自分が不快に思うことも相手の立場に立ったら、それなりの理由があることを理解します。そのことによって他者と自分の違いに気づきます。

【教材活用例（30分）】
①個人、もしくは2人1組で作業します。
②必要に応じて例示（4．母親に無理やり嫌いなものを食べさせられたときを肯定的に考えると、自分の健康に気を使ってくれているんだな、などという考えを導きだします）を示すと、どのように発想を転換して記述していいのかわかりやすくなります。

5　監修（財）日本レクリエーション協会　『新グループワーク・トレーニング』　遊戯社、pp.86-88、1995年
6　久保紘章編　『社会福祉援助技術演習』　相川書房、35頁の具体例の部分を参考にアレンジしたもの、1996年

②書き終えたら、発表します。2人のときはまず見せ合い、話し合ってもらいます。
③その後で、コメントします。

　一般的にあなたが人とのかかわりのなかで嫌な（不快な）思いをした場面・行動をあげてあります。そこでその内容を相手の立場に立ってできるだけ肯定的な言葉や考えで置き換えて書いてみましょう。
　1．約束した時間に遅れてきて、自分の言い訳だけを言われたとき
　2．欠点を指摘されたとき
　3．レジに並んでいて、中年の女性が突然目の前にわりこんできたとき
　4．母親に無理やり嫌いなものを食べさせられたとき

　それ以外に、ソーシャルワークにおける生活理解も導入期には不可欠です。ここでは、生活も人さまざまであり、固有なものであるゆえ、多面的な視点が必要なことを4コマ漫画「シッタカブッターものの見方ー」[7]を使って学習します。具体的には、最後の4コマ目を空欄にして受講生に3コマまでの絵から4コマ目を作成させます。受講生のユニークな解答にもふれながら、本来の目的の固有な生活を理解する多面的な視点の重要さを伝えます。

　またエコシステムの視点から生活理解することを「間違い探し」[8]で理解します。エコシステムとは、人間が生活する人や環境のシステム状況とそれらのシステムが時間的経過の中で変容していく状況を説明する概念です。この考えを用いて生活理解や支援プロセスを理解するために、「間違い探し32ーなくし物ー」を活用します。ここでは、上下が違う絵（実験前と実験後）から間違っているものを見つけます。特にここでは、①生活が変化すること、②その変化のなかで支援者が気づくこと、の重要性を導きます。「シッタカブッタ」と合わせると固有な利用者生活への支援者の専門的まなざしを理解することができると思います。

　このように導入期では、抽象的かつあいまいにとらえていたことを日常のなかで具体的にできるようにしていく教材活用が効果的です。

2）実習前（技術の獲得）

　実習前の演習では、受講生の実習施設・機関や関心領域を意識しながら、支援対象や問題の特徴を整理し、技術や方法について演習していきます。また支援のプロセスも視

7　小泉吉宏　「ものを見るということ」『ブッタとシッタカブッダ』メディアファクトリー、p.20、1993年
8　川島隆太監　『脳が活性化する間違い探しパズル』「間違い探し32　なくし物」学習研究社、p.52、2006年

野に入れて教材活用を行うと演習内容が深まります。

「何色ですか」[9]

　この教材は、オリジナルです。一般的には、演習の技術や方法というと面接や記録が主流です。またアセスメント方法（エコマップ・ジェノグラムなど）や多様なアプローチを用いた事例分析が多く教科書に載っています。しかしここでは、そうした技術や方法を身につけるためにもまず、きちんと利用者や生活を観察する技術を身につけることが必要であると考えます。そこで、まず日常の「気づき」を意識するために作成した演習教材が「なに色ですか」です。ここでは、いかに気づけていないのかを認識するとともに、いかに気づくことが実習や支援の場面に結びつくのかを理解します。また気づくセンスを磨くためには、日常生活からの心がけが大事であるという意図も含まれています。

【教材活用例（30分）】

①個人、もしくは２人１組で作業します。

②１年に１回の時期に観るもの（菱餅）、よく見るがそこまで詳細に見ないもの（パンダの尻尾）、毎日見るもの（信号機）の色を記入してもらいます。２人の場合は、お互いに確認してみます。

③そのあとに、正解の色と解説を行います。

④最後に演習の目的と今後のセンスの磨き方や実習での意識化を促します。

なに色ですか

Ⅰ．３月３日のひな祭りに供える菱餅は、どのような色が重なっていますか。

　　　上（　　　　　　　　）

　　真ん中（　　　　　　　　）

　　　下（　　　　　　　　）

9　拙稿　「ソーシャルワークからの人権研修に関する研究－研修実践の振り返りから－」『福祉社会研究』第14号、53、2014年

Ⅱ．パンダの尻尾は、白ですか黒ですか

　　　　白　　　　　黒

Ⅲ．信号機は向って左からなに色ですか

　　　左（　　　　　　　　）

　　真ん中（　　　　　　　　）

　　　右（　　　　　　　　）

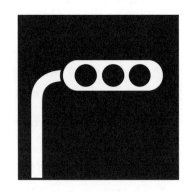

「グリーティング・カードづくり」[10]

　ここでは、コミュニケーションのなかでも非言語的コミュニケーションを理解していく演習として、2011（平成23）年にNHKで放映された『スタンフォード白熱教室』をアレンジして行った演習を行います。一般的にコミュニケーションとは、言葉や手振り、身振りを活用して伝えたい意味や感情をやりとりする行為のことです。具体的にソーシャルワーカーは、言語的コミュニケーション、非言語的コミュニケーション、準言語的コミュニケーションを活用し、利用者のニーズを確認したり、関係を深めたりして支援を行っていくことになります。D．エバンス、M．ハーン、M．ウルマン、A．アイビー著の『面接のプログラム学習』[11]のように構造化された場面で面接技術を獲得するようなアプローチもありますが、まだ実習前の受講生には難しいかもしれません。

　そこで、ここでは自分たちの描いたグリーティング・カード（非言語的コミュニケーション）が他者に伝わるのかにチャレンジする演習にしています。その際に『スタンフォード白熱教室』のティナー・シーリングが整理した「ストーリーを語る（誰かにも

10　NHK（Eテレ）「スタンフォード白熱教室－第5回　30分で新製品を作る」2011年5月29日放映
11　D．エバンス、M．ハーン、M．ウルマン、A．アイビー　『面接のプログラム学習』相川書房、1990年

のを伝える)」ことのポイントも説明しながら、またグループワークの方法も用いながら進めていきます。

【教材活用例（60～90分）】

①3人～4人1組で作業します。

②コミュニケーションのなかでも非言語的コミュニケーションの演習であることを解説します。特にストーリーを語るということは、①つかみが必要（人を引き込むもの－驚き、恐怖、不可解なことなどひきつけるきっかけ）、②その後の物語の展開（①からさらに引き込まれていく内容）、③安心できる結末（ああそういうことだったのかという感情など）、を意識することであると説明します。

③2枚の画用紙を用いて、各グループがストーリーづくりのシミュレーション演習を行います（試作品30分～50分＋3分～5分のプレゼンテーション）。

④それぞれの試作品とプレゼンテーションから1位だと思うところに投票を個人でしてもらいます。その際、筆者が行う手法は、「自分の作品は一番でしょうから、次にいいと思った作品に投票をしてください。」という指示を出すことです。このことによって票は拡散し、受講生みなにとって納得のいく順位となります。

⑤最後は、賞品を提供し、試作品のコメントと非言語的コミュニケーションの大切さを実感してもらいます。

> あなたたちは、あるグリーティング会社の企画部に所属しています。あなたたちはどの会社も販売していない記念日のカードをつくらなければなりません。それは、7月20日のソーシャルワーカーデイです。（2枚ワンセット）。かなり期限が迫っており、プレッシャーがかかっている場面ですが、ユニークですばらしい企画を待っています。試作品＋プレゼンテーションの優勝者には、賞品があります。投票は、自分以外のグループに1票を入れて競います。時間内に頑張ってください。

同様に、非言語的コミュニケーションを考える教材として「ピクトグラムづくり」[12]を行うこともあります。ピクトグラム（Pictogram）とは、一般に絵文字、絵単語などと呼ばれているものです。それは、何らかの情報や注意を示すために表示される視覚記号の1つで、道路や電車など、公共の場でよく用いられています。また日本では、東京オリンピック以降に発展したものです。ここでは、福祉に関する新たなピクトグラムを作成し、他者に自分たちの主張を伝えてみようという演習を行います。この演習で①例

12　内海慶一（日本ピクトさん学会）『ピクトさんの本』ビー・エヌ・エヌ新社、2007年

示を示すこと、②調べてグループでディスカッションすること、③作業すること、④プレゼンテーション、⑤投票すること、⑥教員がコメントすること、を演習時間内に行うためには2～3週間かけます。

　まず、教員側は、ピクトグラムの例示（既存のもの、あるいは過年度の受講生が制作したもの）を準備して、受講生にどのようなものを作成したらいいかイメージしてもらいます。またここでは、ピクトグラム作成だけでなくその作成意図のテーマを設定し、法律を調べてプレゼンテーションすることを行いました。例えば、『エコバックを使おう』というピクトグラムを作成したグループがありました。この場合のメッセージは、「このピクトグラムは、エコバックの利用を促進するためのものです。2007（平成19）年4月に施行された改正包装リサイクル法においてレジ袋（など）の削減が義務づけられました。（中略）私たちが暮らす地球の温暖化をとめるには、一人ひとりのライフスタイルの見直しが必要です。買い物の際にはエコバック持参を心がけましょう。」[13]でした。ピクトグラムですから、このメッセージは投票後に明かされます。

　このようにディスカッションや調べるという作業は、単に非言語的コミュニケーション理解だけでなく、グループワークの重要性、福祉の問題に気づく力への効果も期待できます。そして最後の投票は、受講生のなかでということもありますが、過年度の受講生に投票してもらうこともしました。これについては、ピクトグラム作成の途中を知らない人でも理解できるかという非言語的コミュニケーション理解にもつながりました。

「視聴覚教材を使う」

　次に視聴覚（既存の教材、TV教材やドラマ、映画やDVD）は、演習教育プロセスのどの時期でも活用できる教材です。ただ、この時期に提案するのは、演習教材づくりに幅ができるからです。また演習教育では、映像を観て終わるのでなく必ず課題を設定していくことで、学習効果が期待できると思います。

　筆者は、2002（平成14）年の「映画のビデオ・DVDに関する演習教育覚え書き」[14]の拙稿で17本ほどのビデオ・DVDを演習教育にどう活用するのかを紹介しました。これも参考にしていただくとよいかと思います。演習教育での視聴覚教育の特徴として、①福祉問題を発見する（例えば「フォレスト・ガンプ一期一会」（1994：アメリカ）からは、社会福祉の問題に気づいてもらう演習を行う）、②技法を学ぶ（例えば「ギルバート・グレイプ」（1994：アメリカ）では、映像を二分にし、エコマップ技法を学習する）、③利用者への共感を実感する（例えば「マイ・レフトフット」（1989：イギリ

13　2012年　京都府立大学公共政策学部3回生の「社会福祉援助技術演習Ⅱ」のピクトグラム作品の解説より
14　拙稿　「映画のビデオ・DVDに関する演習教育覚え書き」『ソーシャルワーク研究』Vol.28 No.3、43-48、2002年

ス）では、実在の人物の半生をとおして障害者への苦悩や喜びに共感する）、④専門職倫理を考える（例えば「レナードの朝」（1991：アメリカ）では、医者の専門家としての努力と葛藤からソーシャルワーカーの専門性や倫理の問題を考える）というように、本来のビデオ・DVDの主旨と違いますが、十分、教員側にひきつけて教材を活用することが可能です。

　ここでは、最近の視聴覚教材を紹介します。まず比較的時間内で作業や議論できる2010（平成22）年の日本テレビのドラマ「Mother」[15]を使いました。
「『Mother（第一話）』」から問題を明らかにしよう」
【教材活用例（180分）】
①3～4人一組で作業します。
②はじめは、個人で映像を視聴し、Aの作業メモを作成します。
③Bでは、作業メモをもとにグループでディスカッションし、支援するための問題を明確化していくアセスメントの作業を行います。
④プレゼンテーションを行い、受講生みなで問題となることや支援についての内容を共有していきます。
⑤コメントを行いますが、TVドラマなのでその後の回すべて視聴させるわけには行きません。その場合は、結末までのあらすじを用意するなども必要となります。

A（個人作業） 問題は何か（怜南、母、愛人、学校、教育委員会など）	
B　アセスメント（グループ作業）	
理解できたこと	わからなければ支援できないこと

　この演習は、導入期に行うと効果的です。特に実習直前の受講生ならば、問題を指摘しつつも、その問題解決のための面接場面を想定し、ロールプレイなどでの体験学習を行っても面白いと思います。この他に、2014（平成26）年のNHKドラマ「サイレント・プア」[16]も活用できるでしょう。この二つは、日本の作品ですので、ドラマといえども現代の日本の問題を取り上げている点で受講生が共感しやすいです。また、「人生、ここにあり」（2008：イタリア）は、バザリア法によって精神病院が開放された後の精神障害者の生活を描いています。このような映画では、グローバルな視点から福祉問題を考える教材になると思います。

15　日本テレビ「Mother　第1話－児童虐待からの脱出　渡り鳥になった二人」2010年4月14日放映
16　NHK「サイレント・プア　全9話」2014年4月8日から6月3日放映

ここでのポイントは、教材探しです。教員側がTVや映画にアンテナを張ることはもちろんですが、受講生自身に提案してもらうことも有効です。彼らのほうが知っている教材も多くあります。さらにそこから発展して、演習教材づくりができると思います。同様に漫画・雑誌・新聞なども活用できるでしょう。

3）実習後（省察・振り返り）

　実習後の演習は、受講生の現実認識ができてきます。その点では、演習をとおして①自身の実習を振り返ること、②実習体験を応用して問題解決能力を高めること、③専門職としての知識や技術を深めること、が重要になります。具体的かつ実際的な振り返りは、実習の授業時間で行うほうが適切でしょう。そこでここでは、インシデント場面でのロールプレイとディベートを合わせた教材活用例と、実習での体験や知識の応用や想像力を働かせたゲーム感覚での演習を紹介します。

「地域のゴミ屋敷への対応事例でディベート」[17]

【教材活用例（180分）】

①５人２組（場合によって人数の増減可）で作業します。なおそれ以外の受講生も投票者として参加します。
②人物を設定し、当事者・福祉職員チームと地域住民チームに分かれます。（例えば、Aチーム：Cさん、母親、社会福祉協議会職員、生活保護ワーカー、精神科クリニックの医師など、Bチーム：町内会会長、副会長、旧近隣住民、新近隣住民、在住外国人など）
③それぞれの役割を演じるための打ち合わせや事前学習（知識の確認）を行います。
④机と椅子を向き合わせ、それぞれの役割の名札を用意し、チーム対抗でディベート（20分から30分）を行います。また、残りの受講生は、どちらが優勢か投票で判定します。
⑤時間があれば、チーム総当りを考えてもよいでしょう。
⑥最後に教員がコメントを行います。ここでは、相手の気持ちや状況を理解し、具体的問題解決のためにはどのような支援やかかわりをしていくのかを考えることを解説します。

　以下の事例を読み、それぞれ与えられた役割の人物になりきり、２グループにわかれてディベートをしてみましょう。それ以外の受講生は、ディベート内容を聞いてどちら

17　本課題と事例は、京都府立大学公共政策学部助教大原ゆいの事例（2014年原案作成）のもとに作成。

のグループが優勢かを判断し、投票してください。

事例　地域のゴミ屋敷への対応についての事例

　D市のE地区は古くから在住外国人が多く住む地域で、貧困世帯も多く、生活保護受給率は市内で2番目に高い（46.9‰（‰〈パーミル〉＝ 1/1000））。一方、E地区は主要駅から1キロ圏内にあり、その交通の利便性や、近年の駅周辺の再開発によるショッピングモールの進出やマンションの急増に伴い、若い世帯や、単身者の数も増えている。ここ数年は、古くからこの地域の中でともに支えあいながら生活してきた人たちと、近年になってE地区に移り住んできた人たちとの間で、その価値観の違いから諍いが絶えない。

　このようなE地区で、今回は、地域で暮らす精神障害のある人Cさん（45歳、男性）について、住居にゴミが集積し不衛生であるので、「なんとかしてほしい」と近隣住民から社会福祉協議会に相談があった。

　Cさんは、5年前に父親ががんで亡くなった後、母親（70歳）と2人でE地区に古くからある長屋に暮らしている。父親は近くの町工場で働いていたが、リストラされると、アルコールに依存するようになった。母親も心臓病を患っていたために思うように働くことができず、一家は、10年ほど前から生活保護を受給している。一方、Cさんは高校進学後から、友人たちとうまく関係をつくることができず、家にひきこもるようになっていた。生活保護のワーカーの勧めで精神科のクリニックを受診したCさんは、統合失調症の診断を受けて、現在に至っている。

　最近、髪の毛も髭もボサボサ、汚れたTシャツを何日も着たままの状態のCさんが、自宅の前を大きな声を出しながらうろうろと歩きまわっている様子を近所の人が何度も目にしている。また、玄関先には、近くのファストフード店で大量に買い込んだハンバーガーのごみくずが山積みになっており、異臭をはなっている状態である。このような様子を見かねた近隣住民らが、社会福祉協議会に、「ゴミ屋敷状態にあるCさん宅をなんとかしてほしい」と訴えてきた。相談を受けた社協職員は、生活保護の担当ワーカーとともにCさん宅を訪問した。「誰ともかかわりたくない。自分たちのことはほっといてくれ」と抵抗するCさんと母親を無理やり説得し、清掃業者に清掃を依頼した。

　その後、しばらくすると、再び近隣住民らが「一旦はきれいになったCさん宅に、またゴミが溜まり始めている。なにも解決していないではないか！」と訴えてきたため、改めて本人も交えて今後の対応策を話し合うことにした。

「みなでチャレンジ！　事例づくり」

【教材活用例（90分）】

①7〜10 1組で作業します。このグループでは、演習のクラス人数に応じていくつかの組を作ります。

②最初に課題を全員に提示します。ビネットは先頭の受講生にだけ提示します。その際、次の受講生には見せないように指示してください。

③1人、2〜3分でワンセンテンスぐらいずつ作成します。次の人は、書き足された文章を読み、またワンセンテンスぐらい作成します。なお最後の人は、その事例の結論を書くことになります。

④作成した事例を読み上げてもらい、それに教員がコメントをします。

⑤このビネットでは、ソーシャルワーカーの役割である「弁護者」を意識して作成するように課題を設定しています。受講生の実習後の学習状況に応じては、もう少し自由にしたり、時間を長くしたりして行ってください。

（課題）次の事例を1人が約2分間でワンセンテンス（少しずつ）書き足して、弁護者としてのソーシャルワーカーの活動の事例をつくってみましょう。最後の人は、必ず決着をつけましょう。最後はそれぞれのストーリーを紹介します。

> これまで施設で生活してきた知的障害のある上田さんは、初めてグループホームで生活することになった。そこで施設の相川ソーシャルワーカーは、上田さんのグループホームでの生活を支援するために動き始めた。

4 多様な教材活用のために

　ここで紹介した演習と教材活用例は、ほんの一部です。少しでも読者の演習教育に役立つことができることを願っています。特に教材活用は、教材づくりとセットです。まず教員も受講生もやっていて楽しく満足する教材を選ぶ・アレンジする・つくることが重要になります。そのためには、日常から教材になりえるものにアンテナを張ることが大事です。また教員同士が協力したりすることも必要となります。さらに、学生からアイディアを得たりすることが多様な教材活用につながります。

　最後に演習は、フィットネスと同様、体の前を鍛えるなら後も鍛えるように、「事例分析をする」なら「事例をつくる」、「記録を読む」なら「記録を書く」ということが受講生を専門家として、1人の人間として教育していくことにつながると考えています。

参考文献
【第1節】
一般社団法人日本社会福祉士養成校協会監、長谷川匡俊・上野谷加代子・白澤政和・中谷陽明編『社会福祉士　相談援助演習（第2版）』中央法規出版、2015年
石川到覚「第3節　演習教材の概要」社団法人日本社会福祉士養成校協会編『相談援助演習　教員テキスト』中央法規出版、pp.145-159頁、2009年
川村隆彦『価値と倫理を底底に置いたソーシャルワーク演習』中央法規出版、2002年
中村和彦「第3章　事例研究・事例検討の意味」米本秀仁・高橋信行・志村健一編『事例研究・教育法』川島書店、2004年
中村佐織『ソーシャルワーク・アセスメント―コンピュータ教育支援ツールの研究』相川書房、2002年
Newble, D. & Cannon, R. ／中川米造監訳『医学・歯学・看護学を教える人のためのメディカルティーチャー・ハンドブック』西村書店、1992年
日本学術会議社会学委員会社会福祉学分野の参照基準検討分科会『大学教育の分野別質保障のための教育課程編成上の参照基準　社会福祉学分野（報告）』2015年
日本教材学会編『教材事典―教材研究の理論と実践』東京堂出版、2013年
日本精神保健福祉士養成校協会編『精神保健福祉援助技術（基礎・専門）』中央法規出版、2012年
太田義弘・中村佐織・石倉宏和編著『ソーシャルワークと生活支援方法のトレーニング―利用者参加へのコンピュータ支援』中央法規出版、2005年
白澤政和・福富昌城・牧里毎治・宮城孝『相談援助演習』ミネルヴァ書房、2015年
ソーシャルワーク演習教材開発研究会編『ソーシャルワーク演習ケースブック』みらい、2012年
ソーシャルワーク演習教材開発研究会編『ソーシャルワーク演習ワークブック（第2版）』みらい、2013年
ソーシャルワーク研究所編『ソーシャルワーク研究　特集：ソーシャルワークにおける技術演習の課題』第28巻第3号、2002年
ソーシャルワーク研究所編『ソーシャルワーク研究　特集：ソーシャルワークにおける演習教育』第36巻第2号、2010年
社団法人日本社会福祉士養成校協会編『相談援助演習　教員テキスト』中央法規出版、2009年
一般社団法人日本社会福祉士養成校協会演習教育委員会『相談援助演習のための教育ガイドライン』、2015年
社団法人日本社会福祉士養成校協会『社会福祉士養成新カリキュラムの教育実態の把握と、社会福祉士に必要な教育内容のあり方に関する研究事業〈中間報告〉』2014年
山根俊喜「教材とは何か」『障害者問題研究』第38巻第4号、2-10、2011年

資料編

【資料1】

介護福祉士制度及び社会福祉士制度の在り方に関する意見
（一部抜粋）

平成18年12月12日
社会保障審議会福祉部会

（前略）

I 社会福祉士制度の現状と課題

（中略）

3 社会福祉士に求められる役割

○ 上記のような社会福祉士を取り巻く状況の変化の中で、従来の福祉サービスを介した相談援助のほか、利用者がその有する能力に応じて、尊厳を持った自立生活を営むことができるよう、その他の関連する諸サービスと有機的な連携を持って、総合的かつ包括的に援助していくことが求められるようになっているものであると総括できる。

○ 具体的には、社会福祉士には、新たに、
  ・ 既存の各種サービス（ボランティア、老人クラブ、民生委員等によるインフォーマルなサービスを含む。）の間のネットワークの形成を図るとともに、地域の福祉ニーズを的確に把握して、必要なサービスが不足している場合にはその創出を働きかけること
  ・ 虐待防止、就労支援、権利擁護、孤立防止、いきがい創出、健康維持等について、関連するサービスとのチームアプローチも含め、それぞれの専門分野の担当者との連携を図り、自ら解決することのできない課題については当該担当者への橋渡しを行い、その解決を図ること
  が期待されている。

○ 以上を踏まえると、社会福祉士の役割としては、
  ① 福祉課題を抱えた者からの相談に応じ、必要に応じてサービス利用を支援するなど、その解決を自ら支援する役割
  ② 利用者がその有する能力に応じて、尊厳を持った自立生活を営むことができるよう、関係する様々な専門職や事業者、ボランティア等との連携を図り、自ら解決することのできない課題については当該担当者への橋渡しを行い、総合的かつ包括的に援助していく役割
  ③ 地域の福祉課題の把握や社会資源の調整・開発、ネットワークの形成を図るなど、地域福祉の増進に働きかける役割
  等を適切に果たしていくことが求められている。

4 社会福祉士に求められる知識及び技術

○ 今後、社会福祉士には、新しいニーズにも対応しつつ、上記①から③までの役割を状況に応じ

て適切に果たしていくことができるような知識及び技術を有することが求められている。
○　このため、社会福祉士には、福祉課題を抱えた者からの相談への対応や、これを受けて総合的かつ包括的にサービスを提供することの必要性、その在り方等に係る専門的知識と、虐待防止、就労支援、権利擁護、孤立防止、いきがい創出、健康維持等に関わる関連サービスに係る基礎的知識が求められることとなる。
　　また、技術としては、福祉課題を抱えた者からの相談に応じ、利用者の自立支援の観点から地域において適切なサービスの選択を支援する技術、サービス提供者間のネットワークの形成を図る技術や、地域の福祉ニーズを把握し、不足するサービスの創出を働きかける技術等が求められることとなる。
　　さらに、これに加えて、専門職としての高い自覚と倫理の確立や利用者本位の立場に立った活動が、これまで以上に強く求められることとなる。
○　なお、これらは、必ずしも資格を取得するための養成課程においてすべて修得していなければならないものではなく、社会福祉士として実際に業務に従事する中で、又は社会福祉士の資格を取得した後の研修を通じて、獲得していく側面があることに留意が必要である。

（中略）

Ⅱ　社会福祉士の養成の在り方

1　社会福祉士の養成の現状と課題

○　社会福祉士の資格を取得するためには国家試験に合格する必要があるが、国家試験の受験資格としては、大きく分けて、以下の4つのルートがある。
・　福祉系大学等において厚生労働大臣の指定する社会福祉に関する科目（以下「指定科目」という。）を修めて卒業等して、国家試験を受験するルート（以下「福祉系大学等ルート」という。）
・　一般大学等を卒業又は福祉事務所や社会福祉施設等において4年以上相談援助の業務に従事等した後に、厚生労働大臣が指定する社会福祉士一般養成施設等において1年以上必要な知識及び技能を修得して、国家試験を受験するルート（以下「一般養成施設ルート」という。）
・　福祉系大学等において厚生労働大臣の指定する社会福祉に関する基礎科目を修めて卒業等した後に、厚生労働大臣の指定する社会福祉士短期養成施設等において6月以上必要な知識及び技能を修得して、国家試験を受験するルート（以下「短期養成施設ルート」という。）
・　児童福祉司、身体障害者福祉司、知的障害者福祉司等として5年以上の実務経験を経て、国家試験を受験するルート（以下「行政職ルート」という。）
○　また、国家試験の合格率は全体で約3割と非常に低い水準にあり、これをルート別に見ると、
・　福祉系大学等ルートは約24％であり、大学等別では、80％を超える大学等から0％の大学等まで広範囲に分布していて、50％を超える大学等は14％に過ぎない一方、
・　一般養成施設ルートは約40％であり、養成施設別では、80％を超える養成施設から20％の養成施設まで分布していて、50％を超える養成施設は約45％となっているなど、

大学等や養成施設別にみてばらつきが見られる状況になっている。
○ 国家試験の合格率の状況のみが社会福祉士の養成における課題を徴表するものではないが、このような状況を踏まえると、福祉に関する相談援助に係る専門的な知識及び技能を有し、適切な福祉サービスの提供が可能な実践力の高い社会福祉士を養成していくことが重要とされている中で、社会福祉士の養成における課題としては、
・ 教育カリキュラムについて、社会福祉士制度の施行の後、抜本的な見直しが行われておらず、その後の社会福祉士を取り巻く状況の変化を反映したものになっていないのではないか
・ 実習教育について、本来社会福祉士として求められる技能を修得することが可能となるような実習内容になっていないのではないか
・ 福祉系大学等ルートについて、教育内容等は大学等の裁量にゆだねられる仕組みとなっていることから、教育内容等にばらつきが見られるのではないか
といった点を挙げることができる。
○ また、福祉事務所や社会福祉施設等において相談援助の業務に従事している社会福祉主事の中には、既に社会福祉に関する基礎知識やこれに基づく実務経験を一定水準以上有している者もいると考えられることから、社会福祉士資格の取得に当たってこれらの者に一定の配慮をすることで、社会福祉専門職としてのスキルアップを促すことも考えられる。

2 教育カリキュラムの在り方

(1) 教育カリキュラムの在り方
○ 社会福祉士を取り巻く状況の変化の中で、地域を基盤とした相談援助、地域における就労支援、権利擁護等の新しいサービスの利用支援、新しい行政ニーズの対応等の分野において、新たに社会福祉士が役割を担っていくことが期待されている。
○ このため、Ⅰの4において整理したような社会福祉士に求められる知識及び技術を踏まえつつ、社会福祉士の養成に係る教育カリキュラムについても、介護福祉士の教育カリキュラムと同様に、社会福祉士養成課程における教育内容等の見直しについて検討する専門家・実践者による作業チームを設置し、早急に検討を進めていくべきである。
○ その際には、一般養成施設ルートにおける養成課程について、1年以上とされている修業年限を前提としつつ、新たな分野の追加等についても検討を行っていくべきである。例えば、現在、1,050時間とされている教育時間数を、最大1,200時間程度までの範囲内で増やすことも視野に入れつつ、検討を行っていくことが考えられる。
　また、福祉系大学等ルートにおいても、一般養成施設ルートにおける教育カリキュラムの見直しの内容を踏まえ、指定科目名の見直しについても、検討を行っていくべきである。
　このほか、介護福祉士制度と同様に、国家試験の在り方についても、専門家・実践者による作業チームの検討事項として、検討を行っていくべきである。
○ なお、教育カリキュラムについては、今回の見直しの後においても、社会福祉士に期待される役割の変化のほか、新教育カリキュラムを履修した者の資格取得後の就労状況、福祉現場における状況、資格取得後の研修等の受講状況等を踏まえ、今後、定期的に見直しを行っていくこととするべきである。

(2) 実習の在り方

○ 一般養成施設ルート及び短期養成施設ルートにおいては、実習に係る時間数、教員要件、実習指導者要件、施設設備要件等について基準が設定されている一方、実習の内容については、その目的や留意点は定められているものの、具体的な内容に関する基準は設定されていない。

その結果、実際に行われている実習においては、社会福祉士の業務の関連領域としての位置付けなく漫然と行われる単なる介護業務の補助や施設見学に過ぎないようなものなど、本来社会福祉士として求められる技能を修得することが可能となるような実習内容になっていない事例も、少なからず見受けられる。

また、福祉系大学等ルートにおいては、上記のような基準が適用されておらず、実習内容等は大学等の裁量にゆだねられる仕組みとなっている。

このほか、国家試験の合格率が約3割と低い水準に留まっていることからも、実習が実際の社会福祉士資格の取得に必ずしも活かされていないという現状が指摘されている。

○ については、実践力の高い社会福祉士の養成を確保していく観点から、以下のような形で実習の質の担保及び標準化を図っていくべきである。

① 社会福祉士としての技能を修得するために必要となる実習の必須事項について検討し、教育カリキュラムの見直しに併せてこれを明示するとともに、典型的な実習モデルを提示できるよう研究を進めていくべきである。

② 実習指導体制については、
・ 実習担当教員について、社会福祉士資格を有する者であることや実習担当教員として必要な知識及び技能を修得するための研修を受講した者であることを要件とする方向で検討するべきである。
・ 実習受入れ施設の実習指導者について、実習指導者の指導力の向上及び実習指導の標準化を図る観点から、研修の充実を図っていくべきである。

③ 実習の対象となる施設や事業については、独立型の社会福祉士事務所など、その範囲の拡大について検討するべきである。

○ 実習の質の担保及び標準化のためには、まずは社会福祉士に求められる役割について整理を行った上で、実習内容の充実のための上記の見直しを行うべきであり、このような見直しが着実に実施される見通しを立てた上で、実習時間数の在り方についても検討することとするべきである。

その際には、実践の現場と教育の現場とを乖離させない観点から、実習時間数を拡充する方向で検討するべきとの指摘があったことも考慮して、検討を行っていくべきである。

○ 上記のほか、実習については、以下のような見直しを検討するべきである。
・ 福祉系大学等ルートにおける実習についても、一般養成施設ルート及び短期養成施設ルートにおける実習と同様の基準を設け、実習教育の質を制度的に担保していくべきである。
・ 適切な実習指導を行っている施設に対して社会的な評価が高まるような配慮や、実習指導に対する取組を評価・支援していくような施策について研究を進めていくべきである。
・ 通信課程の実習時間数が昼間課程及び夜間課程の実習時間数の半分となっている現状につい

ても、この際改め、原則として同等の時間数とするべきである。
　　・　個人情報保護法との関係から実習施設の確保が困難になってきているという指摘も踏まえ、実習における個人情報の取扱いについても、整理を行っていくべきである。

3　それぞれの資格取得ルートの在り方

(1)　福祉系大学等ルート
　　○　福祉系大学等ルートについては、指定科目の科目名が規定されているのみで、教育内容、時間数等については福祉系大学等の裁量にゆだねられる仕組みとなっていることから、これらについて基準が設定されている一般養成施設ルート及び短期養成施設ルートと比較して、教育内容、時間数等にばらつきが見られる、という指摘がある。
　　○　実践力の高い社会福祉士の養成を確保していく観点からも、国家試験では評価が難しい実習・演習系の指定科目については、福祉系大学等ルートにおいても、教育内容、時間数等について新たに基準を課し、実習・演習教育の質を制度的に担保していくことを検討するべきである。

(2)　行政職ルート
　　○　行政職ルートは、4つの資格取得ルートの中で唯一、児童福祉司、身体障害者福祉司、知的障害者福祉司等としての実務経験のみをもって、国家試験の受験資格が付与されるルートであるが、特に社会福祉士として必要な技能について、体系的に修得する機会が確保されていないのではないか、という指摘がある。
　　○　ついては、実務経験のみをもって国家試験の受験資格が付与される仕組みを改め、一定の実務経験を経た後に養成課程を経て、実習・演習等の科目を履修した上で、国家試験を受験する仕組みとすることを検討するべきである。
　　○　その際、現行の仕組みが、5年以上の実務経験をもって国家試験の受験資格が付与されるものであることを踏まえ、国家試験の受験資格を取得するために必要な期間を延長しない範囲内で新たに養成課程を課すこととする観点から、例えば、4年以上の実務経験を経た後に6月以上の養成課程（通信課程の場合にあっては、1年以上の課程となる。）を経て、国家試験を受験する仕組みとすることが考えられる。

(3)　養成施設ルート（社会福祉主事からのステップアップ）
　　○　社会福祉主事としての任用資格を有する者としては、大学等において社会福祉に関する科目を3科目以上修めて卒業した者、厚生労働大臣の指定する養成機関又は講習会の課程を修了した者等が規定されているが、このうち、社会福祉主事の養成機関の課程を修了した後、一定の実務経験を有する者については、既に社会福祉に関する基礎的知識及び技能をもって、福祉に関する相談援助を行っているものであると評価することができることから、養成課程を経て必要な知識及び技能を修得すれば、社会福祉士の国家試験の受験資格が付与される仕組みとすることを検討するべきである。
　　○　その際、現行の一般養成施設ルートの仕組みが、4年以上の実務経験の後に1年以上の養成課程を経た場合に国家試験の受験資格が付与されるものであることを踏まえつつ、上記の場合には、

あらかじめ社会福祉に関する基礎的知識及び技能を修得した上で実務経験を経ているものであることにも配慮して、例えば、社会福祉主事の養成機関の課程（原則２年）を修了した後、２年以上の実務経験を有する者については、６月以上の養成課程（通信課程の場合にあっては、１年以上の課程となる。）を経た場合に、国家試験の受験資格が付与される仕組みとすることが考えられる。
○　なお、社会福祉主事については、大学等において社会福祉に関する科目を３科目以上修めて卒業した者が資格を取得することができる仕組み等に関連して、その在り方について問題提起がなされている。これについては、福祉事務所の在り方の問題と関連させて、今後、検討を行っていくべきである。

（以下略）

【資料2】

社会福祉士の新たな教育カリキュラム

新科目名	旧科目名
人体の構造と機能及び疾病	社会福祉原論
心理学理論と心理的支援	老人福祉論
社会理論と社会システム	障害者福祉論
現代社会と福祉	児童福祉論
社会調査の基礎	社会保障論
相談援助の基盤と専門職	公的扶助論
相談援助の理論と方法	地域福祉論
地域福祉の理論と方法	社会福祉援助技術論
福祉行財政と福祉計画	社会福祉援助技術演習
福祉サービスの組織と経営	社会福祉援助技術現場実習
社会保障	社会福祉援助技術現場実習指導
高齢者に対する支援と介護保険制度	心理学
障害者に対する支援と障害者自立支援制度	社会学
児童や家庭に対する支援と児童・家庭福祉制度	法学
低所得者に対する支援と生活保護制度	医学一般
保健医療サービス	介護概論
就労支援サービス	
権利擁護と成年後見制度	
更生保護制度	
相談援助演習	
相談援助実習指導	
相談援助実習	

「社会福祉士学校及び介護福祉士学校の設置及び運営に係る指針について」
(平成20年3月28日19文科高第918号 厚生労働省社援発第0328002号)より一部抜粋

新科目名	教育内容	
	ねらい	教育に含むべき事項
人体の構造と機能及び疾病	①心身機能と身体構造及び様々な疾病や障害の概要について、人の成長・発達や日常生活との関係を踏まえて理解する。 ②国際生活機能分類(ICF)の基本的考え方と概要について理解する。 ③リハビリテーションの概要について理解する。 ※社会福祉士に必要な内容となるよう留意すること。	①人の成長・発達 ②心身機能と身体構造の概要 ③国際生活機能分類(ICF)の基本的考え方と概要 ④健康の捉え方 ⑤疾病と障害の概要 ⑥リハビリテーションの概要
心理学理論と心理的支援	①心理学理論による人の理解とその技法の基礎について理解する。 ②人の成長・発達と心理との関係について理解する。	①人の心理学的理解 ②人の成長・発達と心理 ③日常生活と心の健康 ④心理的支援の方法と実際

	③日常生活と心の健康との関係について理解する。 ④心理的支援の方法と実際について理解する。 ※社会福祉士に必要な内容となるよう留意すること。	
社会理論と社会システム	①社会理論による現代社会の捉え方を理解する。 ②生活について理解する。 ③人と社会の関係について理解する。 ④社会問題について理解する。 ※社会福祉士に必要な内容となるよう留意すること。	①現代社会の理解 ②生活の理解 ③人と社会の関係 ④社会問題の理解
現代社会と福祉	①現代社会における福祉制度の意義や理念、福祉政策との関係について理解する。 ②福祉の原理をめぐる理論と哲学について理解する。 ③福祉政策におけるニーズと資源について理解する。 ④福祉政策の課題について理解する。 ⑤福祉政策の構成要素(福祉政策における政府、市場、家族、個人の役割を含む。)について理解する。 ⑥福祉政策と関連政策(教育政策、住宅政策、労働政策を含む。)の関係について理解する。 ⑦相談援助活動と福祉政策との関係について理解する。	①現代社会における福祉制度と福祉政策 ②福祉の原理をめぐる理論と哲学 ③福祉制度の発達過程 ④福祉政策におけるニーズと資源 ⑤福祉政策の課題 ⑥福祉政策の構成要素 ⑦福祉政策と関連政策 ⑧相談援助活動と福祉政策の関係
社会調査の基礎	①社会調査の意義と目的及び方法の概要について理解する。 ②統計法の概要、社会調査における倫理や個人情報保護について理解する。 ③量的調査の方法及び質的調査の方法について理解する。	①社会調査の意義と目的 ②統計法 ③社会調査における倫理 ④社会調査における個人情報保護 ⑤量的調査の方法 ⑥質的調査の方法 ⑦社会調査の実施に当たってのITの活用方法
相談援助の基盤と専門職	①社会福祉士の役割(総合的かつ包括的な援助及び地域福祉の基盤整備と開発含む)と意義について理解する。 ②精神保健福祉士の役割と意義について理解する。 ③相談援助の概念と範囲について理解する。 ④相談援助の理念について理解する。 ⑤相談援助における権利擁護の意義と範囲について理解する。 ⑥相談援助に係る専門職の概念と範囲及び専門職倫理について理解する。 ⑦総合的かつ包括的な援助と多職種連携の意	①社会福祉士の役割と意義 ②精神保健福祉士の役割と意義 ③相談援助の概念と範囲 ④相談援助の理念 ⑤相談援助における権利擁護の意義 ⑥相談援助に係る専門職の概念と範囲 ⑦専門職倫理と倫理的ジレンマ ⑧総合的かつ包括的な援助と多職種連携(チームアプローチ含む)の意義と内容

	義と内容について理解する。	
相談援助の理論と方法	①相談援助における人と環境との交互作用に関する理論について理解する。 ②相談援助の対象と様々な実践モデルについて理解する。 ③相談援助の過程とそれに係る知識と技術について理解する（介護保険法による介護予防サービス計画、居宅サービス計画や施設サービス計画及び障害者自立支援法によるサービス利用計画についての理解を含む。） ④相談援助における事例分析意義や方法について理解する。 ⑤相談援助の実際（権利擁護活動を含む。）について理解する。	①人と環境の交互作用 ②相談援助の対象 ③様々な実践モデルとアプローチ ④相談援助の過程 ⑤相談援助における援助関係 ⑥相談援助のための面接技術 ⑦ケースマネジメントとケアマネジメント ⑧アウトリーチ ⑨相談援助における社会資源の活用・調整・開発 ⑩ネットワーキング（相談援助における多職種・多機関との連携を含む。） ⑪集団を活用した相談援助 ⑫スーパービジョン ⑬記録 ⑭相談援助と個人情報の保護の意義と留意点 ⑮相談援助における情報通信技術（ＩＴ）の活用 ⑯事例分析 ⑰相談援助の実際（権利擁護活動を含む。）
地域福祉の理論と方法	①地域福祉の基本的考え方（人権尊重、権利擁護、自立支援、地域生活支援、地域移行、社会的包摂等を含む。）について理解する。 ②地域福祉の主体と対象について理解する。 ③地域福祉に係る組織、団体及び専門職の役割と実際について理解する。 ④地域福祉におけるネットワーキング（多職種・多機関との連携を含む。）の意義と方法及びその実際について理解する。 ⑤地域福祉の推進方法（ネットワーキング、社会資源の活用・調整・開発、福祉ニーズの把握方法、地域トータルケアシステムの構築方法、サービスの評価方法を含む。）について理解する。	①地域福祉の基本的考え方 ②地域福祉の主体と対象 ③地域福祉に係る組織、団体及び専門職や地域住民 ④地域福祉の推進方法
福祉行財政と福祉計画	①福祉の行財政の実施体制（国・都道府県・市町村の役割、国と地方の関係、財源、組織及び団体、専門職の役割を含む。）について理解する。 ②福祉行財政の実際について理解する。 ③福祉計画の意義や目的、主体、方法、留意点について理解する。	①福祉行政の実施体制 ②福祉行財政の動向 ③福祉計画の意義と目的 ④福祉計画の主体と方法 ⑤福祉計画の実際
福祉サービスの組織と経営	①福祉サービスに係る組織や団体（社会福祉法人、医療法人、特定非営利活動法人、営利法人、市民団体、自治会など）について理解する。 ②福祉サービスの組織と経営に係る基礎理論	①福祉サービスに係る組織や団体 ②福祉サービスの組織と経営に係る基礎理論 ③福祉サービス提供組織の経営と実際 ④福祉サービスの管理運営の方法と実際

	について理解する。 ③福祉サービスの経営と管理運営について理解する。	
社会保障	①現代社会における社会保障制度の課題（少子高齢化と社会保障制度の関係を含む。）について理解する。 ② 社会保障の概念や対象及びその理念等について、その発達過程も含めて理解する。 ③公的保険制度と民間保険制度の関係について理解する。 ④社会保障制度の体系と概要について理解する。 ⑤年金保険制度及び医療保険制度の具体的内容について理解する。 ⑥諸外国における社会保障制度の概要について理解する。	①現代社会における社会保障制度の課題（少子高齢化と社会保障制度の関係を含む。） ②社会保障の概念や対象及びその理念 ③社会保障の財源と費用 ④社会保険と社会扶助の関係 ⑤公的保険制度と民間保険制度の関係 ⑥社会保障制度の体系 ⑦年金保険制度の具体的内容 ⑧医療保険制度の具体的内容 ⑨諸外国における社会保障制度の概要
高齢者に対する支援と介護保険制度	①高齢者の生活実態とこれを取り巻く社会情勢、福祉・介護需要（高齢者虐待や地域移行、就労の実態を含む。）について理解する。 ②高齢者福祉制度の発展過程について理解する。 ③介護の概念や対象及びその理念等について理解する。 ④介護過程における介護の技法や介護予防の基本的考え方について理解する。 ⑤終末期ケアの在り方（人間観や倫理を含む。）について理解する。 ⑥相談援助活動において必要となる介護保険制度や高齢者と実際の福祉・介護に係る他の法制度について理解する。	①高齢者の生活実態とこれを取り巻く社会情勢、福祉・介護需要（高齢者虐待や地域移行、就労の実態を含む。） ②高齢者福祉制度の発展過程 ③介護の概念や対象 ④介護予防 ⑤介護過程 ⑥認知症ケア ⑦終末期ケア ⑧介護と住環境 ⑨介護保険法 ⑩介護報酬 ⑪介護保険法における組織及び団体の役割と実際 ⑫介護保険法における専門職の役割と実際 ⑬介護保険法におけるネットワーキングと実際 ⑭地域包括支援センターの役割と実際 ⑮老人福祉法 ⑯高齢者虐待の防止、高齢者の養護者に対する支援等に関する法律（高齢者虐待防止法） ⑰高齢者、障害者等の移動等の円滑化の促進に関する法律 ⑱高齢者の居住の安定確保に関する法律
障害者に対する支援と障害者自立支援制度	①障害者の生活実態とこれを取り巻く社会情勢や福祉・介護需要（地域移行や就労の実態を含む。）について理解する。 ②障害者福祉制度の発展過程について理解する。 ③相談援助活動において必要となる障害者自立支援法や障害者の福祉・介護に係る他の法制度について理解する。	①障害者の生活実態とこれを取り巻く社会情勢、福祉・介護需要 ②障害者福祉制度の発展過程 ③障害者自立支援法 ④障害者自立支援法における組織及び団体の役割と実際 ⑤障害者自立支援法における専門職の役割と実際

		⑥障害者自立支援法における多職種　連携、ネットワーキングと実際 ⑦相談支援事業所の役割と実際 ⑧身体障害者福祉法 ⑨知的障害者福祉法 ⑩精神保健及び精神障害者福祉に関する法律 ⑪発達障害者支援法 ⑫障害者基本法 ⑬心神喪失等の状態で重大な他害行為を行った者の医療及び観察等に関する法律 ⑭高齢者、障害者等の移動等の円滑化の促進に関する法律 ⑮障害者の雇用の促進等に関する法律
児童や家庭に対する支援と児童・家庭福祉制度	①児童・家庭の生活実態とこれを取り巻く社会情勢、福祉需要（子育て、一人親家庭、児童虐待及び家庭内暴力（D.V）の実態を含む。）について理解する。 ②児童・家庭福祉制度の発展過程について理解する。 ③児童の権利について理解する。 ④相談援助活動において必要となる児童・家庭福祉制度や児童・家庭福祉に係る他の法制度について理解する。	①児童・家庭の生活実態とこれを取り巻く社会情勢、福祉需要（一人親家庭、児童虐待及び家庭内暴力（D.V）、地域における子育て支援及び青少年育成の実態を含む。）と実際 ②児童・家庭福祉制度の発展過程 ③児童の定義と権利 ④児童福祉法 ⑤児童虐待の防止等に関する法律（児童虐待防止法） ⑥配偶者からの暴力の防止及び被害者の保護に関する法律（D.V法） ⑦母子及び寡婦福祉法 ⑧母子保健法 ⑨児童手当法 ⑩児童扶養手当法 ⑪特別児童扶養手当等の支給に関する法律 ⑫次世代育成支援対策推進法 ⑬少子化社会対策基本法 ⑭売春防止法 ⑮児童・家庭福祉制度における組織及び団体の役割と実際 ⑯児童・家庭福祉制度における専門職の役割と実際 ⑰児童・家庭福祉制度における多職種連携、ネットワーキングと実際 ⑱児童相談所の役割と実際
低所得者に対する支援と生活保護制度	①低所得階層の生活実態とこれを取り巻く社会情勢、福祉需要とその実際について理解する。 ②相談援助活動において必要となる生活保護制度や生活保護制度に係る他の法制度について理解する。 ③自立支援プログラムの意義とその実際について理解する。	①低所得階層の生活実態とこれを取り巻く社会情勢、福祉需要と実際 ②生活保護制度 ③生活保護制度における組織及び団体の役割と実際 ④生活保護制度における専門職の役割と実際 ⑤生活保護制度における多職種連携、ネットワーキングと実際 ⑥福祉事務所の役割と実際 ⑦自立支援プログラムの意義と実際

		⑧低所得者対策 ⑨低所得者へ住宅政策 ⑩ホームレス対策
保健医療 サービス	①相談援助活動において必要となる医療保険制度（診療報酬に関する内容を含む。）や保健医療サービスについて理解する。 ②保健医療サービスにおける専門職の役割と実際、多職種協働について理解する。	①医療保険制度 ②診療報酬 ③保健医療サービスの概要 ④保健医療サービスにおける専門職の役割と実際 ⑤保健医療サービス関係者との連携と実際
就労支援 サービス	①相談援助活動において必要となる各種の就労支援制度について理解する。 ②就労支援に係る組織、団体及び専門職について理解する。 ③就労支援分野との連携について理解する。	①雇用・就労の動向と労働施策の概要 ②就労支援制度の概要 ③就労支援に係る組織、団体の役割と実際 ④就労支援に係る専門職の役割と実際 ⑤就労支援分野との連携と実際
権利擁護 と成年後 見制度	①相談援助活動と法（日本国憲法の基本原理、民法・行政法の理解を含む。）との関わりについて理解する。 ②相談援助活動において必要となる成年後見制度（後見人等の役割を含む。）について理解する。 ③成年後見制度の実際について理解する。 ④社会的排除や虐待などの権利侵害や認知症などの日常生活上の支援が必要な者に対する権利擁護活動の実際について理解する。	①相談援助活動と法（日本国憲法の基本原理、民法・行政法の理解を含む。）との関わり ②成年後見制度 ③日常生活自立支援事業 ④成年後見制度利用支援事業 ⑤権利養護に係る組織、団体の役割と実際 ⑥権利擁護活動の実際
更生保護 制度	①相談援助活動において必要となる更生保護制度について理解する。 ②更生保護を中心に、刑事司法・少年司法分野で活動する組織、団体及び専門職について理解する。 ③刑事司法・少年司法分野の他機関等との連携の在り方について理解する。	①更生保護制度の概要 ②更生保護制度の担い手 ③更生保護制度における関係機関・団体との連携 ④医療観察制度の概要 ⑤更生保護における近年の動向と課題
相談援助 演習	相談援助の知識と技術に係る他の科目との関連性も視野に入れつつ、社会福祉士に求められる相談援助に係る知識と技術について、次に掲げる方法を用いて、実践的に習得するとともに、専門的援助技術として概念化し理論化し体系立てていくことができる能力を涵養する。 ①総合的かつ包括的な援助及び地域福祉の基盤整備と開発に係る具体的な相談援助事例を体系的にとりあげること。 ②個別指導並びに集団指導を通して、具体的な援助場面を想定した実技指導（ロールプレーイング等）を中心とする演習形態により行うこと。	①以下の内容については相談援助実習を行う前に学習を開始し、十分な学習をしておくこと ア　自己覚知 イ　基本的なコミュニケーション技術の習得 ウ　基本的な面接技術の習得 エ　次に掲げる具体的な課題別の相談援助事例等（集団に対する相談援助事例を含む。）を活用し、総合的かつ包括的な援助について実践的に習得すること。 （ア）社会的排除 （イ）虐待（児童・高齢者） （ウ）家庭内暴力（D.V） （エ）低所得者

			（オ）ホームレス （カ）その他の危機状態にある相談援助事例（権利擁護活動を含む。） オ　エに掲げる事例等を題材として、次に掲げる具体的な相談援助場面及び相談援助の過程を想定した実技指導を行うこと。 　　（ア）インテーク 　　（イ）アセスメント 　　（ウ）プランニング 　　（エ）支援の実施 　　（オ）モニタリング 　　（カ）効果測定 　　（キ）終結とアフターケア カ　オの実技指導に当たっては、次に掲げる内容を含めること。 　　（ア）アウトリーチ 　　（イ）チームアプローチ 　　（ウ）ネットワーキング 　　（エ）社会資源の活用・調整・開発 キ　地域福祉の基盤整備と開発に係る事例を活用し、次に掲げる事項について実技指導を行うこと。 　　（ア）地域住民に対するアウトリーチとニーズ把握 　　（イ）地域福祉の計画 　　（ウ）ネットワーキング 　　（エ）社会資源の活用・調整・開発 　　（オ）サービスの評価 ②相談援助実習後に行うこと。 　相談援助に係る知識と技術について個別的な体験を一般化し、実践的な知識と技術として習得できるように、相談援助実習における学生等の個別的な体験も視野に入れつつ、集団指導並びに個別指導による実技指導を行うこと。
相談援助実習指導	①相談援助実習の意義について理解する。 ②相談援助実習に係る個別指導並びに集団指導を通して、相談援助に係る知識と技術について具体的かつ実際的に理解し実践的な技術等を体得する。 ③社会福祉士として求められる資質、技能、倫理、自己に求められる課題把握等、総合的に対応できる能力を習得する。 ④具体的な体験や援助活動を、専門的援助技術として概念化し理論化し体系立てていくことができる能力を涵養する。		次に掲げる事項について個別指導及び集団指導を行うものとする。 ①相談援助実習と相談援助実習指導における個別指導及び集団指導の意義 ②実際に実習を行う実習分野（利用者理解含む。）と施設・事業者・機関・団体・地域社会等に関する基本的な理解 ③実習先で行われる介護や保育等の関連業務に関する基本的な理解 ④現場体験学習及び見学実習（実際の介護サービスの理解や各種サービスの利用体験等を含む。） ⑤実習先で必要とされる相談援助に係る知識と技術に関する理解 ⑥実習における個人のプライバシーの保護と

			守秘義務等の理解（個人情報保護法の理解を含む。） ⑦「実習記録ノート」への記録内容及び記録方法に関する理解 ⑧実習生、実習担当教員、実習先の実習指導者との三者協議を踏まえた実習計画の作成 ⑨巡回指導 ⑩実習記録や実習体験を踏まえた課題の整理と実習総括レポートの作成 ⑪実習の評価全体総括会
	相談援助実習	①相談援助実習を通して、相談援助に係る知識と技術について具体的かつ実際的に理解し実践的な技術等を体得する。 ②社会福祉士として求められる資質、技能、倫理、自己に求められる課題把握等、総合的に対応できる能力を習得する。 ③関連分野の専門職との連携のあり方及びその具体的内容を実践的に理解する。	①学生等は次に掲げる事項について実習指導者による指導を受けるものとする。 ②相談援助実習指導担当教員は巡回指導等を通して、次に掲げる事項について学生等及び実習指導者との連絡調整を密に行い、学生等の実習状況についての把握とともに実習中の個別指導を十分に行うものとする。 ア　利用者やその関係者、施設・事業者・機関・団体等の職員、地域住民やボランティア等との基本的なコミュニケーションや人との付き合い方などの円滑な人間関係の形成 イ　利用者理解とその需要の把握及び支援計画の作成 ウ　利用者やその関係者（家族・親族・友人等）との援助関係の形成 エ　利用者やその関係者（家族・親族・友人等）への権利擁護及び支援（エンパワメントを含む。）とその評価 オ　多職種連携をはじめとする支援におけるチームアプローチの実際 カ　社会福祉士としての職業倫理、施設・事業者・機関・団体等の職員の就業などに関する規定への理解と組織の一員としての役割と責任への理解 キ　施設・事業者・機関・団体等の経営やサービスの管理運営の実際 ク　当該実習先が地域社会の中の設・事業者・機関・団体等であることへの理解と具体的な地域社会への働きかけとしてのアウトリーチ、ネットワーキング、社会資源の活用・調整・開発に関する理解

備考
1　人体の構造と機能及び疾病、心理学理論と心理的支援、社会理論と社会システムについては、社会福祉士に必要な内容となるよう留意すること。
2　相談援助演習のねらいにおける「相談援助の知識と技術に係る科目」とは、主に「相談援助の基盤と専門職」、「相談援助の理論と方法」、「地域福祉の理論と方法」、「福祉行財政と福祉計画」、「福祉サービスの組織と経営」、「相談援助実習」、「相談援助実習指導」等の科目であること。

[資料3]

演習教育委員会「相談援助演習のための教育ガイドライン」

はじめに ～ガイドラインを作成した目的～

社会福祉士は、人権と社会正義に則り、サービス利用者本位の福祉サービスの開発と提供に努めることによって、社会福祉の推進とサービス利用者がめざす自己実現の支援を図ることを職務とする専門職である。社会福祉の質の向上と実現には、知識、技術、価値の専門性の維持向上と専門職としての倫理綱領であり利用者に対する倫理責任、実践現場における倫理責任、社会に対する倫理責任、専門職としての倫理責任の4つの倫理責任を負っていることが示されている。

相談援助演習科目を担当する教員は、このような職責と倫理責任を果たさせるための人材を養成することの質に多大な影響を及ぼす時の立場にあることを十分に認識し、自らが担当する学期中だけではない、専門職となった時のことまで念頭においた教育者の責任がある。それは同時に教員の立場にあるからこそ学生に主体的に学ぶ責任があるということを伝え、学生と教員それぞれの責任を理解し、共に取り組むために必要なことがある。

本ガイドラインは、そのような取り組む際に参考となるように作成された。大学・短大・養成施設において「相談援助演習を担当している人」であるより、現任研修者など他にも広く活用していただけるであろう。本ガイドラインを、関係者間での協働的授業（研修）計画のツールとして活用していただきたい。

対象者は、大学・短大・養成施設において「相談援助演習を担当している人」であるより、現任研修者など他にも広く活用していただけるであろう。本ガイドラインを、関係者間での協働的授業（研修）計画のツールとして活用していただきたい。

1. 相談援助の目的と意義

1.「相談援助」とは

「相談援助」という言葉からは直接的な対人支援だけをイメージされることがあるが、ここで用いられている「相談援助」は、社会福祉士の行う幅広い業務を指すものである。社会福祉士及び介護福祉士法の第2条において、「社会福祉士」とは「専門的知識及び技術をもって、身体上若しくは精神上の障害があること又は環境上の理由により日常生活を営むのに支障がある者の福祉に関する相談に応じ、助言、指導、福祉サービスを提供する者又は医師その他の保健医療サービスを提供する者その他の関係者（第7条及び第47条の2において「福祉サービス関係者等」という。）との連絡及び調整その他の援助を行うこと（第47条及び第47条の2において「相談援助」という。）を業とする者」と規定されている。「相談援助」には、相談だけではなく、関係者との連絡・調整・調停、福祉サービス等の提供する者又は医師その他の保健医療サービスを提供する者その他の関係者（第47条において「福祉サービス関係者等」という。）との連絡及び調整その他の援助を行うことという文言は、これらの役割を想定して社会福祉士法制定20年が経過し、社会の変化に伴い社会福祉士制度及び社会福祉士の役割も変化してきたからである。厚生労働省社会保障審議会福祉部会の「介護福祉士制度及び社会福祉士制度の在り方に関する意見」（平成18年12月）では、社会福祉士には次のような役割が求められるとしている。

---

①福祉課題を抱えた者からの相談に応じ、必要に応じてサービス利用を支援するなど、その解決を自ら支援する役割

②利用者が有する能力に応じた、尊厳をもった自立生活を営むことができるよう、関係する様々な専門職や事業者、ボランティア等との連携を図り、自ら解決することのできない課題については当該担当者への橋渡しを行い、総合的かつ包括的に援助を行っていく役割

③地域の福祉課題の把握や社会資源の調整・開発、ネットワークの形成を図るなど、地域福祉の増進に働きかける役割

このような役割を遂行するための地域福祉の増進に関わる業務すべてが「相談援助」に含まれていることに留意しなければならない。

また、個人への支援から地域福祉の増進（ウェルビーイングの増進）を目指して、社会の変革を進め、人間関係における問題解決を図り、人々のエンパワメントと解放を促していく、ソーシャルワークは人間の行動と社会システムに関する理論を利用して、人びとがその環境と相互に影響し合う接点に介入する。人権と社会正義の原理は、ソーシャルワークの拠り所とする基盤である。

日本社会福祉士会では「ソーシャルワーク」と同義語として実践する専門職の活動はソーシャルワークであり、「ソーシャルワーク」は同義語だと捉えることができる。また、社会福祉士会が加盟している国際ソーシャルワーカー連盟（IFSW）が採択している「ソーシャルワークの定義」をソーシャルワーク実践に適用されそれを得るものとして認識し、その実践の拠り所とするとして、次の定義を記載している。

ソーシャルワークの定義

ソーシャルワーク専門職は、人間の福利（ウェルビーイング）の増進を目指して、社会の変革を進め、人間関係における問題解決を図り、人々のエンパワメントと解放を促していく。ソーシャルワークは、人間の行動と社会システムに関する理論を利用して、人びとがその環境と相互に影響し合う接点に介入する。人権と社会正義の原理は、ソーシャルワークの拠り所とする基盤である。

本ガイドラインでは、社会福祉士が行う「相談援助」を「ソーシャルワーク」と同義として用いる。同様に、「社会福祉士」と「ソーシャルワーカー」（略して「ワーカー」ともいう）も同じものとして扱う。

本ガイドラインでは、システム理論に依拠してソーシャルワークを展開しているため、ソーシャルワーカーは複数のワーカーを指すこともあるが、ソーシャルワーク機能を発揮することも多い。関係者・関係機関が協働することでソーシャルワークの機能を発揮することが多い。関係者・関係機関が協働することとに留意する必要がある。本ガイドラインで、価値・倫理・理論・視点・概念すべてを含めたソーシャルワーク・システムととらえ、ソーシャルワーカーと称す。クライエントも、個人の場合もあれば、複数の人やシステムが関わっているターゲットとなるのがクライエントである。特に、家族、グループ、組織、団体、地域住民、関係者などをも含めた、クライエント・システムととらえ、クライエントの場合には、クライエント・システムと称す。

2. 相談援助の目的と包括的な理解

(1) 総合的・包括的な理解

社会福祉士養成カリキュラムは、多くの科目から構成されている。学生は、ソーシャルワークの

るために平成19年に社会福祉士法等の一部が改正された。この法律改正にあわせて、社会福祉士養成課程における教育カリキュラムの見直しが行われ、旧カリキュラムでの「社会福祉援助技術演習」と呼ばれた科目が、「相談援助演習」へと変更された。

新カリキュラムにおける相談援助演習では、下記の要件を満たさなければならない。（社会福祉士介護福祉士養成施設指定規則、「社会福祉士学校指定規則」、「社会福祉士に関する科目を定める省令」）

○時間数は150時間

○担当教員は、①大学（大学院及び短期大学を含む）又はこれらに準ずる教育施設において、教授、准教授、助教又は講師として、社会福祉士の養成に係る演習の指導に関し5年以上の経験を有する者。②専修学校の専門課程の専任教員として、社会福祉士の養成に係る実習又は演習の指導に関し5年以上の経験を有する者。③社会福祉士の資格を取得した後、相談援助の業務に5年以上従事した経験を有する者。④厚生労働大臣が定める基準を満たすものとしてあらかじめ厚生労働大臣の定めたものを終了した者その他これに準ずるものとして厚生労働大臣が別に定める者。

○教員する教員の員数は、それぞれ学生20人につき1人以上とすること。大学等では、少なくとも1人以上は専任教員を配置すること。

○少なくとも学生20人に付き一室の割合で、演習室を有すること。ただし、教育上支障がない場合は、演習室と実習指導室とは兼用することができる。

また、相談援助演習の内容は表のとおりである。

〈中略〉

II. 相談援助演習に含むべき内容

1. ソーシャルワークの目的・使命

ソーシャルワークの目的・使命を理解するということは、「ソーシャルワークとは何か」を理解することである。ソーシャルワークは、そのときの社会状況にも影響されながら多様な理論や実践モデルを構築し、発展してきた。精神分析学自我心理学からシステム理論、あるいは社会構成主義という思想からポストモダンの思想に至るまで、ソーシャルワークの実践モデルを構築する際に依拠する学問的な思想や理論、哲学的な幅があり、援助、介入の焦点のあてかたも「個人のパーソナリティの発達」なのか、「社会変革」なのか、あるいは「人々のウェルビーイングの現実と相互に影響し合う接点なのか」というように、揺れ動きながら変化してきた。現時点では国際ソーシャルワーカー連盟（IFSW）による定義に集約されている。

しかし、ソーシャルワークの目的や使命

◆ソーシャルワークの目的や使命
○実践を通して人間の福利（ウェルビーイング）を図ることを目的とする
○実践を通して、人間関係における問題解決と社会変革を図っていく
○実践を通して、エンパワーメントと解放を促していく
○人間の行動と社会システムに関する理論を基盤とする

（相談援助に係る）専門性を構成する価値、知識、技術について、科目ごとに分けられた状態で学習するのである。しかし、実際には社会福祉士の課題に取り組むには、それらを総合的に理解することが求められる。そのためには、科目の枠を超えてた課題や実践について概念化して総合的に理解できるようになることが必要である。演習では、テーマや課題に焦点をあてた総合的な学習ができるよう学習する事柄の関連性について気づき、総合的・包括的に理解できるようにする。

（2）専門的な実践力の習得

専門職としての業務を遂行するためには、ソーシャルワークの価値、知識、技術についてだけでなく、それらを統合して実践に応用できることが必要である。講義は、知識を伝えるためには効率的・効果的な方法ではあるが、深い理解の促しや実践力の獲得という点では適していない。そのため演習では、具体的な課題的状況について、観る・聴く・話す・休験する・考える・感じる・振り返るという能動的な活動を組み合わせることによって、自分自身社会への気づきを持って理解を深め、それらを実践に応用する能力を身につけることを目指す。

（3）相談援助実習・実習指導との相乗作用による教育効果

社会福祉士養成において、実習は学生が実践の現場に向き合うなか専門的な実践力を深く磨く貴重な機会となるが、実習指導及び実習前だけでは、その教育効果を十分に発揮することはできないだろう。実習前に行う演習は、学生の実習へのレディネスを高め、実習での学びの質をより豊かで効果のあるものにするだろう。また、実習後に実習経験を演習のなかから活用することで、実習での学びをさらに深め、取り上げる内容について一般化することもできる。演習は、実習前であること、あるいは実習後であること、つまり実習と演習は相乗効果を相互に高めることで、学習意欲を高めるようにするとよい。

3. 相談援助演習の目標

今後の社会福祉士には前述（p1）のような三つの役割を果たすことが求められている。これらの役割を適切に遂行できるようになるためには、養成教育のなかで、実践現場で認識してからも、継続的な研修やスーパービジョンを受けながら実務経験を積むことが必要であろう。その点を踏まえたうえで、社会福祉士としてのキャリア形成の第一歩である養成教育のゴールとしては、次のような状態に到達することを目指す。

○ソーシャルワークの価値に基づいて、実践で何を目指すべきかを述べることができる
○ソーシャルワークの基本的な視点から、実践についてクライエントの状況を多面的に理解し、他者がわかるように説明することができる
○ミクロ・メゾ・マクロのそれぞれのレベルでの介入について理解しており、基本的な介入スキルを身につけている
○ソーシャルワーク実践の評価について理解し、実践についての自己評価ができ、それを実践の改善に役立てることができる

4. 相談援助演習に係る要件

社会状況が大きく変化するなかで、より高度で多様化するニーズに的確に対応できる人材を養成す

そして、こうした倫理綱領に基づき「行動規範」が定められている。「社会福祉士の行動規範」は、「社会福祉士の倫理綱領」に基づき、社会福祉士が社会福祉実践において従うべき行動を示したものであるとされている。「1.」利用者に対する倫理責任として「利用者との関係」や「利用者の利益の最優先」、「受容」、「権利侵害の防止」など12項目が定められており、次いで「2.」実践現場における倫理責任として「最良の実践を行う責務」など4項目「3.」社会に対する倫理責任としての「ソーシャル・インクルージョン」など3項目、そして「4.」専門職としての倫理責任として「専門性の向上」など7項目が定められている。

このような倫理や価値の規範は、専門職としての実践の指針になるとともに、「倫理的実践」に鑑みることにもなる。それだけに実践の現場では、常に「倫理綱領」の規範や価値観に鑑みて実践にあたっているひとびとがいることである。それは次に示す価値観のようなものがある。

○ソーシャルワーカー自身の価値観とソーシャルワーク倫理とのジレンマ
○ソーシャルワーカー自身の価値観とクライエントの価値観のジレンマ
○ソーシャルワーカー自身の価値観と同僚や他の専門職との価値観のジレンマ
○ソーシャルワーカー自身の価値観と所属する組織の価値観などを含めた価値観とのジレンマ
○ソーシャルワークの倫理のジレンマ
○社会環境（時間・資源の制限など）によって生じるジレンマ

たとえば、ソーシャルワーカーは自らの所属する組織の一員であるために、所属組織への過剰な一帰属意識での保身が、ソーシャルワーカーとしての倫理と対峙することになる場合もある。それだけにソーシャルワーカーとしての価値や倫理が具体的な実践の場面でどのようなジレンマを生じさせるのかということを理解したうえで、それを解決していくための方法についても理解を深めていく必要がある。

3. ソーシャルワークの基本的な視点と知識（自己・他者・環境の理解を含む）

ソーシャルワークの基本的な視点と知識とは、ソーシャルワークにおけるクライエントの抱える困難の「とらえ方」とその困難な状況に置かれているクライエントとその環境との「かかわりの方（介入・支援の仕方）」に関するもので、ソーシャルワーク実践の蓄積のなかから、一定の枠組みが確認されてきている。今日ではひとつのモデルというよりは、次の3つのモデルが代表されている。なお、ここでいうクライエントは、個人の場合もあれば、家族、グループ、組織、地域住民、関係者などをも含み、各レベルのクライエント・システムの総体としている。

（1）エコロジカル・モデル

エコロジカル・モデルは、生活に困難な状況に置かれている人間（個人）に焦点を当てて伝統的な「医学モデル（病理モデル）」に代わるものである。エコロジカル・モデルは、人間と環境との接触面（interface）に入交互作用（transaction）を重視することで問題を理解し、人間と環境との応答性を高め、人間と環境の適応能力を高めると同時に環境の質を向上することで、人間の適応能力を高めると同時に環境の質を向上することを目指す。

○人と環境の相互作用に介入する
○人権と社会正義という価値と実践の拠り所とする

2. ソーシャルワークの価値（倫理、理念、原則含む）

ソーシャルワークは、人道主義と民主主義の理想から生まれたものである。したがって、中立ではできず、常に「価値」を問われている活動であるといえる。ソーシャルワークの価値の基本は、すべての人間は「平等」であり、「価値」を有している。そして、「尊厳」を有していることを認め、これを尊重することにあり、ソーシャルワークの専門職は、価値の実現に邁進して、貧困を軽減することを抑圧されている人々を解放していくことの社会的な包摂（ソーシャル・インクルージョン）を促進する努力をすることから決まられる。

とりわけ人権と社会正義は、ソーシャルワークの活動の根底になるものでもある。国際ソーシャルワーク学校連盟（IASSW）と国際ソーシャルワーカー連盟（IFSW）の「ソーシャルワークにおける倫理−原理に関する声明」（2004）では、「4. 原理」として、次のようなことが確認されている。

4-1. 人権と人間の尊厳

① 自己決定を尊重すること、② 参加の権利を促進すること、③ 個々の人間を全体として捉えること、④ ストレングスを見出し伸ばすこと

4-2. 社会正義

① 不利な差別に立ち向かうこと、② 多様性を認識すること、③ 資源を公正に配分すること、④ 不公正な方針や実践に対して立ち向かうこと、⑤ 団結して働くこと

たとえば、4-1の③個々の人間を全体として捉えることでは、家族、コミュニティ、社会環境や自然環境の中で、全体としての人間に関心を払うべきであることに言及されている。「エンパワメントの連関」についても示されている。

また、4-2の⑤団結して働くことでは、ソーシャルワーカーには「社会的排除、スティグマ化あるいは隷属化の一因となる社会状況に立ち向かい、社会的包摂に向けて働く義務がある」という「社会的な包摂」を確認しておく必要がある。ソーシャルワーカーが「人権と人間の尊厳」を大切にし、「社会正義」に基づき行動することは、「利用者本位」で「自立」を支援し、「自立支援の重視」「社会的包摂」や「ノーマライゼーション」を推進していることである。

このようにソーシャルワーカーの倫理とは、ソーシャルワーカーとしての価値を踏まえたうえで、遵守しなければならない規範や原則のことであり、ソーシャルワークにおいて実践の方針や方向を与えるものである。「社会福祉士の倫理綱領」では、「人間の尊厳」に関して「社会福祉士は、すべての人間を、出自、人種、性別、年齢、身体的精神的状況、宗教的文化的背景、社会的地位、経済状況等の違いにかかわらず、かけがえのない存在として尊重する」という、人間の尊厳について「差別、貧困、抑圧、排除、暴力、環境破壊などのない、自由、平等、共生に基づく社会正義の実現をめざす」としている。

よりよい状態にしていくことを目指す。

このモデルにおける人間は、関係性（relatedness）、力量（competence）、自発性（self-direction）、自己評価（self-esteem）などが人間環境を理解するうえでの重要な概念となる。また、環境を理解するうえでの重要な概念としては、生息環境（habitat）と生態的地位（niche）がある。生息環境とは、人間の空間的地位を意味し、年齢やジェンダー、文化、社会経済的地位などによって影響を受ける。生態的地位とは、社会経済的地位などが社会のなかで占めているものを示すもので、社会経済的地位などに影響する人種やジェンダー、身体的・精神的条件、社会的地位などが同様に人種やジェンダー、身体的・心理的要因、精神的・心理的要因、そして社会環境的な要因などが複合的に作用する場合には社会参加の機会や社会生活上の諸権利を侵害されたり、こうした困難をもたらしたりすることもある。

エコロジカル・モデルは、生態学と両者の交互作用の分析の方法を明確にしてきた。こうしたアセスメントにおいて人間と環境を捉えることが、アセスメントにおいては、生態学のメタファーを用いて、個人のみならず地域社会をも含めた視野の広がりを持つことができる。利用可能な社会資源などのストレングスの観点も重視するところにも特徴がある。したがって、このモデルではクライエント自身による自己ケアやセルフマネジメントを可能とすることを目的にし、多様な社会資源の活用によるクライエント・グループや地域社会も含めたストレングスの観点からアセスメントし、得られた情報を支援に活かしていく必要がある。

4. ソーシャルワークの実践レベル

全米ソーシャルワーカー協会の1981年の定義では「ソーシャルワーク実践のレベルはミクロ・メゾ・マクロに分けられる」とあり、それぞれの実践について示している。ここではそれを参考にソーシャルワークの実践レベルをミクロレベル、メゾレベル、マクロレベルの3区分で示す。しかし、これら3つのレベルは実際には重複しており、便宜的な区分として捉える。

（1）ミクロレベル（個人、家族）

個人や家族が直面する困難状況を対象とする。具体的には、個人、家族、小グループを含むクライエントが抱えている生活問題を対象としたものである。より一層の人権保障が求められる状況や人権侵害状況、より一層の自己実現やQOL向上が求められる状況、自己実現の機会を奪われている状況、社会的不利のゆえに機会を活かせていない状況等がある。

（2）メゾレベル（グループ、組織、地域住民）

グループ組織、地域住民の自助グループや治療グループ、仲間集団、地域社会・組織システム等を含み、自治体、ディスエンパワメントの状況、社会的差別や抑圧が地域社会からの排除の状況等に具体的には各種の自助グループや治療グループ、仲間学校・職場、近隣等が含まれる。ミクロレベルの課題が、ディスエンパワメントの状況、社会的差別や抑圧が地域社会からの排除の問題や「自らの問題よって生じている場合、ソーシャルワーカーはグループや地域（住民）がそれらの問題として捉えるような環境をつくるために働きかける。

バイオ（生理的・身体的機能状態）には、クライエントの有する健康状態やADL、IADLの状況、能力などが含まれる。

サイコ（精神的・心理的状態）には、クライエントの心理的状態や意欲、意思の強さ、嗜好、生活やサービスに関する満足度などが含まれる。

ソーシャル（社会的状態）には家族や親族との関係、友人関係、近隣関係、そしてソーシャル（社会的状態）には家族や親族との関係、収入の状況、利用可能な社会資源などが含まれる。

バイオ・サイコ・ソーシャルモデルでは、クライエントの置かれている困難な状況は、こうした生理的、身体的要因、精神的・心理的要因、そして社会環境的な要因がそれぞれに独立したものではなく、相互に関連し複合的に作用しあって困難な状況をもたらしていると捉えるのではなく、エコロジカル・モデルやシステム理論とも通底するこうした捉え方は、ここでいうクライエントには、当然のことながら個人のみならずグループや地域社会も含まれる。

また、バイオ・サイコ・ソーシャルモデルでは、クライエントの能力や意欲、嗜好、利用可能な社会資源などのストレングスの観点を重視するところにも特徴がある。したがって、このモデルではクライエント自身の活用によるセルフケアやセルフマネジメントを可能とすることを大切にし、クライエントに対する支援を展開していくことになる。

なお、個人以外の場合でもストレングスの観点も含めて3つの側面に分けてアセスメントし、得られた情報を支援に活かしていく必要がある。

（2）システム理論

システムとは、相互に作用し合う要素の集合として定義される。生命現象はその内在的な条件だけでなく、全体によっても影響され、全体の要素の総和以上の働きを示すことを、家族療法において応用されてきた。

システム理論は、ソーシャルワークの領域では、家族療法において応用されてきた。

システム理論はエコロジカル・モデルと同様に、人間の置かれている困難な状況を個人の問題に還元してしまっているインシステムのなかとしては捉え、その困難状況がシステムのなかに変化を起こすことで、困難状況の解決が図られているといったように扱うことで、ワーカーはどのように維持されているのかといった家族のなかで子どもが問題行動を起こすことで、母親がつくりだすシステムのひとつのシステムとして、自らもシステムの一つとして、自らもシステムの対象に含めることになる。父親も別の対象としてのシステムとしてそしてそれは子どもは…というように循環作用しているといった、フィードバックしてくる。このように原因と結果の直線的な因果律ではなく、ある結果が原因となり、そしてその原因がるように円環因果律としてシステム内の相互関係をとらえるところにも特徴がある。そして構造（structure）や機能（function）、発達（development）といった観点にも着目してあるし、システムの変容を図ることになるが、そのための具体的な介入技法はさまざまである。こうしたシステム理論では、人間（クライエント）もひとつのシステムとして、自らもシステムの対象としていることになる。

（3）バイオ・サイコ・ソーシャル・モデル

「状況のなかの人間（person-in-his/her/situation）」として捉える人間（個人）と環境のなかでクライエントが置かれている困難状況を把握しようとするとき、より厳密にはバイオ（bio）／サイコ（psycho）／ソーシャル（social）という3つの側面に分けてクライエントの状況や環境を把握する必要がある。

(3) マクロレベル（地域社会、政策）

マクロレベルは、社会全般の向上を指しているものであり、これらは具体的にはコミュニティと国家、国際システムに向けてであり、政策や制度、さらには国際的な社会に対して社会正義に向けた変革やソーシャルアクションを含む。差別、抑圧、貧困、排除等の社会不正義をなくすように、国内外に向けて社会変革に向けて社会意識に働きかけることである。

ミクロレベルやメゾレベルの課題が、法律や制度の不備、偏見や差別、雇用問題、人間関係を求めている等、さらにはソーシャルワーカーが長期的な人間の福祉（ウェルビーイング）をみから生じている場合、ソーシャルワーカーが長期的な問題解決に向けて取り組んでいくものであり、社会から求められる人々の支援を対象とする。

5. ソーシャルワークの対象

(1) 困難に直面している対象への支援

ミクロ・メゾ・マクロのそれぞれのレベルにおいて、実際に困難に直面している対象に対してソーシャルワークは支援を行う。対象が困難を抱えていることを自覚して、自ら支援を求めてくる場合もあるが、対象が支援を求めているいない場合は拒絶する場合もある。また、支援を求める方法を知らない場合もあり、対象が発見し支援を受けるよう促すこともソーシャルワーカーの支援に必要がある判断された場合、ソーシャルワーカーから積極的に働きかけ、緊急に支援を行う必要があると判断される場合、ソーシャルワーカーから積極的に支援しなければならない。

(2) 困難に直面するリスクのある対象の早期発見・早期介入

ソーシャルワークは、対象の固有の場に出向くアウトリーチ等のニーズキャッチの仕組みを作ることで対象の早期発見を行い、タウンミーティング等の実際に困難に直面する前にリスクを早期に発見することが求められる。

実際には困難に直面するまでには至っていないが、そのリスクのある対象について、自らの状況を把握できていないことも多く、ソーシャルワーカーがリスクを発見したり、ミクロ・メゾ・マクロのそれぞれのレベルの情報収集や状況把握を行っていくことが求められる。

しかし、生活の多様化、困難に直面した時に支援することが拡大・深刻化することを予防するため、非正規雇用の増加、高齢者や非婚者等の単身世帯の増加、ストレスによる精神疾患の発症、住居を持たないネットカフェ等を転々とする人やホームレスで生活する人等が挙げられる。

これらはマクロレベルの孤立死等のミクロレベルの課題にも留まらず、地域のレベルの課題や社会システムにも結びつく。このような支援に渡る状況では、ソーシャルワーカーがその中で困難に直面するリスクのある対象を早期発見し、早期介入することは難しい場合もある。したがって、対象が早期の段階で自らの状況に気づき、相談できる仕組みや環境整備を求められており、それらを行うこともソーシャルワークの支援である。

(3) 困難に直面していない対象への困難発生予防および社会参加・活動支援

生きがい対策や社会参加の機会としてボランティアやキャリア形成、世代に合わせた生涯福祉教育の取組として、ソーシャルワーク支援の一環として捉えられる。それらを通じて、他者や地域に関心を持つ機会となり、自分とは関心の異なる他者の状況を相互に理解する機会を設けることで、子育てや介護予防等、同じ関心の者同士の交流や学習の機会を通じて、自助力や地域力を増加しうる機会に働きかける。

6. ソーシャルワークの目標

ソーシャルワークは、人間の福祉（ウェルビーイング）の増進を目指して、社会の変革を進め、人間関係における問題解決を図り、人々のエンパワメントと解放を促していくものであるが、具体的な目標として次のものが挙げられる。

(1) 権利侵害、社会的不正、不平等、貧困の撲滅とソーシャル・インクルージョンの実現

人権尊重や社会正義を推進するような政策、組織運営、サービス提供を推進する。また、差別や排除などの社会的抑圧を行わないなり、すべての人々の社会参加を認めることができる社会を目指す。

(2) 基本的ニーズの充足

基本的ニーズが充たされていない人、人権侵害を受けている人や家族、グループを保護したり、サービスを提供したり、社会資源を活用できるよう支援することで、ニーズを充足し生活に直面している人が安心や居心地の良さを感じ、社会に受け入れられ、意義のある生活を送れることを目指す。

(3) 社会機能の向上

社会機能とは、自分の基本的なニーズを充たしたり、社会的に期待されている役割を果たしたりするなど社会生活を行うための能力のことである。ソーシャルワーカーは、障害や疾病、社会的な抑止等により機能不全となっている人や家族を支援し、社会機能の回復・増進を図る。また、機能不全に適時に支援することで、問題が拡大・深刻化することを予防するリスクのある人・家族・グループ・組織に適時に支援することで、問題が拡大・深刻化することを予防する。リスクのない人でも、将来のリスクを回避するため、社会参加のために社会機能の向上を支援する。

(4) 社会政策や制度、事業やプログラム、サービスの整備

人の基本的ニーズを充たし、能力の発達を支えるような社会政策を行うこと、あるいは起こり得る問題を予防するために取り組むことで、ソーシャルワーカーがこれらの社会政策や制度、サービスが開発整備されることを目指す。ソーシャルワーカーがこれらの立案・企画・実施する場合と、サービスが開発整備されることを国や自治体、民間組織に行うように求め、支えていく場合がある。

(5) 人の基本的ニーズを充たし、生涯に渡る発達を支える地域環境の実現

住民同士、関係者・機関において取り組むことで、協力して問題解決を得る環境の予防に向けての取組等も含めて、人々の基本的ニーズの実現の基本的ニーズの実現を目指す。

7. ソーシャルワークの実践方法

ソーシャルワーカーは多様なレベルの対象に働きかける。

次の（1）から（4）までの実践方法は、状況に応じて選択されることとなり、ケースによっては応じて複数の方法を包括的・統合的に用いていくことが求められる。

（1）ミクロレベルの実践方法

特定の個人・家族、小グループに直接関わるものをミクロレベルとする。
ソーシャルワーカーが介入する方法としては活用されるソーシャルワークの介入方法としては、カウンセリング、臨床ソーシャルワーク、ケアマネジメント、家族支援などがあげられる。

（2）メゾレベルの実践方法

働きかける対象をある程度特定できる中間組織をメゾレベルとする。メゾレベルには、自治体、地域住民、学校・職場等の組織、各種の自助グループなどが含まれる。このレベルで活用されるソーシャルワークの介入方法としては、グループワーク、カンファレンス、ソーシャル・ウェルフェア・アドミニストレーション（組織・機関の管理運営）、コミュニティワーク（小地域福祉活動）、地域組織化等）があげられる。

（3）マクロレベルの実践方法

働きかける対象が不特定多数の広範な領域で、より抽象度が高いものをマクロレベルとする。マクロレベルには、地域社会と国家、国際社会システムなどが含まれ、社会計画の過程が含まれる。このレベルで活用されるソーシャルワークの介入方法としては、地域開発、地域福祉計画、社会資源の開発、立法、審議会、各種委員会など政策や制度などに関与する会議への出席・参画、ソーシャルアクション、ロビー活動などがあげられる。

（4）多様なレベルに共通する実践方法

ミクロ・メゾ・マクロの多様なレベルに共通する実践方法としては、ソーシャルワーク・リサーチ、成・実行・振り返りを行いながら、モニタリング後には、モニタリングのサイクルを描きながらプロセスは進んでいく。
なお、ここでいうクライエントは、個人の場合もあれば、家族、グループ、組織、団体、地域住民、関係者などを包含し、各レベルのクライエント・システムの総体として示している。

8. ソーシャルワーク実践のプロセス

ソーシャルワークのプロセスには様々な局面がある。それぞれの局面毎に情報収集と分析・計画作成・実行・振り返りを行いながら、全体として開始から終結に向かって進んでいく。実践効果が上がらない場合には、モニタリング後に情報収集と分析から計画の局面に立ち戻ることもある。そのように、螺旋状のサイクルを描きながらプロセスは進んでいく。

（1）課題の発見、特定と援助の開始

課題を抱えた人が相談に来ることや、ソーシャルワーカーのアウトリーチによって地域における課題にアプローチすることから、ソーシャルワークは開始される。また、ソーシャルワーカーからの課題発見や、発見システムの形成も必要である。

援助の開始時は、クライエントとの信頼関係の形成から始まる。クライエントの不安を和らげ、主訴とニーズを的確に把握することを通して、課題を共有する。
そして、ソーシャルワーカーとして提供可能なサービスの説明を行い、クライエントのニーズと提供できるサービスが適合するかどうかを検討する。適合しないようであれば、適切な機関・施設の紹介を行う。
その上で、サービス利用の合意に達した場合には援助利用契約が結ばれ、協働での課題解決が始まる。

（2）情報収集と分析（アセスメント）

援助における事前評価の段階である。クライエントが抱える課題、求めるサービス、ニーズに関連して、必要な情報をクライエント自身やそれらを取り巻く環境から、広く深く収集する。収集した情報を詳細かつ総合的に分析し、クライエントの課題に関連する諸要因とそれらの関係性を明らかにしていく。それと同時に、ソーシャルワーカーとして、どのような援助がどれくらい行えるかのアセスメントも行う必要がある。
そして、解決すべき生活上の課題やニーズを明確化するとともに、クライエントとそれを取り巻く環境のストレングス（強さ・健全な側面・可能性・潜在能力など）を明らかにする。それらから支援計画を策定するための基盤となる。
最終的には、以上の作業結果をアセスメント報告書としてまとめていく。

（3）計画作成

情報収集と分析に基づき、援助計画を策定する段階である。援助計画を示した目標設定を行う。目標設定を行う上での留意点は、優先順位を考慮すること、クライエントの力量や時間的期限、取り組むことが可能な範囲での計画にすること、また、あくまでも計画策定はソーシャルワーカーとクライエントとの協働作業として行うことに留意する必要がある。
その際の留意点は、優先順位を考慮すること、クライエントの力量や時間的期限、取り組むことが可能な範囲での計画にすること、また、あくまでも計画策定はソーシャルワーカーとクライエントとの協働作業として行うことに留意する必要がある。
ニーズが充足された状態や目標に向かって、具体的に、誰が、いつ、どこで援助や実践を展開するかという援助計画を作成する。

（4）計画実行とモニタリング

援助計画に基づき目標達成に向け、ソーシャルワーカーの意図的な介入のもとに、クライエントと環境との関係改善に働きかけを行う段階である。
実行後には、設定された目標がどの程度達成されたか、あるいは、何が達成され、何が達成されなかったか、どのような活動が適切であったのか、効果的であったのかを包括的に検討する。その際、新たな生活上の課題が発生していないかを包括的に検討する。日々の経過記録に基づいてモニタリングを行う。
この評価をもとに、援助を終結するか、あるいは目標や計画の達成・未達成要因を分析し、再度情報収集と分析を行い、計画を立て直し、新たな援助を展開することとなる。

（5）終結と結果評価

評価過程で、今後援助活動の必要性がなくなったと判断された時に移行する段階である。援

助過程を通しての取り組みや成果、残された課題などと共に評価を行う。終結後に再度課題が生じた場合に、利用可能な機関やサービスに関する情報を提供することも求められる。

援助関係が終結した後も、クライエントが社会生活機能を維持・向上するための準備や相談過程としての側面を有している。

さらに、終結後一定期間の後、クライエントの状況を再度アセスメントし、援助効果が継続しているか、新たな課題やニーズが発生していないかを調査するフォローアップを行うこともある。

9. ソーシャルワークにおける関係

ソーシャルワークにおける関係とは、クライエント（個別支援に限らない）の利益に資する目的を達成するための契約に基づき、限られた一定の期間内、ソーシャルワーカーとクライエントとの協働関係（パートナーシップ、コラボレーション）である。科学的な価値・知識・技術・態度を活用した専門的援助関係及び、ソーシャルワーカー・クライエントが希望や可能性に向かって未来へと進めるようにすることが求められる。そこでは専門職倫理に基づき、営業的な立場や相手との一定の距離を保つようにすることが求められる。そのため、家族や友人との私的な関係とは異なり、ソーシャルワーカーが自分の感情を過度に表出することや、自らの情報についての自己開示は制限して関わっていく必要がある。

そのために、以下の原則を堅持する必要がある。

日本社会福祉士会の倫理綱領に定められているソーシャルワーカーが拠り所とする原則は、出自、ソーシャルワーカーとクライエントとの関係において、基本的信頼関係（ラポール）を基盤とし、人種、性別、年齢、身体的精神的状況、宗教的文化的背景、社会的地位、経済状況などのちがいにかかわらず、人々の平等と尊厳の保持と、差別、抑圧、貧困、暴力、環境破壊などのない社会の実現を目指すことである。自由、平等、共生に基づく社会正義の実現を目指すことである。

10. コミュニケーション

(1) コミュニケーションとは

人間が他者と関わる際の手段となるのが、コミュニケーションである。コミュニケーションは、一方通行の情報伝達ではなく双方向のものであり、送り手と受け手との間の情報を共有し、新たな関係性を創造する相互作用の過程である。

コミュニケーションには、言葉による言語的コミュニケーションと、言葉以外の周辺言語による準言語的コミュニケーション、動作や表情などによる非言語的コミュニケーションがある。時に、言語と準言語や非言語的コミュニケーションの表現が食い違う場合があるが、それらを総体として捉えて他者を理解することが必要である。

目的に応じて、多様なコミュニケーション技法を使い分けていく。

(2) 基本的なコミュニケーション

相手との関係性を構築する際の技法としては、マイクロカウンセリングの技法が有効である。マイクロカウンセリングは、カウンセリングに必要な技法を技法単位に分解して習得するトレーニング方法であり、以下の技法から成り立っている。

相手の話しを傾聴する技法には、「かかわり行動／かかわり技法」がある。このなかには、かかわり行動、クライエント観察技法、質問技法、はげまし・いいかえ・要約技法、感情の反映技法が含まれる。

相手の行動を問題解決に導く技法には、「積極技法」がある。このなかには、指示技法、情報提供／アドバイス／意見／サジェスチョン／助言、自己開示技法、論理的帰結技法、解釈技法、フィードバック技法が含まれる。上記以外には、「対決技法」、「意味のある方法」、「技法の統合」が含まれる。

また、自分の感情を人に伝える時、依頼を断る時や注意する時に、準直に気持ちを伝えられないことがある。そのような時に、「私」を主語にして「5W1H」を明確に伝えることで、スムーズなコミュニケーションが可能になる。このようなアサーティブなコミュニケーションも求められる。

(3) 議論を促進する際のコミュニケーション

話し合いを調整する、議論を深める、意志決定をするためには、ファシリテーターとしてのコミュニケーションを行う必要がある。

話し合いへの参加者の相互作用を促進させるためには、参加者間で誤解や違いが生じた場合にそれを修正すること、参加者の気持ちや意見を代弁すること、伝わりにくい場合には別の言葉に言い換えたり、内容の補足を行い、意見が伝わりやすいように話し合いが行われるよう働きかける。

また、多様な背景や価値観を持った人々との合い意形成を促し、そこで生じる対立や葛藤の調整や、交渉を行っていく。

会議の進行役を行う際には、会議の議題を明確にし、議論に沿って会議がスムーズに行われるように導くこと、話し合いが脇道から逸れた場合には修正し、参加者の意見を公平に引き出す役割を担うこと、共通の目的に向かって参加者が動けるようにすることが求められる。

それを通じて、地域の福祉課題にして、地域住民の議論を深める際には、社会資源や地域住民のニーズを把握するための聴きとりの実施、教育・啓発活動における情報の広報、関係者や地域住民と共に話し合いを持ち、合意形成をもち、方向性の決定を行うこと、行政や関係団体への働きかけ、ワークショップの開催などが求められる。

(4) アイディアを出して情報を整理する際のコミュニケーション

アイディアを出して整理する際には、ブレーンストーミングやKJ法などの発想法が有効である。

ブレーンストーミングの原則は、他人の意見を批判せず、思いついた考えをどんどん言うこと、できるだけ多くのアイディアを出すこと、他人の意見を聞いて連想を働かせ、他人のアイディアに自分のアイディアを加えて新しい意見を述べることである。

情報の共有化、テーマに関する情報の言語化（ラベル作り）、情報（ラベルの意味確認）を整理の際には、抽象化（小グループ化、中グループ化）を行い、構造化（図解）を経て、まとめと文章化（レポート）を目指す。

KJ法とは、出されたアイディアをカード化する場合もあるが、各種企画書を作る場合には、標準的な企画書には、目次、提案の背景、提案内容、実行方法、スケジュール、実施体制、予算等が盛り込まれる必要がある。それぞれの項目を簡潔に書き、図表等も取り入れながら視覚的にわかりやすくしていく。そして、クライエントとともに情報を整理する際のコミュニケーション・ツールとしては、各種の

(3) 危機理論→危機介入アプローチ

人生における危機とは、精神的にも身体的にも、あるいは社会生活面においても大きな影響をもたらす。危機介入アプローチは、こうした人間に危機をもたらす出来事の性質、その意味、精神的・身体的・社会的な機能障害の状況などを分析し、人間の対処能力を超える状況に速やかに介入していくアプローチである。

(4) ストレングスモデル→エンパワメント・アプローチ

ストレングスモデルは、クライエントの問題状況（欠点・短所）にのみ焦点を当てるのではなく、人間の強さや長所に焦点を当て、それをより高めていくことで問題の解決を図っていくモデルである。このモデルとも関連して、エンパワメント・アプローチは、人種や階級、宗教や障害などのために社会的に抑圧されている状況におかれている人々の問題を分析することで内面化された抑圧を抑止するために、抑圧された状況においても心理的にも潜在能力を高めていくと同時に、社会的・政治的な構造の変革を図ることで、状況の改善を図るアプローチである。

(5) ストレス理論→ストレスコーピング

生活を営むうえで生じるストレス状況において、そのストレッサーを回避したり、自身が利用可能な対処資源を駆使することでストレッサーに対抗しようとする対処能力をコーピングという。ソーシャルワークにおいては個人の対処能力だけではなく、多様な社会資源や援助技法の活用を含め、ソーシャル・サポート・ネットワークもコーピングの機能性を高める要因として作用するとされている。こうしたストレス理論やそれに基づくストレスコーピングの考え方は、エコロジカル・アプローチにおいてもストレスコーピングが重要な構成概念として用いられるなどソーシャルワーク実践においても有用なアプローチである。

(6) 社会構成主義→ナラティブアプローチ

ナラティブアプローチは、ポストモダン、社会構成主義という考え方に基づくものである。ソーシャルワークの代表的なアプローチのひとつであり、人間は自らの人生を「物語」として了解しているが、クライエントがそれまでの人生を形作ってきた支配的な物語（ドミナントストーリー）を援助関係を通じて、クライエント自身の語り直し、オールタナティブな日常に向け、新たな物語を創造することで問題の解決を図っていくアプローチである。

(7) システム理論→家族療法

システムとは、相互に作用し合う要素の集合としてとらえ、人間に作用している状況や症状をシステムのなかでとらえ、その困難状況がシステムに変化を起こすことで、困難状況の解決を図るものとして、どのように活用されているのかといったことにおいて活用する。家族療法などにおいて活用され、常に人を家族システムの一部としてとらえ、問題とされる状況は家族システムにおける成員間の相互作用から生み出されるものとして捉え、特定の個人をターゲットにした問題の犯人捜しをするのではなく、システムそのものの変化を促すことで解決を図るアプローチである。

マッピング技法が有効である。ジェノグラム（世代関係図）やファミリーマップ（家族関係図）、エコマップ（社会関係図）により、家族関係や社会関係資源、社会関係についての視覚的な把握が可能になる。

(5) プレゼンテーションを行う際のコミュニケーション

プレゼンテーションにおける留意点は、どういった場所で、何の目的で、どのような内容で、いかなる形態・形式で行うのかを十分に認識して臨むことである。自分の伝えたい論旨を明確にし、事実と意見を峻別して伝える必要がある。

関係者間でのプレゼンテーションの機会としては、ケースカンファレンスや事例検討会がある。ケースカンファレンスでの報告の際には、報告に先立ち日時、場所、対象者、誰を対象に、どのような形式で行うのかを十分に認識して臨む。ソーシャルワーカーとして把握したクライエントの基本情報・生活情報・医療情報・アセスメント情報、支援内容、その場で検討したい点を伝える。

事例検討会での報告の留意点は、事例の共有化、論点の明確化、今後の方向性の検討、振り返りの順で進んでいく。報告の際の留意点には、プライバシーへの配慮を行ったこと、意見や質問を述べる場合には質問の意図の明確化、興味本位の質問とならないように問題解決の意図を意識して問いかけること、意見を述べる場合には批判的ではなく建設的な視点から伝えることを原則的に念頭に置きながら発言することなどがあげられる。

学会発表では、研究テーマ、研究目的、仮説の提示、データ分析や解釈に基づく研究結果の提示、考察に関する論証、結論としてのまとめの順で示す学会発表の流れをとる。また、口頭報告だけではなく視覚的にもわかりやすい資料の作成にも心がける。

11. 特定の理論・モデルに基づく介入

ソーシャルワークの実践理論、あるいは実践モデルやアプローチは、「ソーシャルワークの実践のための理論」（ソーシャルワークの諸理論）や、ソーシャルワークの理論（人や環境、社会を理解するための社会学や心理学などの理論）とは異なる。

なお、ここでいうクライエントは、個人の場合もあれば、家族、グループ、組織、団体、地域住民、関係者などを含む場合もあり、各レベルのクライエント・システムの総体として示している。

(1) 行動理論→行動変容アプローチ

行動変容アプローチは、行動理論に基づき、人間の行動は学習されたものとしてとらえ、そして望ましくないとされる行動（問題行動）の変容を起こすことで解決を目指すアプローチである。心理的・精神的な側面に焦点を当てるアプローチではなく、測定可能な「行動」の変容を図る。

(2) 認知行動理論→ソーシャル・スキル・トレーニング（以下、「SST」）

ソーシャルスキルとは、他者との関係を築いていくうえでのスキルで、挨拶や謝罪、助けの求め方、あるいは余暇の過ごし方や仕事の進め方など、社会生活をしていくさまざまな次元の多様なスキルがある。SSTは、たとえば精神障害者や非行少年などの課題解決が困難とされている状況における対処スキルを分析し、問題にした現実的ニーズに合ったソーシャルスキルが身につくように支援することで、問題解決を図るアプローチである。

III. 相談援助演習のあり方

演習において教員は、学生の気づきを促し、理解を深め、問題解決能力を高める支援を行うものである。したがって、教育現場におけるソーシャルワーク実践そのものである。したがって、教育現場におけるソーシャルワーク実践（演習の実施）に教育技術（シラバス作成）やプランニングの実施（演習の実施）に教育および知見を適用することで、教員はより効果的な教育実践を行うことができる。学生も、ソーシャルワークの理念、理論、モデル、方法などを教員が演習活動や学生との関わりのなかで用いるのを、モデリングにより自然に習い覚えることができる。

ここでは、相談援助を行ううえで参考になる知見を紹介する。

1. 根拠（理論・モデル）に基づく相談援助演習

(1) 人の変化を支援する方法（ステージ）を経て変化することが明らかになっている。

人は、次のような一定の段階（ステージ）を経て変化することが明らかになっている（トランスセオレティカルモデル：Prochaska他, 2007）。

ⅰ）自分の課題状況に気付いていない無関心期
ⅱ）変えることは決断しているが、まだ本格的に実行できていない準備期
ⅲ）変化に向けて努力しながら実行している実行期
ⅳ）変化した状態を維持できているが、まだ意識的な取り組みが必要な維持期
ⅴ）変化した状態が安定し、元に戻る心配がなくなった終結期

無関心期から終結まで順調に進む場合もあれば、いずれかのステージに停滞したり、実行期や維持期まで進んでも元に戻ってしまうこともある。たとえ、前の状態に戻ってしまっても、人は経験から学んで再度ステージを歩み直すことができる。直線的ではなく、螺旋的に変化するとも言える。このモデルは、さまざまな行動変容に適用可能であることが実証されており、学生が学んでいくプロセスにもまた変化を促し支えるためには、それぞれのステージにあったアプローチをとることが必要であり、ステージにあわないアプローチは変化への抵抗を引き起こす。無関心期には関心期や準備期への変化を促す働きかけが必要であり、関心期に失敗しても責めたりせず、気づきや認識の変化に役立つスキル習得を支援することが必要である。また、どのステージにあっても支援者から支持される関係、温かさ・信頼・率直さ・受容が伝わる関係、変化を支援し協力する関係が大切である。演習教育においても、個々の学生と教員との間にどのような関係を築くこと、そして、学生がどのステージにあるかを見極めて演習の目的や方法を設定することが、演習教育の効果を高める。

希望をもって次の段階から次へと歩めるような研究から明らかになっている。

(2) 成人学習についての知見

成人学習についての様々な研究から次のようなことが明らかになっている。

○人は、生涯、学習する
○人が最も効果的に学習できるのは、安心でき、支持的な雰囲気のなかである
○成人として尊重されることは効果的に学習することとなる

---

(8) パーソン・センタード・アプローチ

非指示的、非批判的な傾向と共感法がカウンセリング中心療法がカウンセリングの主流の技法として広がっていった。ソーシャルワークにおいても、徹底的な傾聴と共感的な理解、無条件の肯定的受容を基礎としている。ソーシャルワークにおいても、ひとつのアプローチとして重視されている。近年では認知症傾向やや生活症、健康状態や感覚機能等に配慮しつつ、周囲の家族やケアに関わる者が適切にもてる技法を用いて支援する重要なアプローチのひとつとなっている。また、様々な集団に対しても相互理解を深め成長が期待できることで、思想信条や価値観、文化の異なる人たちでも、その差異を超えて相互理解と成長が期待できるものとされている。

(9) 問題解決アプローチ

問題解決アプローチは、ソーシャルワークを「治療の過程」ではなく、「問題解決の過程」であるととらえるところに特徴がある。これは人が人生において対処能力を行使する過程における阻害要因を明らかにし、援助を「6つのP」である人（person）、問題（problem）、場所（place）、過程（process）、専門家（professional）、資源（provisions）により構成された問題解決過程として捉え、人が問題を解決していけるように導いていくというアプローチである。

(10) 課題中心アプローチ

課題中心アプローチは、クライエントが認めるように問題に焦点を当てて、クライエントがその問題の解決に向けて行動していけるように支援していくアプローチである。これはクライエント自らが問題を分解し、標的を明確にして、計画的かつ短期的な目標をもって解決を図るアプローチである。

(11) 地域組織化アプローチ

地域組織化アプローチは、クライエントの抱える問題を地域の課題としてとらえ直すし、集約的にとらえ、地域住民やボランティア、NPOなど、専門機関・団体などを含めたさまざまな社会資源のとりくみを組織化しながら解決を図るアプローチのことである。そのためには「ネットワーキング」が重要な方法となるし、合意を形成して、新たな社会資源を「開発」することにもなる。

(12) ソーシャルプランニング・アプローチ

ひとりのクライエントだけでなく、あるクライエントの集団に共通する課題や多くの地域に共通する生活上の課題が見られるような場合には、個別の支援だけではなく、事業や制度として対応することで、改善が図れるような場合がある。こうしたときに地域福祉計画や各領域の福祉計画の策定過程にコミットし、計画策定を通じて問題解決を図るソーシャルプランニングのアプローチが重要となる。

(13) ソーシャルアクション・アプローチ

あるクライエントが不利益を被っており、しかも政策・制度的な対応が不十分であるような場合には、当該クライエントである当事者を組織化し、その主張を弁護し、当局や議会と交渉し、政策・制度などの改善策を引き出すことで、困難な状況の改善を図るソーシャルアクションが重要なアプローチとなっている。

	Pedagogy	Andragogy
学習者の自己概念	依存的 →教師に何を、いつ、どのように学ぶべきかを決定する責任がある	依存的から主体的へと移行 →教師はこの移行を促進し育む責任がある
学習者の経験的学習	ほとんど役立たない →教師の講義や教科書、教材を通して学ぶことが中心となる	資源となる →受動的に学んだものより学習者より経験から学んだものの方に大きな意味づけをする →討論や問題解決などを経験に基づく方法を重視する
学習者のレディネス	外発的動機があれば何でも学ぶことができる →同一年齢の人は同じことを学ぶことができる。慣習化されたカリキュラムに沿って学習を進める	現実の課題や問題解決により多く対応できるようになるために学習が必要だと学習者が感じた時にレディネスができる →学習者のレディネスにあわせ、実生活への応用ができるような学習プログラムを組む
学習者にとっての教育	将来役立つと思われる各科目内容取得のプロセスと組み込む →カリキュラムは科目の内容に応じて構成される	人生の可能性を広げるために能力を伸ばすプロセスと考える →学習プログラムは、能力開発に役立つ種類の物で構成する

(Knowles, 1980 より作表)

2. 演習の組み立て

(1) 演習を組み立てる段階と留意点
演習の組み立てには、三つの段階がある。

1) 第一段階
まず、各養成校においてカリキュラムのなかで相談援助実習指導や相談援助演習をどのように配置するかという大きな枠組みと演習を行う時間数を設定する。たとえば、4年制大学では、通常1学期間の相談援助演習を行うために90分の授業15回分が30時間を要する。5学期分の相談援助演習の配当年次を設定し、それぞれの演習のねらいや内容について、他の指定科目の履修状況や教育資源などを勘案して最大限の教育効果をねらって設定することが必要である。現場実習の前後の相談援助演習を配置すると現場実習の準備と実習後の振り返り・相対化に役立つ。養成校にとってカリキュラムの組み方が異なり、養成校の特徴にあわせて教育効果が大きくなるように設定することが求められる。この段階で、カリキュラムの構成が決まったら、暫くはそのまま維持されるだろう。しかし、数年単位での見直しは必要であろう。

2) 第二段階
各演習の担当教員は、第一段階の枠組みに基づいて担当する学期間の授業計画（大学ならば15回の授業計画）をたててシラバスを作成する。シラバスでは、履修年次と学期、曜日・時限、教室とともに、授業の目的とねらい、具体的な学習到達目標、専門性やカリキュラムにおける位置づけ、履修条件と関連科目との関係、授業スケジュール、テキストや参考書、評価方法が示される。もちろん、

○人はそれぞれ独自の学習スタイルをもっている。物理的、社会的・個人的特徴、経験、学習の内容・方法・ペース、サポートのあり方などが学習に影響する
○成人は、現在の自分の役割、社会的役割、発達課題、危機、その他の生活状況などに関連したことを学ぼうとする傾向が強い
○成人は、学習する際に経験を資源として用いる。過去の学習体験は学習を促進することもあれば、阻害することもある
○進捗についてのフィードバックを得ることで、効果的に学習を進めることができる
○主体的な取り組みを行う傾向が強い

このような成人学習についてのさまざまな知見に基づき、成人の学習経験を効果的に促進するための原則として次のものがある (Brookfield, 1986)。

○自主参加：学習者が自ら学ぼうとして自主的に参加すること
○相互尊重：学習者がお互いに成人として尊重し合うこと
○パートナーシップ：上下関係ではなく、協力的な関係で取り組むこと
○指向と活動の組み合わせ：説明をきいて理解したら実際にやってみる。そして、何かをしたら必ず振り返って考えるなど、両方を組み合わせる
○クリティカル・シンキング：筋道をたてて考えたり、根拠に基づいて判断するなど、論理的なものの考え方を追求すること
○主体性：学習者の主体性を尊重すること

演習担当教員は、このような原則に基づいて演習教育の中身を構成し、学生と関わることで、教育効果を高めることができる。

(3) 教育法

教育法には、従来の児童を対象とするPedagogyとその代表としてあげられた成人を対象とするAndragogyがある。これらの二つは、それぞれ児童と成人の教育法として分離して捉えるよりも、連続体の両端とし、年齢との関係なく状況に応じてその間のアプローチをとることが望ましい。演習教育では、学生が基本的な知識をまだ持っていない段階であればPedagogy、Andragogyの比重が異なるが、学生が基本的な知識をもつ段階ではこの状況に応じてこの二つの教育法を組み合わせて使うことになる。

の関連性がわかるようにすることが必要である。そして、基盤ができれば、次の展開の段階に進む。展開では、包括的な理解のうえにたって、実際に課題に取り組む実践力を培うことをめざす。展開に合まれる要素は、介入方法、スキル・技術、プロセスである。課題への実践に関しても、望ましい変化を起こすためには、どうすればよいか具体的に考え、そのプロセスにおいて必要とされる方法やスキル・技術を組み合わせ、授業を展開するのである。特定のプロセスやスキルごとに用いられるスキル・技術・技術を組み合わせることもあるだろう。この展開の授業を通して包括的な理解とスキル・技術を高めるような授業を豊かにすることが重要である。これらの学習を効果的に促進するために、それからがさらに次の教授方法が重要である。

3. 教授法

(1) 基盤と展開を効果的に学習できるようにするための方法

演習では、学生が自ら体験することを重視する。そのため、学生に求められる役割は、学習体験することを通して能動的・主体的に学ぶことである。そのためには、学生が体験と思考を交互に行い連動させるなかで学びを深めていくように促進することである。話を聞いたり文献を読んだりする議論し、学生に課題意識をもって積極的に思考し、それを他の学生や教員と共有することができる。一方で、体験しても体験の振り返りや他者からのフィードバックが欠けるときには、理解を深めることにならない。体験と思考を組み合わせることで学習を深めることができるような演習を組み立てることが必要である。

これらの方法を学習するためには、文献検索、おいさつや依頼の仕方など現場訪問や学習する際の基本的ルールを身につけておく必要がある。

教員に求められる役割としては、次の三つが挙げられる。判断力を高めるための方法としては、報告し他者と共有する。

① 説明をきき、考えをまとめる、報告し他者と共有する概念、現象、状況、社会資源について、具体、直接、あるいは実際の現場や関係者から、現場職員などの関係者から、直接、あるいは演習時の教育段階において、これらの学習方法はより効果的である。

② 自分で調べ、考えをまとめる、報告し他者と共有する情報検索、ブレーンストーミングやカードワークなどの発想法、ディベートなどの方法を通して、課題や事例について自分で、あるいはグループで調べて、考えや心情をまとめ、それを報告し他者と共有する方法がある。資料文献や視聴覚教材を利用することで、利用者当事者、現場職員などの関係者から話を聞いたり、資料文献や視聴覚教材を見たり、あるいは実際の現場を訪問して見学することなどの体験を用いることができる。特に、演習初期の教育段階において、これらの学習方法はより効果的である。

1) 基盤編

基盤編では、価値、視点、知識、介入レベルに基づき、報告し他者と共有する。そのための方法として、次の三つが学習される。

概念、現象、状況、社会資源について、気づき、知識、判断力などを高めるためには、文献検索、マッピング、ディスカッション、ディベートなどの方法について自分で、あるいはグループで調べて、考えや心情をまとめ、それを報告し他者と共有する方法がある。学生にインパクトがあるかもしれないが、直接的に様々な情報を踏まえて検討・考察を加えることにより、より理解を深めることができる。それを互いに報告し他者と共有することにより、自分たちの意見を他者と共有し、より理解を深めることも大切である。

同じ科目名の演習クラスが複数ある場合には、クラス間格差が出ないように担当者間での協議が不可欠である。

相談援助演習では、科目の枠を超えた複数の分野・領域における多様な課題やソーシャルワーク実践について学習することが求められる。そのため、授業の内容的に、担当教員の専門分野や学習意欲得る方法について留意するように留意する必要がある。それぞれの専門性を活かしてムラやムダなく分担する仕方や分担する内容を活用し、連携を図りながらチーム運営を行うような仕組みや体制をつくることも重要である。

3) 第三段階

1学期間の授業計画が決まったら、次の焦点、目標、テーマ・課題、具体的な学習の方法、時間配分が、各回の授業である。授業計画全体のなかの個々の授業の位置づけとねらい、具体的な学習の方法（教授法）と内容、時間的配分などについて計画を立てることである。授業は1回ずつ区切れるだけではなく、数回に分けてシリーズで計画を立て、この段階では、大きなテーマに関連、学生のニーズに応じ、基礎から応用へと段階的に数回の授業を構成したり、学生のニーズに関心、（時には開発）することが必要であることにある。そして、授業の導入段階から最後の授業の振り返りまで、どのように授業を進めていくのか、シナリオを描くことが大切である。しかも、計画をたてるだけではなく、授業中においてもモニタリングを行うとともに、臨機応変に対応することが求められる。相談援助演習は三つの段階での組み立てが必要である。この際、どのように、社会の事象的概念についての理解という基盤をはじめとして、具体的にどのように実践すればよいかという展開にすべきを含むべきかである。ここでは、それを基盤と展開に分けて示す。

(2) 基盤と展開

相談援助演習の究極的な目標は、ソーシャルワークの定義にあるように、人権と社会正義の原理に基づき、人間の行動に関する理論を利用して、人々がその環境と相互に影響し合う接点に介入することで、社会の変革を進め、人間関係における問題解決を図り、人々のエンパワメントと解放を促進することにある。

このため力を促進することにために、学生がたち身につける必要がある。学生は、多くを満載科目ごとに学ぶが、演習では科目を超えてこれらの事項を総合に合わせ、断片から統合に、抽象的な概念についての理解から現実的な行動へと展開することができるようにする。その際、社会の事象的概念についての理解という基盤をはじめとして、具体的にどのように実践すればよいかという展開にすべきを含むべきかである。したがって、全ての演習のなかでは、基盤となる価値、視点、知識、介入レベルという要素が合まれなければならない。ジェネラリストが養成されるために、演習では、複数の領域や福祉の価値と関わる福祉の価値が養成されるために、どんなテーマや課題を取り上げる場合にも、そして、関わる福祉の価値を明確にし、人間の行動と社会システムに関する理論を応用させたうえで、それを統合し社会システムに関する理論を結合させ応用するような力をつけさせる。それぞれの概念を初めに学ぶ場合に、人間行動を見て、それを満載科目ごとに学ぶが、前述の「Ⅱ. 相談援助演習の教育内容」に示したような多くの事項を学ぶ必要がある。学生、多くを満載科目ごとに学ぶが、演習では科目を超えてこれらの事項を組み合わせて、断片から統合に、抽象的な概念についての理解から現実的な行動へと展開することができるようにする。1・2・3学期間のクラスでたちが焦点をあてながら、授業を学ぶ初めに学ぶ場合に、価値、視点、知識、介入レベル、それらを統合し課題は基盤などを焦点をあてたものとなる。そして、課題についてはどれをあてたからはじめてもよいが、それらを視点、知識、介入レベル、それらを統合し基盤などの要素を通して、

事例を用いて実践教育を行う方法としては、発展し、わが国でも同様に法科大学院や経営学大学院等で頻繁に活用されている。

ケースメソッドとは、途中まで記述された事例を用いて、自分が担当者や当事者の立場にたって、どのように対応すればよいか具体的に考える方法である。従来の講義形式の教育が完成された知識の習得を目的としているのに対し、ケースメソッドは考える力をつけることを目的とした方法として活用されている。

実際の場面でどのように考え動いたらよいのか、さまざまなバリエーションを考えて戦略をたてることによって、実践力を鍛えるのに役立つ。

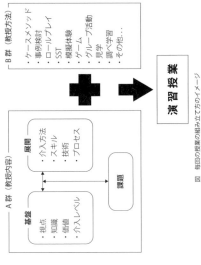

図　毎回の授業の組み立て方のイメージ

A群（教授内容）
基盤
・視点
・知識
・価値
・介入レベル

展開
・介入方法
・スキル
・技術
・プロセス

課題

B群（教授方法）
・ケースメソッド
・事例検討
・ロールプレイ
・SST
・模擬体験
・グループ活動
・見学
・調べ学習
・その他…

→ 演習授業

（2）例示　授業の組み立て方

まずA群で、悪徳商法に騙されがちな認知症高齢者の生活支援という対象課題を捉えると、伝えたい価値ではまず人権擁護とソーシャルワーカーの保護的機能を指さえるかもしれない。また当該者の自己決定を見ていく視点として認知症高齢者を地域で見守っていくためのシステムアプローチの相互作用を用いて見ていくことができるかもしれない。エコシステム問題状況を見ていく視点と知識として認知症高齢者を地域で見守っていくためのシステムの見方やネットワーク・メゾ・マクロレベルのメゾから消費者保護センターの機能についての知識かもしれない。そして、介入レベルとしては、地域ネットワークからマクロレベルを中心に、ミクロの問題が解決のためにメゾ・マクロへ展開することを伝えることができることができる。またこうした認知症高齢者の生活上の問題発見の重要性を教授する計画を立てることができる。プロセスとしては問題発見と効果的に伝えることができる教授法とケアマネジャーの事例開発について、ここではこれらの教授内容を効果的に伝えることができると思われる教材開発を考える。

次にB群では、悪徳商法にひっかかったと思われる認知症高齢者に対応するケアマネジャーの事例教材の判例や

③体験をする

気づき、知識、判断力を高めるための方法として、体験学習がある。模擬体験、ゲーム、ロールプレイ、グループ活動などの体験学習方法は、様々な教育分野で活用されているが、ソーシャルワークの演習教育においてもそれらの方法を活用することにより、効果的な学習ができる。ロールプレイやグループワーク活動は、体験学習方法であり、これらを積極的に活用することで高齢者の障害者の体験ができる模擬体験これらを効果的に活用することも必要である。近年、道具を使ってアイスブレーキングやゲームなど、他の体験学習ゲッズや、アイスブレーキングなどで使われるゲーム集など、これらを効果的に活用することも必要である。

2）展開編

展開編においては、実践のための特定のスキルを習得するためには、次の方法がある。

①実践のプロセスの中から一部分を取り上げ、基本を理解してから振り返りをする

基本を理解してから実践に行い、そして振り返りをするというプロセスは、スキルを習得する際の効果的な方法と位置づけられる。

たとえば、アセスメントのスキルを向上させるためには、あらかじめアセスメントの目的、方法、項目など基本的な知識を見につけ、理解しているうえで、実際にロールプレイで面接をし、アセスメントシートを用いて、面接相手のアセスメントを行ってみる。そして、その結果をラスメンターや教員が共有し、フィードバックを受けて、良かった点、改善すべき点などについて考えるのである。

②SST等を用いてスキルを習得する

SSTは、認知行動療法をベースに開発されてきた手法であり、ソーシャルワーク実践や学生の実習場面領域で、さまざまな場面への対応のために用いられている。ソーシャルワーク演習科目や教育などをするものであり、それを通じて社会生活上の様々な出来事に応じて場面や出来事のトレーニングをすることをできるものであり、それを通じて社会生活上の様々な出来事に応じて場面や出来事のトレーニングをすることができる。

具体的に活用するには、特定のスキル習得について、その場面や出来事を設定してグループワークにおいてロールプレイをして、対応のあり方を提案し、再度、提案を活用してロールプレイを目指すものである。様々なテキストにあるビネットをもとにロールプレイ体験をしたり、教員自身の対応の各ための教材演習課題に応じて場面や学生自身のトレーニングをすることもできる。

また、特定のスキルではなく、総合的な実践力を高めるための方法として、次の③④がある。

③事例検討（テキスト、事例集、実際例を加工したもの、創作例、ビネット）

事例は、自分が社会への気づきや知識基盤面でも用いられるが、展開編では理解するだけでなく、そこに登場する社会福祉士の対応や経過を徹底的にたどることで、総合的な理解と実践のあり方や方法を学ぶことができる社会福祉上にとっての基盤となる教材である。

事例検討を通して社会福祉士としての価値、倫理、知識、技術、援助方法、そしてそこからの可能性や限界を検討することにより、総合的な実践力を高めることができる。また、事例のなかの場面についてロールプレイやSSTなどを行うことにより、総合的な実践力を高めることができる。

④ケースメソッド

ケースメソッドは、もともとアメリカのロー・スクールやビジネス・スクールなどで実際の判例や

- 抽象的である大枠の目的と具体的な到達目標としての現象をかき分ける
- 到達目標は程度やレベルの明示が必要（学習可能、理解できるではなく、説明できる、実施できるなど具体的な行為として評価対象化できる）
iii) カリキュラムや専門性の獲得過程における本科目の位置づけと他科目との関係性の明示
iv) 履修条件と関連科目
- 「前もってこの科目をとっていないと履修できない」「～望ましい」「単位の取得ではなく既に履修していることが位置づけの条件」など
v) 履修年次・学期・曜日・時限・単位数・教室
vi) 全体の授業内容
- 授業の全体像・関係づけを明示（前後期と後期で書き分けたり、各回とのつながり具合や各回の授業同士の関係などを含めて、全体像がよく分かりやすいように、図示するような工夫を行う）
vii) 各回の授業内容
- 学生用としては、学生がやることで特記されるべきこと（発表会やパーテスト・グループ活動やフィールドワークなど）を漏らさない
- 学生が前もって心身の準備ができるようにしておく
- 教員用としては、演習教育の枠組みに沿った教授内容および教授方法を明記し、各回の授業前後に内容の検討が行えるようにしておく（参照 具体的シラバスの作成）
viii) 予習・復習・参考書・資料
ix) 教科書・参考書・資料
x) 評価方法と基準
xi) 教員との連絡方法（オフィスアワーや連絡先、メールアドレスなど）
xii) 備考 その他 学生へのメッセージ

2. シラバス作成の目的と意義

○教員はシラバス作成のための事前準備の輪によって、授業をより体系的で重層的な内容の濃いものにすることができる

○授業のねらいやシラバスに、位置づけ、目標、内容、スケジュール、評価の方法などについて、具体的に噛み砕いて教員が書き、学生がそれを前もって読むことで、学生と教員、および関係者の間での共通認識が持てる

○学生と教員間との「授業契約」（大学×学生 教員×学生）となり、お互いの役割と責任、権利義務関係、条件、予定を明確にし、誤解や混乱を減らすことができる

○学生はシラバスを見ることで、授業について見通しをもって主体的に学習を進めることができる

○授業のプロセスや評価のポイントが評価の基準となる

○教員同士がお互いのシラバスを比較検討することで、カリキュラムにおけるお互いの授業のポジションを探り当てることができるように、調整することができる

○復習・予習が容易になる

○教員同士が教授内容や教授方法まで踏み込んだ詳細シラバスを作成することによって、教育内容と方法を、その前後で深く検討することができる

---

i) シナリオロールプレイとして、学生2人同士で読み込み合い、認知症高齢者の支援の難しさを体験し話し合う
ii) グループで、この事例における関係者と関係機関やその他考えられる地域の社会資源を書き込むことで、エコマップの作成を行う
iii) そのエコマップをもとに、支援のターゲットとアクションのシステムのシステムを明らかにし、システムとして機能するための形成の方法論をグループで話し合い発表し合う
iv) さらにエコマップにどんな資源を支援の視野に入れることができるかを話し合う過程を話し合い発表する

以上のような過程を経て、教員用シラバスを作成することで、教育の質を担保するのである。

IV. 相談援助演習のシラバス

1. シラバスとは何か

(1) 定義

シラバスとは、一般的にはカリキュラム（教育課程）の要旨のことであり、各科目の目的や目標、概要、各回の授業計画の内容、評価方法、履修条件、教科書や参考図書などを示したものである。日本社会福祉教育学校連盟（現 日本社会福祉教育学校連盟）「シラバス（授業計画）研修報告書」によれば、「授業の到達目標および授業内容の細目、そこに至る教授法（teaching methods）を含めた『ロードマップ』として位置づけるものである。

カリキュラムとシラバスの関係でいえば、組織的な教育方針のもとに、授業科目を構造化したものであるのに対し、シラバスはその組織的な授業計画案、個々の教員が個人・ないしはグループの責任（実習・演習の場合は共有シラバスの場合もある）において、担当科目として具体化させようとするものである。

(2) 授業の進行、計画上の留意点

具体的なシラバスは、カリキュラムの中で150時間分を半期15回で1コマ合計5コマとして算出、（通常90分授業として）15回の配置づけを調整したうえで、その役割をふまえて作成されるべきである。つまりカリキュラムとして、1) 5コマ分の配当年次、2) 1コマ分15回のテーマと段階を踏まえた教授内容、3) 1回90分15回のシラバスをバランスを順序を踏まえて配当する。

同じ演習授業でも、20人以内の小規模で行われるため、複数クラスになることが一般的である。さらに15回の授業を複数人の教員が分担で実施することもある。そのため複数担当することは、複数教員間で授業内容や役割が担うチーム調整を行う必要がある。

(3) 内容

以下のものを含む。

○授業科目名と担当教員名
・担当教員が複数であったり、輪講などであった場合、担当範囲の明示や評価責任者名の明示
○目的と目標（ねらいと学習到達目標）

3. シラバスの作成方法

シラバスを作成するということは、授業のプランニングをすることであり、それはまさにソーシャルワークそのためのプランニングと同等なるものであるという認識が重要である。そのために授業環境条件、教員の教授法の技術や方法、学生の学習動機・意欲、その志向性、ニーズなどアセスメントする。その後に国家資格のための指定科目として必要項目を組み入れて、到達目標を設定しながら授業計画を立て、授業内容と教授法を検討しつつ授業を実施し、その評価および改善を行う。さらに目標を再設定しつつ目標を立て、評価および改善を循環させる「サービスの質」を念頭に置いたPDCA（plan-do-check-action）サイクルを回していくと考え、そのシラバスに沿って実施できるものではなく、その意味で授業はそう当初のシラバスに沿って実施できるものではなく、その改善点を明確にして、実施し続けるものである。

(1) 目的・目標設定

以下の3点に留意する。

i) 150時間ある相談援助演習科目全体の中での位置づけ
・学修年によって講義科目および相談援助演習科目の積み重ねが存在するので、それらを踏まえた目的・目標設定の進捗状況
どに質の相違が存在するため相談援助指導・目標設定を行う。

ii) 相談援助の実習指導および相談援助実習の実施状況
・実習前と実習後では、学生自身の理解や行動の質や程度が異なることから、目標設定が異なってくる。

iii) 学生の教育ニーズ

・i)とii)との連動となるが、プランニングの基礎となるアセスメントにおいてケアプランを作成する課題を学生たちに課せられる。たとえば3年次後期に実施する実習後に、目標設定を変える必要がある。たとえば3年次後期に実施する実習後に、目標設定を変える必要がある。実習後には、実習中に実施したアセスメントや面接でのインタビューを使って演習を実施するようにしたことから、相談援助のプロセスにおけるアセスメントの意味や内容をより深く理解し、実際実行可能な計画を組み立てるように、相談援助のプロセスにおけるインテーク面接のロールプレイを、再度行って2年次前期でやった知識や経験および人間関係上の体験などの質の相違から相違をアセスメントや教育ニーズによる目標変更にあった。

(2) 授業シラバス作成の手順

i) 授業シラバス全体を通じて、主要テーマで抽象度の高い授業目的を設定する。前提として、1コマごとに具体的な授業のねらい（目的と目標）を設定する。

ii) 具体的な目標を達成するために含むべき項目をリストアップする

iii) リストの項目に優先順位をつけて、取り上げる項目を選ぶ

iv) 上記項目を体系化し、段階的に並べる

v) 並べた項目を授業日に割り当てる

vi) 各授業のねらいを設定する

vii) 各教材について、ねらいと学生のレディネス（準備性）や志向性、ストレングスにあった教授法やツールを選ぶ

viii) 評価方法を決める

(3) シラバス作成の留意点

i) ジェネリックなソーシャルワークを身につけることが目的なので、領域を偏らせず、特定のスペシフィックな知識や技術のみと結びつけないこと

ii) 限られた福祉の取り組むべき課題とはテーマとしてとりあげるが、それは具体的なソーシャルワークのイメージするためのとっかかりになるものであり、普遍的なものに対する授業のねらいは外さないようにひろがる

iii) 15回の流れを先につくり、授業契約時に学生が何を学ぼうとしているのかを意識づける

iv) 15回の中で、1科目の目標にとって必要な要素が欠けていないかを確認する

v) 要素間の関連度づけに配慮し、1回ごとの関連度をよりよく伝えること終わりとしないがけ

vi) 教授法は教員創意工夫で自由であるが、そのときにディスカッションを選んだ場合、発表して終わってしまうのではなく、振り返りや理解度の確認などまで、ディスカッションに丁寧に教授するように心がける双方向的に丁寧に教授するよう心がける

(4) 評価

以下4点を評価の軸とする。

○評価方法は計画段階で決めておき、シラバスに盛り込み十分などを含めて明示する

○評価基準およびその基準や比率が評価に十分なる契約として学生と認識される。シラバスに盛り込むことで、学生も自分の目標が設定しやすくなる。

○学生と教員と授業評価は双方向に実施する

・教員の成績評価だけではなく、学生の授業評価も同時に行い、双方のパフォーマンスを評価する。そのことによって授業の質の向上に努力するような、パートナーシップ、共同作業が可能となる。

○評価はプロセスとアウトカムの両方に対して行う

・プロセス評価として出席状況、演習への参加状況、レポート等の提出状況などを評価する。アウトカム評価では、具体的な目標が明示される。具体的な目標が明示された場合には、目標の達成度やその成果、たとえば授業終了時点での学生の言動や提出物の内容など一定の基準に基づいて評価する。

○明確で公平な評価が重要であり、評価基準は事前に明示する

・評価基準はあいまいで評価者が感覚や言葉を選ぶ。たとえば「出席状況、発表の活発さ、レポート、授業参加態度で評価する」では、具体的な目標がなく、その配分もなく不明になる。評価者の恣意的な評価の可能性や余地があると公平感が失われる。

・小グループごとに同じシラバスで授業を実施している場合、とくに他教員との評価の相違が問題になることがある。そのため客観的な評価基準による評価を実施し、公平に決めて評価することにして他教員との相違を前もって調整を行い、公平に決定していく必要がある。

V. 相談援助演習の実施

1. 計画に沿って演習を行いながらモニタリングを行い、必要ならば修正する

教員はシラバスに沿って各回の授業を行うが、相談援助演習では学生自身に個人あるいはグループ形式でディスカッションやロールプレイ、学生同士に作業を行わせる方法を取り入れるか、教員は学生に作業を指示した後、学生個人やグループが作業を理解しているか、その内容や授業目標に沿っているかなどを把握するために、授業全体の状況を見渡しながらも、各個人やグループの状況を理解していかなければならない。授業目標や作業内容を理解していない個人やグループがある時は、個別に助言・指導を行う場合と、クラス全体に対して確認や作業を行う必要の修正を指示を行う場合もある。クラス全体に確認等を行う際、中には順調に進めている学生もいるため、一旦作業を停止させる場合もあるため、クラス全体に学生自身の雰囲気やモチベーションを立て直す必要が生じてしまうこともある。したがって、教員は学生が作業に集中しているか日安をつけ、指導は慎重に行わなくてはならない。

また、限られた時間のなかで学生に作業をさせるため、教員は時間管理（タイムマネジメント）を行う。時間管理を行えるように、教員は作業開始前に終了時間を示すことも重要になるだけでなく、学生が作業を順調に進めるための訓練にもなる。それは、授業を順調に進めるためだけでなく、学生がソーシャルワーカーとしての実際の支援を想定する際の時間管理を格として訓練することにもなる。

2. グループプロセスとグループワーカーの役割

相談援助演習における教員と学生の関係は様々な形態を取る。特に、他の講義科目よりも重視しなければならないのは、教員にソーシャルワーカーとしての役割が求められていることである。相談援助演習ソーシャルワーカーとしての価値と知識を踏まえた技術等の技術習得を目的としているため、教員は技術等のモデルを示す場面も多い。教員は、学生にディスカッションやロールプレイ等にソーシャルワーカーのあわせる機会も多い。その際、授業では、ロールプレイの方法を活用してグループで学生自身がワークを行わせる体験させることにもなる。また、教員は学生のグループ力助を活用するため、その過程で学生自身のグループ内での力が生まれたり、グループとしての親密さが深まる等の作られたグループ内では、集団規範や集団凝集性が授業目標とは別に、グループ内における人間関係等の課題を抱えるグループが集団凝集され、学生が授業目標にできそれぞれのグループ状況を見ながら指導していく可能性もある。

3. 演習中の課題への対応

相談援助演習は、学生自身が作業を行うことが多い授業である。また、必ずしも仲の良い人ばかりではないグループ編成が行われることもある。学生はその中で役割を果たしていくことにもなる。そのため、このような授業形式はなじめない学生もおり、学生によっては欠席が多くなることもある。したがって、学生には学生の性格や能力を見極めて働きかける役割が求められる。さらに、学生自身の授業参加への自己決定を促し、その自己決定を尊重した個別の配慮を行うことも必要である。

一方で、単位認定の責務がある。学生の自己決定を尊重しながらも、授業目標に即した単位認定の基準を示し、そのために達成するべき項目を管理し評価を行わないければならない。しかし、技術習得を目的とした科目特性に、多様な形式で行われる授業特性によって、教員は学生の評価や指導方法について多くのジレンマを抱えることもある。したがって、教員は個人で抱え込まず、学内外の他の相談援助演習担当教員と支え合うことが求められる。評価基準や学生対応を共有することは、学生に対して公平性を保ち、教員の教授法の技術向上にも繋がることとなる。

参考資料

「相談援助演習のための教育ガイドライン」と厚生労働省（通知）における相談援助演習の教育内容の対応表

「相談援助演習のための教育ガイドライン」の項目	厚生労働省（通知） ①-ア	①-イ	①-ウ	①-エ	①-オ	①-カ	①-キ
I. 相談援助演習の目的と意義							
1.「相談援助」とは							
2. 相談援助演習の目的と意義							
3. 相談援助演習の目標							
4. 相談援助演習に係る要件							
II. 相談援助演習に含むべき内容							
1. ソーシャルワークの目的・使命	●	●	●	●	●	●	●
2. ソーシャルワークの価値（倫理、理念、原則含む）	●	●	●	●	●	●	●
3. ソーシャルワークの基本的な視点と知識（自己・他者・環境の理解を含む）	●	●	●	●	●	●	●
4. ソーシャルワークの実践レベル				●			
5. ソーシャルワークの対象					●	●	
6. ソーシャルワークの目標							
7. ソーシャルワークの実践方法				●			
8. ソーシャルワーク実践におけるプロセス							
9. ソーシャルワークにおける関係	●						
10. コミュニケーション		●					●
11. 特定の理論・モデルに基づく介入							
III. 相談援助演習のあり方							
1. 根拠（理論・モデル）に基づく相談援助演習	●	●	●	●	●	●	●
2. 演習の組み立て	●	●	●	●	●	●	●
3. 教授法	●	●	●	●	●	●	●
IV. 相談援助演習のシラバス							
1. シラバスとは何か	●	●	●	●	●	●	●
2. シラバス作成の目的と意義	●	●	●	●	●	●	●
3. シラバスの作成方法	●	●	●	●	●	●	●
V. 相談援助演習の実施							
1. 計画に沿って演習を行いながらモニタリングを行い、必要ならば修正する	●	●	●	●	●	●	●
2. グループプロセスとグループワーカーの役割	●	●	●	●	●	●	●
3. 演習中の課題への対応	●	●	●	●	●	●	●

編集
一般社団法人日本社会福祉士養成校協会

編集委員
長谷川匡俊（はせがわ・まさとし）（淑徳大学理事長）
中谷陽明（なかたに・ようめい）（松山大学人文学部教授）
渋谷　哲（しぶや・さとし）（淑徳大学総合福祉学部教授）
空閑浩人（くが・ひろと）（同志社大学社会学部教授）
潮谷有二（しおたに・ゆうじ）（長崎純心大学人文学部教授）

執筆者および執筆分担

序章
潮谷有二（しおたに・ゆうじ）（前掲）

第1章　相談援助演習概論
福山和女（ふくやま・かずめ）（ルーテル学院大学大学院教授）

第2章　相談援助演習の展開
高山直樹（たかやま・なおき）（東洋大学社会学部教授）　第1節
石川久展（いしかわ・ひさのり）（関西学院大学人間福祉学部教授）　第2節
堀越由紀子（ほりこし・ゆきこ）（東海大学健康科学部教授）　第2節
所　めぐみ（ところ・めぐみ）（関西大学人間健康学部准教授）　第2節
野村裕美（のむら・ゆみ）（同志社大学社会学部准教授）　第3節　1、3
楢木博之（ならき・ひろゆき）（身延山大学仏教学部准教授）　第3節　2
保正友子（ほしょう・ともこ）（立正大学社会福祉学部教授）　第3節　4、5
片岡靖子（かたおか・やすこ）（久留米大学文学部准教授）　第3節　6
渋谷　哲（しぶや・さとし）（前掲）　第3節　7、10、11
空閑浩人（くが・ひろと）（前掲）　第3節　8、15
佐藤亜樹（さとう・あき）（松山大学人文学部講師）　第3節　9
中谷陽明（なかたに・ようめい）（前掲）　第3節　12
金澤ますみ（かなざわ・ますみ）（桃山学院大学社会学部准教授）　第3節　13、14
木下麗子（きのした・れいこ）（関西学院大学人間福祉学部講師）　第3節　16、18、19
中島　修（なかじま・おさむ）（文京学院大学人間学部准教授）　第3節　17、20
山本博之（やまもと・ひろゆき）（田園調布学園大学人間福祉学部准教授）　第4節

第3章　グループを活用した効果的な演習教育
川村隆彦（かわむら・たかひこ）（神奈川県立保健福祉大学保健福祉学部准教授）

第4章　さまざまな教材を活用した演習教育
中村和彦（なかむら・かずひこ）（北星学園大学社会福祉学部教授）　第1節
中村佐織（なかむら・さおり）（京都府立大学公共政策学部教授）　第2節

相談援助演習教員テキスト　第2版

2009年8月10日　初版発行
2015年8月15日　第2版発行

編集…………一般社団法人日本社会福祉士養成校協会

発行者………荘村明彦

発行所………中央法規出版株式会社
　　　　　　〒110-0016　東京都台東区台東3-29-1　中央法規ビル
　　　　　　営　　業　TEL 03-3834-5817　FAX 03-3837-8037
　　　　　　書店窓口　TEL 03-3834-5815　FAX 03-3837-8035
　　　　　　編　　集　TEL 03-3834-5812　FAX 03-3837-8032
　　　　　　http://www.chuohoki.co.jp/

印刷・製本…三松堂印刷株式会社

装幀…………渡邊民人（TYPEFACE）
本文デザイン…大槻ゆき（TYPEFACE）

定価はカバーに表示してあります。
ISBN 978-4-8058-5238-5

本書のコピー、スキャン、デジタル化等の無断複製は、著作権法上での例外を除き禁じられています。また、本書を代行業者等の第三者に依頼してコピー、スキャン、デジタル化することは、たとえ個人や家庭内での利用であっても著作権法違反です。

落丁本・乱丁本はお取替えいたします。